U0522383

国家社科基金重大项目
"当代俄罗斯文艺形势与未来发展研究"的
子课题"俄罗斯文化软实力与俄罗斯文学关系"最终成果

外国思想理论与学术的中国阐释丛书

张政文◎主　编
袁宝龙　陈　龙◎副主编

郑永旺　宋羽竹　孙影　石馥毓　著

当代俄罗斯文化软实力与文学关系研究

中国社会科学出版社

图书在版编目（CIP）数据

当代俄罗斯文化软实力与文学关系研究/郑永旺等著．
—北京：中国社会科学出版社，2023.12
（外国思想理论与学术的中国阐释丛书/张政文主编）
ISBN 978 - 7 - 5203 - 9651 - 6

Ⅰ.①当… Ⅱ.①郑… Ⅲ.①文化事业—建设—关系—俄罗斯文学—现代文学—文学研究 Ⅳ.①G151.2 ②I512.065

中国版本图书馆 CIP 数据核字（2022）第 015034 号

出 版 人	赵剑英
责任编辑	张 潜
责任校对	贾森茸
责任印制	王 超

出　　版	中国社会科学出版社
社　　址	北京鼓楼西大街甲 158 号
邮　　编	100720
网　　址	http://www.csspw.cn
发 行 部	010 - 84083685
门 市 部	010 - 84029450
经　　销	新华书店及其他书店
印　　刷	北京明恒达印务有限公司
装　　订	廊坊市广阳区广增装订厂
版　　次	2023 年 12 月第 1 版
印　　次	2023 年 12 月第 1 次印刷
开　　本	710×1000　1/16
印　　张	19
插　　页	2
字　　数	273 千字
定　　价	99.00 元

凡购买中国社会科学出版社图书，如有质量问题请与本社营销中心联系调换
电话：010 - 84083683
版权所有　侵权必究

外国思想理论与学术的中国阐释丛书

总　序

19世纪中期后,"西学东渐"逐渐成为中国思想文化的涌流。用西方治学理念、研究方法和学术话语重构中国学术体系、改良中国传统学术成为时代之风气,中国学术亦开始了从传统向现代的转换。不过,由于中西社会文化的历史性差异,在转换过程中出现了背景反差、语境异态、问题错位、观念对峙、方法不适、话语离散等严重状况,致使出现了西方思想理论与学术对中国的"强制阐释"和中国学术对西方思想理论与学术的"阐释失真"。因此在纠正西方思想理论与学术对中国"强制阐释"的同时,中国学术也亟须对西方思想理论与学术进行返真的中国阐释。

当代中国学术要成为中国特色的哲学社会科学,就必须在马克思主义指导下,立足中国、借鉴国外,挖掘历史、把握当代,关怀人类、面向未来,在中国特色、中国风格、中国气派的学科、学术、话语中深刻理解和深度阐释西方思想理论与学术,这样才能真正实现外国思想理论与学术在中国的有效转场。为此我们组织出版了这套"外国思想理论与学术的中国阐释丛书"。

"外国思想理论与学术的中国阐释丛书"基于中国视角,运用中国的理论、方法对外国思想理论与学术进行剖析、领悟与阐释,注重对历史的还原。丛书的每一部著作,都着力于重返外国思想理论与学术的历史生活场域、文化语境和思想逻辑的现场中,都尝试以真诚的态度、合理的方法和求真的标准来展示史实的真实性与思想的真理性，高度关注谱系追踪，澄明思想的演进谱系，回归历史的本真和理论的本义，实现宏观与微观的融合，达成文本、文献、文化的统一。同时自觉追求中国化的阐释，拒绝虚无主义和主观主义，以积极的态度来回应和阐释外国思想理论与学术。在对外国思想理论与学术的中国阐释中还特别关注思想史与学术史的回顾、反思、总结，以期达成中西的互鉴与互补。

今时今日，中华民族正站在"两个一百年"奋斗目标的历史交汇点上，以无比豪迈的身姿走在实现伟大复兴的道路上。科学合理的阐释是思想演进的关键方法，也是思想持续拓展、深化、超越的重要路径。如何在中国的文化语境下，博采人类思想之精华，集揽东西方智慧之长，运用中国智慧、借助中国话语、整合中国资源来建构、完善和发展阐释学理论，并付诸实践，是当代中国学人责无旁贷的历史使命，这部丛书的出版就是我们为实现这个宏大梦想而迈出的第一步。

目 录
CONTENTS

第一章 作为俄罗斯文化镜像的俄罗斯文学 …………… 1
   第一节 文学源文本中的文化要素 …………………………… 1
   第二节 《伊戈尔远征记》：对俄罗斯文化的文学阐释 ………… 4
   第三节 《伊万雷帝与库尔布斯基通信集》：关于俄罗斯人神
          正义的思考和争辩 ………………………………… 17
   第四节 《古史纪年》：俄罗斯民族与神的连接 …………… 22

第二章 俄罗斯文化软实力与当代俄罗斯文学的关系 ……… 34
   第一节 软实力研究：国别语境下概念的演化 …………… 34
   第二节 俄罗斯文学：对国家形象的超文学想象 ………… 46
   第三节 当代俄罗斯文学中的俄罗斯形象 ………………… 58
   第四节 当代俄罗斯文学中的苏联形象 …………………… 76

第三章 当代俄罗斯文学中的国家意志 ………………… 103
   第一节 社会文化小说中的国家意志 ……………………… 107
   第二节 历史小说中的国家意志 …………………………… 124
   第三节 战争小说中的国家意志 …………………………… 144
   第四节 生态小说中的国家意志 …………………………… 162

第五节　当代俄罗斯文学是为国家意志布道的使者 …………… 180

第四章　当代俄罗斯文学的批判意识 ……………………………… 183
　　第一节　俄罗斯文学批判意识的历史演变 …………………………… 183
　　第二节　俄罗斯当代文学之于战争英雄主义的解构与批判 ……… 192
　　第三节　俄罗斯当代文学之于苏联历史的反思与批判 …………… 206
　　第四节　俄罗斯当代文学之于新时代俄罗斯人精神现实的
　　　　　　审视与批判 ………………………………………………… 219
　　第五节　俄罗斯当代文学对于俄罗斯强权政治的揭露与批判 …… 232

第五章　俄罗斯文学形势与发展趋势 ……………………………… 246
　　第一节　俄罗斯文化危机 ……………………………………………… 246
　　第二节　城市散文中的20世纪末21世纪初俄罗斯文化表征 …… 249
　　第三节　俄罗斯后现代主义文学的兴起和俄罗斯文化的
　　　　　　"黑铁时代" ………………………………………………… 252
　　第四节　文学拯救俄罗斯的路径和表现内容 ………………………… 258
　　第五节　俄罗斯文学的忧患意识 ……………………………………… 271

参考文献 ………………………………………………………………… 280

第一章 作为俄罗斯文化镜像的俄罗斯文学

第一节 文学源文本中的文化要素

俄罗斯文化的核心要素是什么？由于时代的历史语境不同和提问者的立场不同，文化的核心要素自然有所差异。19世纪，教育大臣乌瓦洛夫强调俄罗斯文化的核心是"教育、专制和东正教"①，这其实只代表了官方的立场，但思想家和文学家则赋予了俄罗斯文化核心另一种内容和意义。著名作家屠格涅夫便是19世纪文学家和思想家的杰出代表，他很早就受到了叔本华哲学思想的影响，他对文化的理解可从其作品中的人物形象看出，比如他于1860年发表的《前夜》中，有一个片段描写的是莫斯科大学教授波尔森涅夫弹钢琴的画面。

> 严格说来，他并不爱音乐这门艺术和它的表现形式，如交响乐、奏鸣曲，甚至歌剧都使他感到沉闷，他爱的只是音乐里的诗。②

"音乐里的诗"中的"诗"在俄语中其实是 стихия，中国人把 стихия 翻译成"诗"（Стихи），以为这样就能兼顾该词的艺术

---

① Поспелов П., Русская Литература в Птомах, Мом II, Учпедгиз, 1952, c. 541.
② 《屠格涅夫文集》第三卷，丽尼译，人民文学出版社2001年版，第31页。

魅力以及与大自然相似的巨大能量，但实际上 стихия 与 стихи 的外形相似，内容并不相同，стихия 的基本释义是 явление природы, обнаруживающееся как ничем не сдерживаемая сила（无法控制的自然现象）①，即自然力。屠格涅夫崇尚的是俄罗斯民族思维里这种不可抑制的力量，它是民族精神诗意的表达，但具体到文化核心要素，屠格涅夫并没有直说，他通过《父与子》中巴扎洛夫的一生来暗示，俄罗斯文化的明天不太可能由平民知识分子来引领。巴扎洛夫空有一身的"自然力"，却只能站在"未来的门口"。作为一个西欧派的代表人物，他并不欣赏车尔尼雪夫斯基等平民知识分子的暴力主张，这就是所谓的阶级局限性。所以，在他发表具有自传性质的《阿霞》后，车尔尼雪夫斯基在《幽会中的俄罗斯人》一文里，对屠格涅夫进行了批判，指出像"恩先生"这样与"多余人"有亲缘关系的人早就该退出历史舞台。② 尽管偶在生命个体的呢喃能否承担人民伦理大叙事这样的伟大任务值得怀疑，但至少在 19 世纪有担当的知识分子车尔尼雪夫斯基眼里，文学就是生活的教科书，负责将"美是生活"的理念完整地展示出来。然而，为什么单单是俄罗斯存在这种独特的文学中心主义传统呢？为什么俄罗斯的文学能成为国家文化软实力重要的表现和支撑手段？要回答这两个问题，需要从俄罗斯文学的产生和发展过程中去寻找答案。

对俄罗斯文化进行概括是非常困难的事情，因为文化本身就具有十分重要的意义，任何单向度的阐释都可能使人们陷入直觉主义的误区和以偏概全的陷阱。而且，一个民族的文化是动态的尘埃乍起的现实和尘埃落定的历史之结合。文化既可以呈现出民族在整个历史进程中的风貌，也可以寻找到其中相对稳定的元素；既能看到政治、文化、经济、科技对文化的影响，也不难窥见偶然的历史事件对文化的塑形。因此，

---

① Ожегов С. И.，"Словарь Русского Языка"，Русский Язык，1982，с. 683.
② 刘宁：《俄罗斯文学批评史》，上海译文出版社1999年版，第291页。

立足于今天的文化生态，没有谁能为俄罗斯文化、俄罗斯精神、俄罗斯思想提供一个明确的定义。丘特切夫（Тютчев Ф. И.）式的"对俄罗斯只能信仰"的俄罗斯文化神秘主义论调可能是为了降低解释文化的难度，进而强调俄罗斯文化的独特性。按奥斯瓦尔德·斯宾格勒的观点，民族文化也没有想象的那般复杂，简而言之，"西方工业已经使其他文化的古老传统发生了变异"①。其结果是，无论文化曾经多么辉煌，传统如何悠久，文化最终都将成为被金钱所控制的浮士德文明。况且不论是斯宾格勒，还是19世纪的俄罗斯诗人丘特切夫和今天的俄罗斯文化学者梅茹耶夫（Межуев В. М.），都极力表明"俄罗斯不是西方的一个有机组成部分"②。中国知识界对俄罗斯民族文化的认识还囿于别尔嘉耶夫在《俄罗斯思想》中的一段表述③，且往往夸大俄罗斯民族性中的亚洲因素。斯宾格勒对俄罗斯的认识更为客观真实，他指出俄罗斯文化的"假晶现象"，具体来说，"从1703年圣彼得堡建造之时起，俄罗斯出现了一种假晶现象，迫使原始的俄罗斯心灵进入陌生的躯壳之中，首先是完满的巴洛克躯壳，随后是启蒙运动的躯壳，再后则是19世纪的西方躯壳"④。俄罗斯是否进入过启蒙运动的躯壳，值得学术界进一步探讨，但俄罗斯的国徽双头鹰就体现出俄罗斯人在整个西方文明中的尴尬位置，甚至给人一种投机主义的印象。西方人把俄罗斯当作欧洲的农村，俄罗斯人无法融入西方文明，尽管俄罗斯的文化中心位于欧

---

① ［德］奥斯瓦尔德·斯宾格勒：《西方的没落》第二卷，吴琼译，上海三联书店2006年版，第469页。

② Межуев В. М., Идея Культуры. Очерки по Философии Культуры, Прогресс – Традиция, 2006, c. 325.

③ 这段话被人们引以为打开俄罗斯民族心智的万能钥匙："俄罗斯人不仅屈从于政权，接受宗教的神圣性，同时，还自己创造出拉辛和普加乔夫，并在民间歌曲中加以歌颂。俄罗斯人——既是争强好胜的运动员，又是强盗，同时，又是害怕上帝正义的朝圣者……"参见［俄］别尔嘉耶夫《俄罗斯思想》，雷永生、邱守娟译，生活·读书·新知三联书店1995年版，第6页。我们认为，这种二律背反的性格体现了人类面对权力和生存困境时显示出的人性特征，即在追求纯净的精神生活的同时，也要考虑脚下潮湿的土地。

④ ［德］奥斯瓦尔德·斯宾格勒：《西方的没落》第二卷，吴琼译，上海三联书店2006年版，第171页。

洲，但广阔的亚洲土地和钦察汗国的历史也使俄罗斯的群体意识中不乏亚洲思维，比如官本位思想、等级意识等。高尔基对俄罗斯民族性的亚洲因素有一番颇令人吃惊的解释，他认为，俄罗斯有两种灵魂，一种来自西方，另一种来自东方；俄罗斯一直都在这两种灵魂之间摇来摆去，无法弃绝外来文化给俄罗斯民族带来的种种弊端，因此，俄罗斯人应该做出自己的选择。① 对俄罗斯性（Русскость）的诠释因诠释者的身份、时代语境、文本样式等的不同而不同，给出的答案千差万别。因此，文学，尤其是俄罗斯文学的源文本，不失为探求俄罗斯文化的一条有效路径。

第二节 《伊戈尔远征记》：对俄罗斯文化的文学阐释

俄罗斯文化可以通过哲学、艺术等多种文本反映出来，但对于俄罗斯而言，文学无疑是表现俄罗斯文化特征的重要渠道。而其中，《伊戈尔远征记》《伊万给库尔布斯基的信》《古史纪年》是几个最能体现俄罗斯文学中心主义传统和将俄罗斯文学打造成俄罗斯文化软实力的重要前文本。

前文本之一是俄罗斯民族史诗《伊戈尔远征记》（Слово о полку Игореве）。

关于该史诗是否存在及其真伪的争论早已有之，俄罗斯史学界和文学界至今争论不休。史学界普遍认为，该作品是1185—1187年一个不知名的作者写成的，直至1795年才被古代手稿的搜集者穆欣-普希金②在雅罗斯拉夫尔偶然得到。但史学界对手稿内容的真实与否保持谨慎的态度，原因是该作品在1800年首次勘校出版时，很多文字未能辨认出

---

① 参见金亚娜《〈充盈的虚无〉前言》，载《充盈的虚无》，人民文学出版社2003年版，第7页。
② 穆欣-普希金（Мусин-Пушкин А. И.，1744—1817），俄罗斯著名考古学家，俄罗斯古代历史文献的收藏家和出版者，科学院院士。

来，而辨认出的部分因语汇与当时的俄语存在差异，能否被正确理解也无法保证；加之1812年拿破仑攻入莫斯科后全城燃起大火，手稿更是化为灰烬。但1800年面世的版本足以证明史诗是存在的。这部作品对俄罗斯人，或者对整个东斯拉夫人来说，都是非常重要的民族记忆，原因是，任何民族都试图借助历史，来发现自身在人类或者某一地区历史进程中的作用。不同的民族通过不同的方式寻找自己的文化之根，有的民族通过创世神话（比如犹太人），有的民族借助传说（比如中国人的盘古开天地之说）。一个没有历史的民族是不可思议的，但记录民族历史的可以是文学文本，也可以是历史文本，还有可能是神话文本。西汉时期史学家司马迁的《史记》是用极其文学化的语言讲述历史故事，《尼伯龙根之歌》和《贝奥武甫》虽然神话色彩浓厚，却是德意志人和盎格鲁-撒克逊人对自己生命轨迹和文化成因的有效解读方式之一，也是这两个民族对自己文化进行定位的坐标。世界上很多民族都有自己的创世神话，其中不乏瑰丽的想象，如中国人把自己的历史追溯到盘古开天地和女娲补天的神话时代，犹太民族将世界的诞生归功于耶和华，《伊戈尔远征记》的横空出世解决了俄罗斯民族一直困惑的问题："我是谁？"

《伊戈尔远征记》的重要性在于能解释俄罗斯民族心智（Национальный Менталитет）的成因和内部结构，这是因为透过这部被誉为俄罗斯民族史诗的作品，人们不但可以发现俄罗斯民族的审美取向，更主要的是，文学文本中深藏着俄罗斯民族的集体无意识。《伊戈尔远征记》首先证明了俄罗斯民族是诗意的存在，也间接地反映了俄罗斯民族经历的苦难岁月，按利哈乔夫（Лихачев Д.）的观点，文学艺术"产生于对混乱、丑陋的克服，因为，丑陋恐吓世人并且使他们恼怒。艺术是与混乱的斗争，是将某种秩序引入混乱的尝试"①。但利哈乔夫的观点只能说明，文学艺术具有疗伤功能，人们借助文学能够抚平民

---

① ［俄］利哈乔夫：《解读俄罗斯》，吴晓都等译，北京大学出版社2003年版，第63页。

族的创伤，但这不过是关于文学的美妙幻想。以陀思妥耶夫斯基为例，他的作品充满了苦难，这说明，文学艺术的确有记录苦难和混乱的功能。文学艺术也具有借助文学元素来阐释民族对世界的理解的作用，比如孔子在《诗经》中达到"《诗》三百，一言以蔽之，思无邪"这样的审美高度，而利哈乔夫从史诗中找到了俄罗斯人的世界感受（Мировосприятие），这种感受显然提供了这样的信息——俄罗斯文化是诗意的，也就是利哈乔夫《伊戈尔远征记》中存在一个"轻灵的世界"，因为"《伊戈尔远征记》是时间完整压缩的众多的范本"①。对作者而言，这是叙事策略，还是面向读者的、对大地的赞美，或者本身就有遮蔽大地的可能？海德格尔强调艺术文本对大地是遮蔽的，换言之，只有通过去蔽，才能发现大地（现实）隐而不宣的价值。海德格尔以梵·高《耕地的农妇》中农妇的鞋为解读艺术文本和大地关系的入口，认为"在这鞋具里，回想着大地无声的召唤，显示着大地对成熟谷物的宁静馈赠，表征着大地在冬闲的荒芜田野里蒙眬地冬眠"②。文学文本让人意识到，"走近这个作品，我们突然进入了另一个天地，其况味全然不同于我们惯常的存在"③，这种阐释同样适用于理解《伊戈尔远征记》的意义，作者的情感是如此伟大，他对别人痛苦和欢乐的理解如此敏感，以至于他感觉连周围的事物也分享了这些情感。动物、树木、芳草、鲜花，甚至连城市的雉墙都慷慨地分担了人的情感。④ 这就是说，自然界不再是冰冷的物件，而是蕴含生命的存在者，从这个意义上看，自然就是世界，而世界（Мир）和俄罗斯人早期的米尔制（Мир，氏族公社）的生活方式渐渐重合，所谓的世界在俄罗斯人的意识里就是人类日常生活所有形式的总和，和日常世俗生活相对应的是教会的、僧侣的和宗教的生活。也就是说，

---

① ［俄］利哈乔夫：《解读俄罗斯》，吴晓都等译，北京大学出版社2003年版，第167页。
② ［德］马丁·海德格尔：《林中路》，孙周兴译，上海译文出版社2004年版，第19页。
③ ［德］马丁·海德格尔：《林中路》，孙周兴译，上海译文出版社2004年版，第20页。
④ ［俄］利哈乔夫：《解读俄罗斯》，吴晓都等译，北京大学出版社2003年版，第171页。

"俄语中的 мир 更强调这个空间中的任何人的生活"①，这也就是为什么在《伊戈尔远征记》中，自然中的风雨雷电都成为传达雅罗斯拉夫娜帮助被困丈夫突围的有生命质感的东西，这些东西在索洛维约夫哲学中代表了"世界心灵"（Мировая Душа），自然现象和代表自然之物的树木森林、河流大地只有与人产生互动效应时才能证明"世界心灵"的在场。对自然的崇拜在很大程度上是对大地的敬畏，而最能体现早期俄罗斯人审美观的恰恰是《伊戈尔远征记》中的自然，或者说由自然物件和现象构成的人的生活空间，尽管这种敬畏只存在于许多民族生产力尚不发达的历史阶段。

俄罗斯民族崇尚战斗的文化传统在《伊戈尔远征记》中已见端倪，作者在字里行间流露出对功勋的渴望，对战斗的痴迷，作者特别喜欢"勇敢的"一词。利哈乔夫指出，"'勇敢的'在他的作品里不只是姆斯基斯拉夫、伊戈尔、鲍里斯·维亚切斯拉夫，不只是军队、奥列格的儿子们才被称为'勇敢者'，而是所有俄罗斯的儿子们——'罗斯人'——甚至罗曼·姆斯基斯拉夫的思想本身也是'勇敢的'"②。这种对军人荣誉的渴望一直持续到今天，在 19 世纪相当长的一段历史时期内，建立军功是改变个人命运的重要途径，因此在俄罗斯的贵族体系中，有一类专门的军功贵族。军人文化在《伊戈尔远征记》之前就已经有悠久的传统，只是在这部史诗中，伊戈尔和他的弟弟以更为具体的方式体现出来，那就是以血还血，以牙还牙。

《伊戈尔远征记》还充分显示了俄罗斯的万物有灵的自然观，尽管在故事中，作者暗示东正教已经成为当时的国教，当代俄罗斯历史学家格奥尔吉耶娃认为，"作者广泛运用了表现大自然的主题形式，使大自然充满了灵性，再现了各种古老的神灵"③，其目的在于表现"古斯拉夫人与

---

① 郑永旺：《从"美拯救世界"看陀思妥耶夫斯基的苦难美学》，《哲学动态》2013 年第 9 期。
② ［俄］利哈乔夫：《解读俄罗斯》，吴晓都等译，北京大学出版社 2003 年版，第 173 页。
③ ［俄］Т. С. 格奥尔吉耶娃：《俄罗斯文化史——历史与现代》，焦东建、董茉莉译，商务印书馆 2006 年版，第 49 页。

哥特人作斗争的叙事主题"①，自然的现象，比如大雷雨、蓝色的闪电、幽暗的长夜、晚霞、日食、巨浪等，成为作者笔下表现崇高的意象。从天象的修饰语和在文本中的作用来分析，作者在很多情况下表述的是崇高，而不是美。

西方文化中美和崇高这两个概念和古希腊哲学思想有关，但真正使两者区分开来的是康德，他在《判断力批判》中对两者进行了细化：

自然界的美是建立于对象的形式，而这形式是成立于限制中，与此相反，崇高缺失也能在对象的无形式中发现，当它身上无限或由于它（无形式的对象）的机缘无限被表现出来，而同时却又设想它是一个完整体；因此美好像被认定是一个不正确的物性概念的，崇高却是一个理性概念的表现。于是，在前者愉快是和质结合着，在后者却是和量结合着。并且后者的愉快就它的样式说也是和前者不同的：前者（美）直接在自身携带着一种促进生命的感觉，并且因此能够结合着一种活跃的游戏的想象力的魅力刺激；而后者（崇高的情绪）是一种仅能间接产生的愉快；那就是这样的，它经历着一个瞬间的生命力的阻滞，而立刻继之以生命力的因而更加强烈的喷射，崇高的感觉产生了。②

朗加纳斯的《论崇高》将崇高确定为"雄辩术"中使用的策略，"雄辩术"的希腊文 rhetorike 是指说话的艺术和技术。朗加纳斯在《论崇高》中并未对这个概念给予明确和具体的界定，他只是赋予崇高混合性的内涵，认为崇高是一种伟大、雄浑、宏丽、惊世骇俗的壮美，崇高的事物存在于客观世界之中。正因为崇高能作用于人的心

---

① ［俄］T. C. 格奥尔吉耶娃：《俄罗斯文化史——历史与现代》，焦东建、董茉莉译，商务印书馆2006年版，第49页。
② ［德］康德：《判断力批判》上卷，宗白华译，商务印书馆1985年版，第83—84页。

灵，所以很多人把崇高理解成美的另一种表现形式。康德指出，美和崇高有相同和不同之处，而不同才是两者存在的价值和意义，"瞬间的生命力的阻滞"和"更加强烈的喷射"是一种基于个人感官的"力学的崇高"和"数学的崇高"。《伊戈尔远征记》的作者深知如何将思想、辞藻、情感捆绑在一起，通过朗加纳斯所说的"堂皇的结构"，实现作用于人心灵的效果。在这部史诗中，杀戮、死亡、恐惧等要素以极其专横的方式展现出来，如此，只要崇高表现得当，就会如闪电霹雳，击毁其他证据，显示出修辞的全部价值，即制造出完美的震惊，实现康德的作用于心灵的"力学的崇高"，凸显"无形式的形式"也是正确的审美诉求。《伊戈尔远征记》不乏"庄严伟大的思想"，伊戈尔和符塞伏洛德征战波洛夫人既是"为自己寻求美名/为王公寻求荣光"[1]，更是因为"罗斯的国土/你已落在岗丘的后面"[2]，而斯维亚托斯拉夫大公的"金言"更是思想升华，号召罗斯人要像"野牛那样咆哮"[3]，去"为了今天的耻辱/为了罗斯的国土/为了伊戈尔的/那勇猛的斯维亚托斯拉维奇的创伤"[4]而战。强烈激越的情感和应用藻饰的技巧也表现在对自然现象和自然景观这些意象夸张的描写上，比如"他们（罗斯士兵）像利箭似的散布在原野上"[5]，"血的朝霞宣告了黎明/黑色的乌云从海上升起/想要遮住四个太阳"[6]等。依据柏克的观点，"美是指物体中能够引起爱或类似的感情的一种或几种品质，而崇

---

[1] ［俄］涅克拉索夫：《伊戈尔远征记》，魏荒弩译，人民文学出版社2000年版，第5页。
[2] ［俄］涅克拉索夫：《伊戈尔远征记》，魏荒弩译，人民文学出版社2000年版，第6页。
[3] ［俄］涅克拉索夫：《伊戈尔远征记》，魏荒弩译，人民文学出版社2000年版，第17页。
[4] ［俄］涅克拉索夫：《伊戈尔远征记》，魏荒弩译，人民文学出版社2000年版，第17页。
[5] ［俄］涅克拉索夫：《伊戈尔远征记》，魏荒弩译，人民文学出版社2000年版，第6页。
[6] ［俄］涅克拉索夫：《伊戈尔远征记》，魏荒弩译，人民文学出版社2000年版，第7页。此处的四个太阳也有研究者认为是指王公。

高则是指物体中能够引起恐惧或类似的感情的一种或几种品质"①。《伊戈尔远征记》中很多场景不是表现"爱或类似的情感的一种或几种品质",当伊戈尔告诉士兵,"我希望同你们一道/或者抛下自己的头颅/或者就用头盔掬饮顿河的水"② 时,作者表现的并不是爱,而是让敌人闻风丧胆的暴力美学,以至在出现月食③的情况下,他依然决定投入战斗。这种暴力美学在冷兵器时代是备受推崇的,也是崇高的,在朗加纳斯看来,这种崇高是思想的包装形式,"如果在恰到好处的场合提出,就会以闪电般的光彩照彻整个问题"④。柏克认为,首先,无边的沙漠、一望无际的天空等共同的外部形式特点是体积巨大;其次,巨响和突然的寂静也能产生崇高感;再次,模糊、晦暗、不和谐、不明朗的艺术形象也能产生崇高感,粗糙、无序、宏伟等也能产生类似的效果。⑤ 而这些元素恰恰是《伊戈尔远征记》作者所青睐的。在绝大多数情况下,《伊戈尔远征记》通过"能够引起恐惧或类似的感情的一种或几种品质"来表现伊戈尔、符塞伏洛德等人的战斗豪情,这是崇高的,或者按康德在《纯粹理性批判》中指出的那样,"我把现象中与感觉相应的东西称为现象的质料,而把能够使现象的杂多在某些关系中得到整理的东西称为现象的形式"⑥,换言之,是一种"无形式的形式"。对于早期的具有行吟性质的文学文本而言,鲍扬的创作方式决定了"他的方法的宽广、气势和迅捷,他以这种方式概括了世界"⑦。"崇高"在《伊戈尔远征记》中在很大程度上用于表

---

① 转引自叶毓《"无形式":康德对柏克崇高论的发展》,《天水师范学院学报》2004年第4期。
② [俄]涅克拉索夫:《伊戈尔远征记》,魏荒弩译,人民文学出版社2000年版,第3页。
③ 月食在俄罗斯人看来是一种凶兆,"尝一尝大顿河的水——这渴望/蒙蔽了为他发出的预兆"。参见《伊戈尔远征记》,魏荒弩译,人民文学出版社2000年版,第3页。
④ 伍蠡甫、胡经之主编:《西方文艺理论名著选编》,北京大学出版社1985年版,115页。
⑤ 参见叶毓《"无形式":康德对柏克崇高论的发展》,《天水师范学院学报》2004年第4期。
⑥ [德]康德:《纯粹理性批判》,邓晓芒译,人民出版社2004年版,第25—26页。
⑦ [俄]利哈乔夫:《解读俄罗斯》,吴晓都等译,北京大学出版社2003年版,第168页。

现东斯拉夫人的尚武精神，而且经过时间的冲刷，"崇高"逐渐进入俄罗斯人的审美视域，用康德的话来表述就是："而崇高感觉评判对象时却在它自身结合着心意的运动，而这种运动应判定作为主观合目的性的（因崇高使人愉悦）；这运动将经由想象力或是联系与认知能力，或是联系于意欲能力。"① 这种对"崇高"的迷恋是《伊戈尔远征记》的基调，也是俄罗斯民族文化的重要特征。俄罗斯人坚信，只有强大的军队可以拯救俄罗斯，用亚历山大三世的话说，"俄罗斯只有两个盟友，那就是这个国家的陆军和海军"②。

《伊戈尔远征记》是较早记录俄罗斯人多神教和基督教宗教体验的文本之一，其突出特征是在多神教和基督教相互融合的过程中，人在多神教的神祇和基督教三位一体面前的矛盾心态。一方面，多神教的众神频频出现在作者的叙事中；另一方面，作者也清楚，伊戈尔所处的时代，众神渐行渐远。

> 度过了特罗扬的世纪，
> 又度过了雅罗斯拉夫的时期，
> 奥列格——奥列格·斯维亚托斯拉维奇的
> 那些远征也都成为过去。③

特罗扬（Троян）在《伊戈尔远征记》中四次被提及，分别是"特罗扬的世纪""特罗扬的第七世纪""特罗扬的土地"和"特罗扬的道路"。根据维基百科，特罗扬是南斯拉夫的民间故事中的人物，在基辅罗斯时期，该神祇出现在宗教文献《圣母苦行记》中，随之变成了多神教中的诸神之一，但就其存在价值而言，远逊于莫科什、罗德、庇龙等。在《伊戈尔远征记》中，特罗扬不过是多神教的

---

① ［德］康德：《判断力批判》上卷，宗白华译，商务印书馆1985年版，第86页。
② У России Есть Только Два Союзника: ее Армия и флот, https://dic.academic.ru/dic.nsf/dic_wingwords/2782/У, 2018-09-10.
③ ［俄］涅克拉索夫：《伊戈尔远征记》，魏荒弩译，人民文学出版社2000年版，第9页。

代名词。这段话的意思是，多神教的时代过去了，雅罗斯拉夫的时代也成为过去，奥列格·斯维亚托斯拉维奇的时代亦变成了历史。既然这一切都是历史，那么谁在主宰作者眼中当下的时代？作者用"就从这卡雅河上，斯维雅托鲍尔克命令把自己的父亲/用匈牙利的溜蹄马/运回基辅的圣·索菲亚教堂"① 这样的诗行暗示罗斯进入了基督教时期。

史诗完成于 12 世纪末期，当时基辅罗斯的统治形式颇似中国西周时期。西周各诸侯表面上臣服于周天子，实则各个都有自己的打算。基辅罗斯各个公国皆听命于基辅大公，各个公国的大公之间皆有血缘关系，尽管如此，每个大公因地理位置和资源不同而导致诉求也不同，他们为了一己私利，常常会绕开基辅罗斯，独自与外族作战。能将诸公国联系起来的是信仰，但信仰也要为商业和政治目的服务。《伊戈尔远征记》中的塞维尔斯基大公伊戈尔就是为了争夺黄金水道，与兄弟符塞伏洛德一道进攻突厥的波洛夫人。值得关注的是，在"度过了特罗扬的世纪"后，作品中的人物依然以多神教的神祇为自己的保护神，故事结尾处的比罗戈谢伊圣母院就是一种信仰造型，告诉后来人，是伊戈尔在耶稣基督的庇护下战胜了异教徒波洛夫人，"拿卫护基督教徒/反对邪恶的军队的/王公们和武士们万岁"② 的诗句并没有反映出将士们信仰的深度，倒是透露出基辅罗斯依然处于多神教和基督教并存的时代。其实，俄罗斯人对待宗教的态度远比今天人们想象的复杂，信仰是精神的依托，这种依托最初甚至是基于实用主义的原则。在位于 980—1015 年的弗拉基米尔大公是卓越的统治者，也是决定把基督教引进罗斯的关键人物，甚至被今日的东正教会封为圣徒，即便这样坚定的信仰者也不免对多神教难以忘怀。他在 980 年执掌基辅罗斯权杖后之所以大范围推广基督教信仰，很大程度上是基于一神教之于统治阶级那种无可替代的作

---

① ［俄］涅克拉索夫：《伊戈尔远征记》，魏荒弩译，人民文学出版社 2000 年版，第 9 页。
② ［俄］涅克拉索夫：《伊戈尔远征记》，魏荒弩译，人民文学出版社 2000 年版，第 29 页。

用，是因为他意识到多神教自身的确存在这样或那样的问题，但信仰的统一需要时间，而且并不能一劳永逸地解决民族分裂的问题。这就是格奥尔吉耶娃指出的"作为一种思想体系，宗教既不能阻止古罗斯国家从12世纪开始的权力分散过程的产生，也不能缓解社会经济方面存在的尖锐矛盾"①，况且多神教信仰根植于民众意识，是他们的生活方式。根据多神教神的谱系，在万神殿中主要供奉以下几位和人们日常生活相关的重要的神，他们分别是雷神庇龙（Перун，又译为庇龙或庇隆）、太阳神霍尔斯（Форс）、主管繁殖和太阳的达日吉博格（Даждьбог）、天神斯瓦罗格（Сварог）、风神斯特里鲍格（Стрибог，又译斯特里博格）、主管大地、收获和女性婚姻的女神莫科什（Мокошь）。当然，还有其他一些神祇，如多神教早期的罗德（Род）和罗让尼采（Рожаница）、恶之神莫列那（Морена）、牧神维列斯（Велес）、黑暗之神切尔诺博格（Чернобог）等。根据12世纪古罗斯历史文献《偶像论》，多神教的历史可以划为四个阶段。向山河、泉井顶礼膜拜、供奉吸血鬼的第一阶段；信奉罗德和罗让尼采等生育丰收之神的第二阶段；把庇龙立为主神的第三阶段；基辅罗斯接受基督教信仰但人们依然没有完全舍弃多神教信仰的第四阶段。②《伊戈尔远征记》中的故事显然发生在第四阶段，尽管基督教已经成为国教，但《伊戈尔远征记》的作者依然通过抒情插叙和雅罗斯拉夫娜的哭诉传达他们心中的自然观，其主要特点是"万物有灵"，罗斯人自诩为"达日吉博格子孙"，但风神斯特里鲍格并没有因为他们是"达日吉博格子孙的军队"而放过他们。在雅罗斯拉夫娜的哭诉（Плач Ярославны）中有以下几点值得特别关注。

第一，《伊戈尔远征记》中所发生的一切虽然有历史依据，但对历史事件的描述应当遵循什么样的策略，也是《伊戈尔远征记》的作者

---

① ［俄］Т. С. 格奥尔吉耶娃：《俄罗斯文化史——历史与现代》，焦东建、董茉莉译，商务印书馆2006年版，第45页。

② 参见《俄国宗教史》上卷，乐峰主编，社会科学文献出版社2008年版，第19页。

必须考虑的，因为他的书写决定了俄罗斯民族文化的源文本以何种姿态对俄罗斯民族的国家、宗教信仰、尚武精神、阴谋论等问题进行理解。作为历史的文学书写，作者必须以真实为依托，不能改变历史，但可以表达对历史及历史人物的态度，就像罗贯中可以杜撰"草船借箭"的故事，但不能改变曹魏最终打败东吴和蜀汉的事实。《伊戈尔远征记》的作者遵照的是古罗斯行吟诗人鲍扬的方法，其效果是，"若是想把什么人歌唱/思绪便立刻在树枝上飘荡/像一头灰狼在大地上奔跑/像一只蓝灰色的苍鹰去捕捉一群天鹅"①，以史料为基础的文学文本并不排除虚构性，因为虚构性是艺术的孪生兄弟。对《伊戈尔远征记》来说，艺术性的生成很大程度上与人们对多神教神灵的膜拜有关，他们尽管在形式上已经皈依基督教（东正教），却把自己的性命和未来托付给诸神。史诗中，雅罗斯拉夫娜的哭诉集中反映了罗斯人的多神崇拜和万物有灵的信仰。得知丈夫伊戈尔被俘，雅罗斯拉夫娜站在普季夫尔的城垒上哭诉："哦，风啊，大风/神啊，你为什么让可汗们的利箭/乘起你轻盈的翅膀/射到我丈夫的战士们的身上？"② 也就是说，既然风神斯特里鲍格是罗斯人的神祇，为什么会帮助波洛夫人来戕害罗斯人？《伊戈尔远征记》对此的解释是风向的原因，波洛夫人处于顺风的位置，但从神学的角度看就不那么简单了，有学者指出，"古代文献中司特利博格（斯特里鲍格）和达日吉博格经常相提并论，反映了两神之间的内在联系（父与子）。也有另一种推测，认为司特利博格与达日博格可能是对立关系，代表与人类为敌的毁灭性势力"③。如果这种说法成立，那就意味着在罗斯人看来，他们是"人类"，而波洛夫人和斯特里鲍格就是"毁灭性的力量"，这同时也就能证明，在早期罗斯人的自然审美话语体系中，虽然斯特里鲍格是多神教主管风的神祇，但他性情不

---

① [俄]涅克拉索夫：《伊戈尔远征记》，魏荒弩译，人民文学出版社2000年版，第1页。
② [俄]涅克拉索夫：《伊戈尔远征记》，魏荒弩译，人民文学出版社2000年版，第23页。
③ 参见《俄国宗教史》上卷，乐峰主编，社会科学文献出版社2008年版，第36—37页。

定,对他的崇拜要依据事物发展的结果而定。之所以说在《伊戈尔远征记》中存在多神教和基督教并存并逐渐走向一神教的可能,不仅仅是因为结局部分出现了对上帝的赞美和教堂这样突兀的建筑,还因为雅罗斯拉夫娜求遍众神,但真正帮助她的不是多神教里的神祇,而是上帝,于是就有了"午夜,大海翻滚着/龙卷风掀起了漫天云雾/上帝给伊戈尔公指示/从波洛夫土地/归罗斯故土/到父亲黄金宝座的道路"①。山川、大河、风雨、雷电等自然之物和自然现象中所隐匿的神的因素逐渐消退,俄罗斯人的自然观在逐渐发生改变,但这并不意味着他们完全遗忘了多神教,恰恰相反,他们把多神教的很多元素融入东正教的信仰中和日常生活里,而这一切都源自俄罗斯民族(早期的罗斯人)多神教的自然观,在这种自然观的影响下,才会有后来果戈理《狄康卡近乡夜话》中的宗教神秘主义,才会有苏联时期布尔加科夫《大师与玛格丽特》里的沃兰德、黑猫等形象。一种自然生态观不会因时代的变化而消亡,生态审美不仅仅是艺术的表现形式,有时也是人的生存方式。

第二,雅罗斯拉夫娜形象的意义。俄罗斯文化中一直有女性崇拜的传统,而这种传统的由来众说纷纭,其中一种说法就是和多神教中的莫科什有关。莫科什又被称为"大地润泽的母亲"(Мать - Сыра - Земля),从中生发的是俄罗斯对自然生态之美的原始思维,而且这种思维贯彻到俄罗斯生活的许多方面,"大地润泽的母亲"威力无穷,"润土母亲(大地润泽的母亲),求你对付妖魔鬼怪,不让它们泛滥作孽"②,女性和大地天然地联系在一起,因为女性代表了繁殖(虽然在父系社会被弱化),大地如同女性一样是一切生命之源,对人总是同情和宽容的。《伊戈尔远征记》为俄罗斯文化中悠久而神秘的女性崇拜找到了根源,美丽的雅罗斯拉夫娜是俄罗斯文学中

---

① [俄]涅克拉索夫:《伊戈尔远征记》,魏荒弩译,人民文学出版社2000年版,第24—25页。

② 参见《俄国宗教史》上卷,乐峰主编,社会科学文献出版社2008年版,第29页。

最早出现的"理想的女性"（Идеальная женщина），普希金的《叶甫盖尼·奥涅金》中的塔吉雅娜、屠格涅夫在《罗亭》《阿霞》《前夜》中塑造的"屠格涅夫式的女郎"（Тургеневские Девушки）都继承了雅罗斯拉夫娜身上的神性，她们对于处于深渊中的男性来说，就是强大的拯救力量，因为伟大的女性天然地具有"大地润泽的母亲"的气质。在肖洛霍夫的小说《静静的顿河》中，主人公梅列霍夫疗伤的方法就是扑在大地上，感受母亲的温暖，土地的芬芳是最佳良药。而且特别值得注意的是，在《偶像论》所划分的第四个时代里，也就是弗拉基米尔大公统治时期，唯一合法的女神就是莫科什，"她是多神教的第三位神，也是弗拉基米尔神祇中唯一一位在接受东正教洗礼后仍然受崇拜的神"①。文学的内核是民族的文化，莫科什的温情、善良不仅仅成为其拥有多信众的理由，也幻化成文学形象。雅罗斯拉夫娜对于塞维尔斯基公国的臣民来说就是国母，她在普季夫尔城垒上的三段哭诉被上帝（基督教的神）听到，她变成了多神教中唯一能传达东正教声音的人。正因如此，她本人就具有了无可置疑的神性。当然，《伊戈尔远征记》中的雅罗斯拉夫娜有可能和圣智索菲亚有隐秘的联系。索菲亚先于上帝而存在，在《旧约·箴言》中，索菲亚声称："从亘古，从太初，唯有世界以前，我以被立。"② 东正教历来重视索菲亚学说（圣智学），并演变出多个流派，值得特别注意的是，"有几种不同类型的索菲亚圣像，她都被画成了女人，面貌与圣母马利亚有别"③，虽然有别，但经过历史演进，索菲亚与马利亚渐渐融合，俄罗斯东正教信徒的圣母崇拜情结与索菲亚崇拜不无关系，后经索洛维约夫圣智学的演绎，变成了"永恒的温柔"（Вечная Женственность），成为连接此岸世界和彼岸世界的桥梁。雅罗斯拉夫

---

① 金亚娜：《期盼索菲亚——俄罗斯文学中的"永恒女性"崇拜哲学与文化探源》，人民文学出版社2009年版，第3页。
② 《旧约·箴言》第8章第23节，中国基督教协会1994年版，第605页。
③ 金亚娜：《期盼索菲亚——俄罗斯文学中的"永恒女性"崇拜哲学与文化探源》，人民文学出版社2009年版，第8页。

娜与索菲亚看似毫无联系，但她有一点与索菲亚类似，即她虽然向多神教的神祇祷告，却像索菲亚一样，"居于上帝和尘世之间，出于存在和超存在之间"①。

在基辅罗斯这个具有北欧维京人基因的留里克王朝，在这个多神教与基督教走向融合的"第四时期"，罗斯人的自然观在《伊戈尔远征记》中得到了比较全面的反映，塞维尔斯基大公伊戈尔和他的弟弟符塞伏洛德对波洛夫人的先胜后败，都伴随着作者对自然现象的描述和对自然景物中所蕴藏的神圣力量的感知，斯维亚托斯拉夫的箴言和雅罗斯拉夫娜的哭诉更体现了罗斯人所处的多神教和基督教相互融合的过程中所生发的种种现象。总之，这部作品既是一部关于俄罗斯民族（罗斯人）与草原游牧民族波洛夫人的史诗性作品，也是可一窥俄罗斯人自然审美的历史文本。

第三节 《伊万雷帝与库尔布斯基通信集》：关于俄罗斯人神正义的思考和争辩

《伊万雷帝与库尔布斯基通信集》（Переписка Ивана Грозного с Андреем Курбским）②。《伊万雷帝与库尔布斯通信集》的出现晚于菲洛费伊提出的"莫斯科第三罗马"观点，是弥赛亚思维的延续。无论是库尔布斯基还是伊万雷帝，两人的信件既可以看作私人之间的信息交流，同时也是体现库尔布斯基为自己辩护的个性化的准文学作品，洋溢着那个时代贵族语汇特有的高雅与烦琐："致东正教之圣人，被上帝恩佑的沙皇：如今，我们因自己所犯的罪过，形成了对立（但愿有识之士能够了解）。即使在不敬神的民族中，亦断不会有此乱象发生。条理分

---

① 金亚娜：《期盼索菲亚——俄罗斯文学中的"永恒女性"崇拜哲学与文化探源》，人民文学出版社2009年版，第17页。

② A. M. 库尔布斯基原是伊万雷帝麾下的很有军事才能的统帅，亦是沙皇在位初期的亲信之一。在对利沃尼亚的战争中，库尔布斯基战败，随之逃往立陶宛（当时叫利沃尼亚），并被任命为立陶宛的军事统帅。为了给自己的背叛行为寻找一个合理的解释，从1564年起，库尔布斯基和伊万雷帝展开长达16年的通信。

明将这一切（除了已说过的）全盘托出，我是断然不肯的，但因遭受你政权的惨无人道的迫害和内心巨大的悲痛，我又不得不大胆说与你听，哪怕是只言片语。"①

库尔布斯基使用了带有表示程度的前缀（Пре）的形容词（Препрославленный、Пресветлый）以表示对沙皇的尊崇，尽管他身处利沃尼亚，但并没有忘记雷帝是一国之君，并承认沙皇之于他的权威。然而这并不能说明沙皇所做的一切都是正确的，所以接下来他话锋一转："为什么你要消灭以色列的强者？为什么要把上帝赐给你的军事统帅一个一个地处死？你首先背叛了无数个为你卖命的王公大臣，是你让他们的血在神的教堂里慢慢流干，是你让他们的鲜血染红了教堂的门槛，他们把自己的灵魂交付于你。你为什么杜撰出创世之初就没有的苦难？为什么要捏造各种罪名置他们于死地？"②

"以色列的强者"是一种隐喻，是指俄罗斯人和以色列人一样都是上帝挑选的民族，正因为有这些强者，沙皇才能在神正义的旗帜下去讨伐所谓的异教徒，但令库尔布斯基不解的是，为什么沙皇要以各种理由将为其立下汗马功劳的军事统帅除之而后快。库尔布斯基连续用 истребить、предать、обагрить、измыслить 四个动词，没有使用表示极度尊敬的单数第三人称"陛下"（Его Величество）③ 来控诉伊万雷帝的罪行，每一次诘问都强调正义在库尔布斯基所代表的一方。库尔布斯

---

① Первое Послание Курбского Ивану Грозному，http：//lib. pushkinskijdom. ru/Default. aspx? tabid = 9105，2018 – 10 – 10.

② Первое Послание Курбского Ивану Грозному，http：//lib. pushkinskijdom. ru/Default. aspx? tabid = 9105，2018 – 10 – 10.

③ 俄语中，"陛下"虽然是说话人的称呼用语，却使用第三人称的方式。另外，在伊万雷帝时期，人们都是用"你"相互称呼，这里并没有尊敬或侮辱之意。直到 1708 年，根据彼得一世旨意编写的教科书中，才有了关于"您"的用法规定。См.《Вы》и《Ты》. История и Правила Использования，https：//www. liveinternet. ru/users/ninapr/post211743531/，2018 – 10 – 10.

基的语言犀利，用词讲究，意义拿捏准确，逻辑清晰。更重要的是，在稍后大段的叙述里，库尔布斯基故意不谈这种强权政治的所为是否存在，而是直接强调为什么这样不公平地对待那些立下汗马功劳的王公大臣。这种逻辑的价值在于，库尔布斯基预设了沙皇所做的一切缺少正义，他只是追问缺少正义的原因是什么，而忽略沙皇的行为到底是否存在，或者说，他预设了沙皇所为是真实的。最后，他对沙皇进行声讨，并揣测沙皇诸举的真正原因。

> 沙皇陛下，你以为自己可以永生，你完全陷入异端邪说之中，因此你看不见耶稣的基督教之希望，看不见你面前还有金钱无法收买的法官。我要告诉你，耶稣必将显圣人间，来建立能够审判宇宙的正义法庭，他不会放过那些高傲的捏造谰言的人，必将对他们犯下的哪怕最微小的罪孽进行公开审判。这难道不是圣人的预言吗？……耶稣才是你我之间的审判官。①

库尔布斯基的第一封信所要传达的诉求有两点。第一，俄罗斯沙皇在国内对立下汗马功劳的大臣实行的杀戮政策使俄罗斯面临巨大危机，也让沙皇本人深陷不仁不义的境地，与其对叛逃的库尔布斯基和他的同伙实施讨伐，不如反省自己的所为；第二，沙皇已经陷入异端邪说之中，以为自己代表了神的意志，而实际上即便是那些犯下微小罪孽的人都会受到耶稣的审判，更何况是沙皇这样犯下大逆不道的罪行的人；第三，库尔布斯基明确告诉伊万雷帝，他没有权力审判自己的叛国行为，只有耶稣才能审判一切。

伊万雷帝杀死了来送信的库尔布斯基的忠仆瓦西里·西班诺夫，但还是给自己以前的亲信，现在的敌人——库尔布斯基回了一封信。此后16年，两人共通信六封，其中库尔布斯基写了四封信，伊万雷帝回了

---

① Первое Послание Курбского Ивану Грозному, http://lib.pushkinskijdom.ru/Default.aspx?tabid=9105, 2018-10-11.

两封信。

伊万雷帝给库尔布斯基的回信是这位沙皇在位期间非常重要的能够代表他个人意志和俄罗斯国家意志的文件。这封信落款的时间是1564年7月5日，信件很长，语言激昂，里面涉及国家外交政策、宗教问题，很显然是沙皇内阁经过缜密商议完成的，其中很多内容和措辞与其说是一封私人信函，倒不如说是外交风格鲜明的公文，但同时不乏温情，其中有伊万雷帝对童年的回忆和他与库尔布斯基交往的历史。或许，无论是库尔布斯基还是伊万四世都非常清楚，这几封信不仅仅是他们个人之间对某些问题交换意见，更将成为一段重大历史的见证，因此，他们的措辞都是谨慎的，同时也表明了两人鲜明的态度。

沙皇在信的开头直截了当地告诉库尔布斯基，他是俄罗斯的叛徒，让他摆正自己的位置。

> 上帝虔诚的信徒，伟大的沙皇，伟大的俄罗斯暨罗斯大公伊万·瓦西里耶维奇给背叛基督者安德烈·米哈伊洛维奇·库尔布斯基公爵，以及和他一样背叛基督的同伙的一封信。

伊万四世回顾了俄罗斯国家发展的历史，追忆了弗拉基米尔大公的伟大功绩，指出这一切都源自神的庇护，"我们赞美上帝，是因为他赐予我们无限的仁慈"，但这封回信的重点是回答库尔布斯基提出的两个问题。

第一个问题是耶稣是否会成为裁决两人是非功过的法官。伊万的回答是否定的。

> 公爵大人，如果你认为自己是仁慈的，那为什么要排斥自己内心真实的声音？在最终审判到来之时你用什么来赎回你的灵魂？就算你赢得全世界，死亡依然会将你吞噬。何必为了肉体而牺牲高贵的灵魂？难道你就是因为恐惧死亡而宁愿相信你的那些所谓饱学之

士和亲信吗？他们都是魔鬼。①

很显然，伊万四世不认为耶稣可以成为他们之间的法官，原因是，库尔布斯基之所以叛逃，是因为他恐惧死亡，但作为虔诚的信徒，应该相信最终审判；更重要的是，在雷帝看来，高贵的灵魂要比肉体存活更重要。一个高高在上的、不必直面尖锐冷兵器的人当然可以这样说。肉体如果终结，灵魂将无法依存，从这个意义上看，库尔布斯基公爵更像是脚踏潮湿土地、食人间烟火的人。沙皇从国家利益和宗教高度出发，斥责库尔布斯基的背叛，但他忘记了，"就算你赢得全世界，死亡依然会将你吞噬"同样适合他自己。

第二个问题是两人对《百章决议》②执行的效果的意见不统一。

库尔布斯基坚持认为，伊万四世并没有完全按《百章决议》（Стоглав）中的规定来推行自己的政治纲领。的确，在这个问题上库尔布斯基并没有撒谎。在宗教会议上，沙皇出席并发表演讲，他承认大贵族和重臣与宗教人士相互勾结、贪婪无度的现实，但同时也承认目前这一系列问题尚找不到解决办法，他们之间的"仇视和积怨"会延续下去，他在宗教会议上强调大家要在"规定期限内和解"，而事实上矛盾从没有解决，于是沙皇动用野蛮的力量，对那些与其政治主张不同的人动用了极刑。库尔布斯基所要追问的是，作为一国之君，为什么可以出尔反尔。沙皇在信中虽然没有直接回答这个问题，但他通过对童年时期的回忆，告诉库尔布斯基，瓦西里三世执政期间因被大贵族和宗教人士掣肘，很多政治理想无法实现。尽管两人有很多分歧，但在一点上达成共识，即伊万四世执政的早期，的确是"信仰东正教的圣明君主"，不同的是，伊万四世想要证明自己一直都是"信仰东正教的圣明君主"。

---

① Первое Послание Ивана Грозного Курбскому, http://lib.pushkinskijdom.ru/Default.aspx? tabid = 9106, 2018 - 11 - 10.

② 根据伊万四世本人和都主教的旨意，俄罗斯宗教会议（Церковный Собор）于 1551 年 1—5 月召开了一系列会议，会议期间所做的决议数量为 100 章，故决议又称"百章决议"，对宗教人士的行为，包括购买土地等经济行为进行了规范。

《伊万雷帝与库尔布斯基通信集》不是简单的私人通信，而是代表了两种不同的价值体系。

第一，库尔布斯基代表的是立场保守的大贵族利益，而沙皇强调皇权神授，即俄罗斯人的弥赛亚意识，"沙皇秉承上帝之子耶稣基督的意志，他永远战无不胜……他是斯拉夫人利益忠实的保卫者"。

第二，库尔布斯基尽管也声称自己是坚定的基督信徒，但他更注重现实生活，而伊万四世深信基督教使得俄罗斯人永远站在神正义的一方，对敌人的讨伐（比如攻打利沃尼亚）是因为"耶稣基督以神的名义赐予我们能够战胜一切并世代拥有的神幡——十字架"。

虽然《伊万雷帝与库尔布斯基通信集》对肇始于菲洛费伊的"第三罗马"说进行了简单粗暴的阐释，但因为伊万四世是俄罗斯历史上第一位沙皇①，使得这种宗教话语对俄罗斯文化影响深远，所谓的"神圣罗斯"（Святая Русь）、"俄罗斯理想"（Русский Идеал）、"俄罗斯思想"（Русская Идея）、"聚义性"（Соборность）等均可以在《伊万雷帝与库尔布斯基通信集》中找到依据。

第四节 《古史纪年》：俄罗斯民族与神的连接

历史，总是讲述尘埃落定后的故事，但在厚厚的尘埃中有多少是真实的，又有多少是书写者从各自的立场出发对历史事件的想象，这就很难确定。因此，历史是融合了意识形态元素的、对文化的想象，既有无法更改的事实，也有基于民族情感的虚构。从这个意义上讲，《古史纪年》（又译《往年故事》）是历史文本，也是充满作者情感的文学文本。

---

① 在伊万四世之前，俄罗斯公国执掌权杖的人充其量称为大公（Великий，Князь），从1547年1月起，伊万四世改称沙皇。沙皇的俄语 Царь 源自拉丁语 Caesar（恺撒），是罗马皇帝的专属封号。俄罗斯人称自己的大公为"沙皇"意味着两点：第一，从此之后，俄罗斯皇帝和西欧任何国家的最高首脑都可以平起平坐了；第二，俄罗斯人继承了拜占庭帝国的罗马精神遗产。

《古史纪年》有个能概括这部史书存在意义的冗长的名字：《这是对往年历史的记载，记述罗斯民族从何而来，谁是基辅的开国大公，以及罗斯国如何形成》（Се Повести Времяньных Лет, Откуду Есть Пошла Руская Земля, Кто в Киеве Нача Первее Княжити, и Откуду Руская Земля Стала Есть）。史书从"神圣书写"（Великое Писание）的时代写起，作者涅斯托尔借助《圣经》中大洪水的传说，把俄罗斯民族与挪亚之子雅弗联系在一起，修订后的第三版里，史书的内容到582年就结束了，涵盖了基辅罗斯最重要的时期，并触及罗斯人和拜占庭帝国的关系。涅斯托尔巧妙地将挪亚之子雅弗的后代和俄罗斯民族建立联系，这使得后来俄罗斯人的"弥赛亚意识""莫斯科—第三罗马""神圣罗斯"等俄罗斯思想有了史学依据。从历史学的角度看，书中的内容令人生疑，19世纪的俄罗斯著名作家兼史学家卡拉姆辛（Карамзин Н., 1766—1826）就提出疑问，他认为，当时斯拉夫各个部落，仅就兵器而言，就远远逊色于周围的日耳曼等异族。他进一步指出，"北方的斯拉夫人穿着松鼠皮的衣服，所谓的工业生产只能局限于眼前的生活"[①]。利哈乔夫（Лихачев Д.）断定，《古史纪年》是各种题材和体裁经由多个作者拼凑在一起的史学和文学拼盘，其文学价值远大于史学价值。[②] 此外，史学家普里谢尔科夫（Приселков М. Д.）也发现史书中的事件与真实的历史事件存在差异，他的观点是，史书"人为痕迹明显，作为史料不是很可靠"[③]。但苏联解体后，俄罗斯民族主义情绪高涨，人们的态度发生了转变。其实，这种对《古史纪年》深信不疑的现象在19世纪和整个20世纪都不是什么新鲜事，对此，俄罗斯学者从编年史作者的心理出发去理解这种"人为痕迹明显"的历史文本，那

---

① Карамзин Н., Полная История Государства Российского в Одном Моме. М.: АСТ, 2016, с. 69.
② Лихачев Д., Повесть Временных Лет//Великое Наследие. Классические Произведения Литературы Древней Руси в 3 Момах. Т. 2. М.: Художественная Литература, 1987, с. 342.
③ Приселков М. Д., Киевское Государство Второй Половины X в. по Византийским Uсточникам. Л.: Ученые Записки ЛГУ, 1941, с. 216.

就是"个人印象与社会集体经验相符合就是编年史作家的标准"①，而社会集体经验就是该民族被优化的价值取向，造成的结果是，编年史家在书写历史的时候头脑中萦绕的问题是"如果事件这样发展会怎么样"。这也是涅斯托尔的疑问，即把俄罗斯人与神谕结合起来会怎么样。

涅斯托尔把《古史纪年》的开端和《圣经》联系在一起，在大洪水中存活下来的挪亚生了三个儿子——闪、含和雅弗。俄罗斯民族是雅弗的后代，这种说法让俄罗斯民族在形成伊始便在整个基督教文明中拥有了不可争辩的合法性并占据了精神高地。如果把整个欧洲民族都当作上帝的子民，整个大地都是上帝对子民的赐福，那么在这个诸民族的自然生态中，俄罗斯民族因为是雅弗的后代而当仁不让地与神产生连接。俄罗斯广袤的土地、严酷的自然环境、常年的侵略战争和曾经被外族侵略的历史、独特的国家体制和宗教影响等所有正面的和负面的因素都是上帝赐予的，这些必然和偶然的因素造就了这个民族"不受时间影响，在一切形势一切气候中始终存在的特征"②。丹纳（泰纳）把这个特征称为"永久的本能"，此概念颇似荣格在自己的精神分析学里提出的能决定个人乃至民族意识层面行动的"集体无意识"。俄罗斯人之所以缺少如日耳曼民族那样严密的逻辑思维，而更喜欢沉迷于艺术思维，皆是因为俄罗斯民族"永久的本能"驱动了这个民族的思维方式和行为方式，使之不同于其他民族。但这并不使得俄罗斯神秘到"只能信仰"的地步。俄罗斯人是如何在诸多民族在场的情况下确定自身先天优势的呢？换句话说，为什么直到今天，"第三罗马"的思想依然盘踞在俄罗斯民族的意识里？凭什么丘特切夫言之凿凿地说"理智无法理解俄罗斯……对俄罗斯只能信仰"③？所谓"对俄罗斯只能信仰"到底要信仰

---

① Данилевский И., Добру и Злу Внимая Равнодушно？（Нравственные Императивы Древнер-Усского Летописца），http：//aliom. orthodoxy. ru/arch/006/006 – danilev. htm, 2018 – 11 – 11.

② ［法］丹纳：《艺术哲学》，傅雷译，人民文学出版社 1983 年版，第 147—148 页。

③ 原诗是"Умом Россию не понять/Аршином общим не измерить/У ней особенная стать/В Россию можно только верить"。

俄罗斯什么？或者说，为什么对俄罗斯只能信仰？自然，对俄罗斯民族而言，不仅仅是审美那么简单，其中更暗藏着如何巧妙地确立优势地位的策略。

正如《古史纪年》的名称所暗示的那样，其所要解决的首先是俄罗斯民族极为关切的问题："俄罗斯（罗斯）民族从何而来？"这不仅仅关乎民族的过去，也会深深影响民族的未来，这是历史问题，也是神学问题，同时也是俄罗斯文学创作的资源。这些问题的答案是俄罗斯民族对自己在历史空间中对自身的定位和对本民族文化特质的沉思，其所涉及的都和俄罗斯民族昨天何为与明天何处去有关。今天，俄罗斯与中国一样，从国家顶层设计到下面的普罗大众，都致力于民族复兴大业，关注本国人民的生存空间，从19世纪普希金的《高加索的俘虏》、莱蒙托夫的《高加索的俘虏》、列夫·托尔斯泰的《高加索的俘虏》，到20世纪90年代马卡宁（Маканин В.）的《高加索的俘虏》（Кавказский Пленный，1994），无不充满俄罗斯人对现实的焦虑和对未来的忧患。

这种焦虑在基辅山洞修道院的修士涅斯托尔以《旧约》中的故事为资源所撰写的《古史纪年》中就已现端倪。"斯拉夫人"（Славян-ин）一词源自拉丁语 sclavus，与现代英语中的 slave（奴隶）是同根词，早年的斯拉夫人常常被日耳曼人掠走为奴，这也是东斯拉夫人请北欧的罗斯人（即早年的瓦兰人）治理国家的原因。即便是今天，西欧发达国家仍然拒绝俄罗斯加入欧洲俱乐部，称呼俄罗斯为东方人。为俄罗斯人的起源编造完美的神话，不仅仅是出于对改变自身命运的考量，同时也是俄罗斯人对自身特殊神性品格的史学和文学想象。《圣经》里的故事对非教徒而言不过是神话，但对于整个基督教文明而言，那就是历史本身。而历史是事实的沉淀，是"真实的故事"，因为是真实的，所以能为文化的建构提供养料，并影响俄罗斯人的自然观、哲学思想、文学艺术。

涅斯托尔巧妙地把俄罗斯民族的起源和大洪水之后的挪亚家族联系在一起。

大洪水之后，挪亚的三个儿子闪、含和雅弗划分了世界。①

其中，雅弗分得世界的北部和西部，其统领的属地是今天的欧洲大陆。而雅弗在《圣经·创世记》中之所以独享耶和华的恩宠，仅仅是因为他和闪一起看见父亲赤身裸体时，拿起一件衣服搭在父亲的肩上。据《旧约·创世记》记载，在雅弗用衣服盖住赤身裸体的挪亚之时，天空中就传来神谕："耶和华闪的神是应当被称颂的，愿迦南做闪的奴仆。愿神使雅弗扩张，使他住在闪的帐篷里，又愿迦南做他的奴仆。"②

紧接着，涅斯托尔开始了大胆的推理，他发现在雅弗众多的后代中，就有一支是俄罗斯人，"在雅弗的领地内居住着俄罗斯人、楚德人和其他各种族"③。事实上在《创世记》中，根本找不到雅弗的子孙中有俄罗斯人的确凿证据，涅斯托尔的言说为后来的俄罗斯知识分子强调的"俄罗斯心灵""莫斯科第三罗马"和"神人类"等思想和弥赛亚意识提供了神学依据，也为陀思妥耶夫斯基的"俄罗斯思想"奠定了理论的基石。作家在《作家日记》中写道："俄罗斯思想，归根结底只是全世界人类共同联合的思想。"④ 很明显，陀思妥耶夫斯基的俄罗斯思想就当时而言并没有直接表现这个词的哲学内涵，该词更多地表现了全人类在基督的领导下实现人类和平共处的终极理想，而作家所期望的俄罗斯思想所能达到的终极目标仅仅是作家本人的主观愿望。可以说，作家所说的"俄罗斯思想"尚不能成为唯心论中那种先于物质而存在的"理式"的等价物，他的俄罗斯思想更接近俄罗斯理想（Русский Идеал）。这种思想的产生是《古史纪年》中俄罗斯民族意识复苏的当代应答。涅斯托尔的三段论简明扼要：耶和华因为眷顾雅弗，所以"使

---

① [俄]涅斯托尔：《古史纪年》，王松亭译，李锡胤、左少兴校，商务印书馆2010年版，第1页。
② 《旧约·创世记》，中国基督教协会1994年版，第9章第25—27节。
③ [俄]涅斯托尔：《古史纪年》，王松亭译，李锡胤、左少兴校，商务印书馆2010年版，第2页。
④ Достоевский Ф. М., Полн. соб. соч в 30 Томах, Мом 25. Ленинград: Наука, 1983, с. 20.

雅弗扩张"具有合理性，因为这是神的意志，也因为雅弗的子孙中有俄罗斯人，俄罗斯理所当然地应该承袭上帝的赐福。所以，在俄罗斯民族意识中，"俄罗斯是上帝特选民族"也是有神学依据的。但是，人们往往只关注神学意义上的内在逻辑线索，却完全忽略了历史事实，与其说是忽略，不如说是不想承认。这种对"俄罗斯是上帝特选民族"理念的认同感在很多思想家、文学家和哲学家的话语中得到体现。19 世纪俄罗斯作家果戈理在《死魂灵》中以抒情（Лирическое Отступление）的方式盛赞俄罗斯民族的伟大和不同凡响。

> 俄罗斯啊，你不也像是一辆神奇的三套马车在全速飞驶吗？在你驶过的大道上，尘土滚滚，桥梁隆隆，一切都被你甩在后边。停在道旁的旁观者被上帝创造的奇迹惊呆了：莫非这是自天而降的闪电？这令人望而生畏的飞速奔驰意味着什么？这举世罕见的马儿身上隐藏着一种什么样的神秘力量？啊，马儿哟，马儿，神奇的马儿！莫非你们的鬃毛能生出旋风？莫非你们全身都长着灵敏的耳朵？你们凭着上帝赋予的灵感，一听见天上飞来的熟悉的歌声，便立刻挺起青铜般的胸脯，伸长了身子，放开四蹄，腾空飞奔起来……俄罗斯啊，你到底要飞向何处？回答我吧！你没有回答。只听见美妙悦耳的马车铃声，空气在呼啸，三套马车在乘风飞去。大地上的一切都从它身旁飞过，其他国家和民族都闪到一旁，用疑惑的眼光望着它，给它让出一条路来。①

果戈理的理想是充满了大国沙文主义的民族意志之审美造型，而且在乞乞科夫拜访了懒惰的、狡猾的、吝啬的、病态的地主们后，果戈理的确不知道俄罗斯这三套马车"到底要飞往何处"。同时代的思想家和作家阿克萨科夫（Аксаков К. С.）在《俄罗斯观点》一文中指出俄罗斯人拥有全人类的简单而粗暴的依据："俄罗斯人民作为一种人民，直

---

① ［俄］果戈理：《死魂灵》，郑海凌译，浙江文艺出版社 2003 年版，第 263 页。

接有权而无须经过和得到西欧的允许才能拥有全人类。"① 20 世纪初的尼古拉·别尔嘉耶夫放大了这种认同感，他在《俄罗斯思想》（Русская Идея，1946）一书中声称俄罗斯民族具有独特性："俄罗斯人很早就具有一种感觉——比意识更敏锐的感觉——这就是：俄罗斯有着特殊的使命，俄罗斯民族是特殊的民族。"②

但是，俄罗斯思想家也注意到导致俄罗斯民族特殊性的另一个重要因素，即无根基性。按别尔嘉耶夫的说法，"留里克（Рюрик）实际是普鲁士人的后代，是以普鲁士为根基的恺撒的兄弟，作为普鲁士人后裔的伊凡（伊万）雷帝喜欢自称为德意志人，沙皇的王冠戴到了罗斯头上"③。

普鲁士人和罗斯人实际并不属于一个族群。根据《古史纪年》和其他历史文献，东斯拉夫人因为受日耳曼人的欺辱，常常被掠去为奴，于是，他们来到瓦兰人的一支——罗斯人居住的地方。楚德人等对罗斯人说："我们那儿地大物博，但缺少规章律条。请你们来当大公，治理我们。"④

这段话至少透露了以下信息。第一，东斯拉夫人和楚德人等混杂在一起；第二，诸民族在政治制度方面落后于瓦兰人；第三，俄罗斯国家（基辅罗斯）从存在那天起，就有北欧海盗的基因；第四，俄语中，варяги 除了表示民族之外，还有"外援"⑤ 之意，也就是说，在基辅罗

---

① [俄] 阿克萨科夫 К. С.：《再论俄罗斯观点》，载 Вл. 索洛维约夫等《俄罗斯思想》，浙江人民出版社 2008 年版，第 92 页。
② [俄] 别尔嘉耶夫：《俄罗斯思想》，雷永生、邱守娟译，生活·读书·新知三联书店 1995 年版，第 32 页。
③ [俄] 别尔嘉耶夫：《俄罗斯思想》，雷永生、邱守娟译，生活·读书·新知三联书店 1995 年版，第 9 页。
④ [俄] 涅斯托尔：《古史纪年》，王松亭译，李锡胤、左少兴校，商务印书馆 2010 年版，第 9—10 页。
⑤ 瓦良格人这个词在竞技比赛中多指外援，即 Посторонние люди, приглашенные для помощи, усиления чего - н. 参见 Ожегов С. И., Словарь Русского Языка. М.：Издательство «Русский Rзык»，1982，с. 63。不过对当时生产力相对落后的东斯拉夫人来说，瓦兰人的确是"外援"，只是外援的力量过于强大，成为东斯拉夫人的领导者。

斯以及后来的莫斯科公国的政治体系和人种的基因里，瓦兰人这个"外援"已经将自己的民族无意识地植入东斯拉夫人的精神世界。一个数量不大但素质很高的民族在数量很多但素质不高的群体中，随着历史的延展会出现什么状况？现实的结果是，相互同化，并保留优秀的基因。这种同化过程也是人的生存生态展示的过程。① 人，除了面对大自然外，还要面对自己的同类。《古史纪年》记载的大多是各个民族间血腥而残暴的战争。一方面，俄罗斯人对其他民族的生活习俗持否定态度，如"纵然是现在，波洛韦茨人（即《伊戈尔远征记》中的波洛夫人）依然保持其祖先的风俗：随意杀人，并以此为荣；吃人，吃不洁的食物——狷鼠和黄鼠等；与母辈或晚辈乱伦等等"②。另一方面，涅斯托尔对俄罗斯民族则大加称赞，"我们是基督教徒，我们信奉三位一体，信仰唯一的真神上帝，我们有共同的信仰，共同的律法，因为我们为基督而受洗礼，并且蒙受耶稣基督的恩惠"③。这也是《古史纪年》的基调，俄罗斯民族是与异教徒不同的力量，代表了正义。但是，在冷兵器时代，这种正义在多大程度上代表了神的意志是值得怀疑的。毋庸讳言，《古史纪年》中很多与神学、民族思想有关的传说和传奇随着俄罗斯民族的壮大而进入历史文本，变成弥赛亚意识的养料和文学的土壤。

在这部历史著作中，能够体现俄罗斯性格的有基辅大公奥列格，只是此时（907年）在《古史纪年》里，瓦兰人和俄罗斯人尚属于不同的民族，在攻打希腊人的大军中有斯拉夫人、瓦兰人、楚德人等多个民族，涅斯托尔甚至告诉后人："罗斯人对希腊人还做了很多坏事，正如

---

① 俄罗斯思想中的"神圣罗斯"（Святая Русь）概念已经渐渐清除了瓦兰人的印记，成为神赐的被基督教光辉照耀的俄罗斯土地的隐喻，也指具有形而上意义的文化空间。神圣罗斯不再指涉具体的地理位置，也不强调国家的政体性和族群性，这是以东正教为核心价值的神学概念。
② ［俄］涅斯托尔：《古史纪年》，王松亭译，李锡胤、左少兴校，商务印书馆2010年版，第8页。
③ ［俄］涅斯托尔：《古史纪年》，王松亭译，李锡胤、左少兴校，商务印书馆2010年版，第8页。

战时常见之情形。"① 但时间让斯拉夫人和瓦兰人逐渐融合在一起，甚至在《古史纪年》中，作者也满怀深情地讴歌奥列格的功绩，也揭示了英雄人物的宿命。宿命论思想是俄罗斯民族对人作为自然之物时的悲剧性的世界感受，这种感受在奥列格的死亡方式上体现得非常明显。

奥列格任基辅大公期间，国泰民安，风调雨顺，各个民族之间相安无事。一日，奥列格问手下的术士和巫师自己未来的死因是什么，巫师认为大公将死于自己心爱的坐骑。

奥列格牢记在心，吩咐马卒："我再也不骑此马，再也不想见到它。"他命人将战马精心喂养，再不要牵到他面前。这样过了几年，直到奥列格带兵攻打希腊人。从希腊回来后又过了4年，在第5个年头，奥列格猛然想起巫师关于他将死于此马的预言。他把马夫长叫来，问道："我让你们喂养的战马呢？"马夫长回答说："死了。"奥列格大笑，嘲笑那个巫师："这些法师纯粹胡言乱语，我的马死了，而我依然健在。"他命人备马，说："我要去看一看那战马的尸骨。"奥列格来到那里，见到马的骨架和颅骨，于是下马，笑道："难道我会死于这颅骨不成？"边说边用脚踢了一下颅骨。这时，忽然从里面窜出一条蛇来，咬了他的脚，奥列格因此而死。②

首先，在奥列格的时代，尽管基督教的微风已经吹进基辅罗斯③，但在政坛上巫师和术士仍然掌握话语权，就信仰的生态而言，这还是多神教的世界。其次，英雄之死一定会伴有不同寻常的事件，奥列格之死是英雄悲剧命运的体现，代表了多神教时期诅咒的力量，象征着死亡的时间和方式在上帝缺席的情况下存在的可能，而这种死亡叙事在民族早

---

① ［俄］涅斯托尔：《古史纪年》，王松亭译，李锡胤、左少兴校，商务印书馆2010年版，第15页。
② ［俄］涅斯托尔：《古史纪年》，王松亭译，李锡胤、左少兴校，商务印书馆2010年版，第19页。
③ 在奥列格代表的罗斯人和利奥代表的希腊人签署的长期和平条约中，双方就谈及信仰问题。

期的历史文本中往往具有某些文学属性。① 最后，涅斯托尔从自身的立场出发，认为巫师的预言虽然准确，但在很多情况下更像一种诅咒，而不是预言，比如谈及阿波洛尼时，《古史纪年》对他的预言之应验提出质疑，因为他"给人们带来损害乃至死亡。不仅在他活着时这样，就是在他死后，鬼怪仍在棺材旁以他的名字使愚夫愚妇们鬼迷心窍"②。摆脱宿命的最好办法是信仰上帝，"我们崇高的信仰都能经受住考验，因为我们信仰坚定，与上帝同在，绝不受人类之敌和凶神所施魔法与邪恶所诱惑"③。

《古史纪年》中另外一个引人关注的形象是奥莉加，奥莉加是奥列格大公之子伊戈尔之妻。伊戈尔显然继承了父亲能征善战的基因，在944年率领大军进攻希腊时，人们惊呼："罗斯人来犯，战船无数，不见边际！"④ 这样能征善战的瓦兰人却在一次战斗中被德列夫利安人所杀，他的死亡让人们见识了他的妻子奥莉加的智谋和过人的胆识。

国内有一种观点，认为"《三国演义》之所以长期受广大中国人喜欢，其原因之一，就是广大中国人或多或少地具有诡谋的心理、诡谋的习性，都在一定程度上形成了诡谋的人格"⑤，仿佛这就是中国人的文化生态，从这个方面分析，《孙子兵法》《鬼谷子》等以谋略见长的兵书战策在中国文化中占据一席之地就不足为奇了。其实，这种观点值得怀疑。阴谋几乎是人类共有的属性，甚至在灵长目的大猩猩中都能发现这种类似阴谋的思维方式。阴谋在另外一种场合可能就是谋略。在当

---

① 这种情况在很多早期历史著作中均有反映，比如西汉时期司马迁的《史记》既是历史文本，也是文学文本。
② ［俄］涅斯托尔：《古史纪年》，王松亭译，李锡胤、左少兴校，商务印书馆2010年版，第20页。
③ ［俄］涅斯托尔：《古史纪年》，王松亭译，李锡胤、左少兴校，商务印书馆2010年版，第20页。
④ ［俄］涅斯托尔：《古史纪年》，王松亭译，李锡胤、左少兴校，商务印书馆2010年版，第23页。
⑤ 陈舒劼：《历史重构、阴谋想象与欢愉下的不安——作为当代文化认同表征的马伯庸的三国叙事》，《石家庄学院学报》2018年第4期。

今社会，国与国之间外交政策的制定、各种商业往来中的谈判技巧，无不渗透着被称为阴谋的元素。而俄罗斯这个"战斗民族"在基辅罗斯时代，就已经对谋略这个被称为战争策略的东西有过深度的研究和实践。

丈夫伊戈尔死后，奥莉加孤儿寡母面对强大的德列夫利安人，竟然运用计谋三次屠杀德列夫利安人，第一次为"坑杀"，第二次为"烧杀"，第三次为"砍杀"。她一次又一次违背承诺，让所谓的野蛮人受尽苦头；甚至在接受洗礼这样神圣的场合，她也施展诡计；在察里格勒执政的君斯坦丁·巴格良诺罗德内伊对她的美貌和智慧垂涎三尺，但在奥莉加巧妙的设计下，也只能认其为教女。

每个民族都有自己的文化生态，但也有共性，即任何民族中的任何个体都有爱的意识、复仇的渴望。人是自然之子，也是文化的动物，更是现实的存在，从奥莉加的"坑杀""烧杀"和"砍杀"来看，《古史纪年》是在宣扬残酷的暴力美学。在暴力中快意恩仇是人的共性，无论是中国罗贯中《三国演义》中赵子龙单骑救主，还是俄罗斯列夫·托尔斯泰《战争与和平》中奥斯特里茨战役里血肉横飞的场面，都是一种暴力审美，契合了人性中的暗黑一面。把人的生存置于某种文化生态中进行考察，美会更多地显现出其物性的特征，这种特征在柏克看来是一种崇高，如果一定要纳入审美的领域，"美是事物的某种属性或性质之间的某种关系，从而着重在事物的感性特征和自然形式、结构、性能中去寻找美的本质和规律，把美的本质最终归结为自然事物本身的某种性能或属性"[①]。但是，俄罗斯思想家则热衷宣扬俄罗斯文化的独特性，强调"用理智无法理解俄罗斯"。难道俄罗斯真的无法理解吗？奥莉加（《古史纪年》中伊戈尔的妻子）的背信弃义、雅罗斯拉夫娜（《伊戈尔远征记》中伊戈尔大公的妻子）的善良和神性、海伦娜（托尔斯泰《战争与和平》中美丽的心机女）的放荡与狡诈均是人性中某种共性元

---

① 王朝闻主编：《美学概论》，人民出版社1982年版，第22页。

素的体现，但索洛维约夫为什么单单强调俄罗斯女性身上所具有的"永恒的温柔"（Вечная Женственность）？对于这个问题，普希金时代的诗人丘特切夫给出了答案。

> 俄罗斯的真正捍卫者是历史，它在300年间不知疲倦地帮助俄罗斯人承受神秘命运带给它的各种考验。①

丘特切夫的逻辑似乎存在问题，因为世界上很难找到两个历史发展脉络完全相同的民族，任何民族的文化和历史都应该是独特的，"这个自明性的问题在丘特切夫那里反倒成了俄罗斯民族的胎记"②。《古史纪年》中，作者涅斯托尔也意识到奥莉加作为民族代表所具有的严重缺陷，所以对她的所作所为进行了美化，指出她在察里格勒接受洗礼后，完全变成了另外一个人。③ 她常对儿子斯维亚托斯拉夫说："我的孩子，我信奉上帝，感到无比快乐，如果你信奉上帝，你也会感到幸福的。"④ 能否因此就得出结论，如果在伊戈尔被杀死之前她就信仰基督，那么"坑杀""烧杀"和"砍杀"就会不存在？当然不能，因为在那一时刻，俄罗斯民族的神圣正义就会以另一种方式呈现，那就是在后来《伊万雷帝给库尔布斯基通信集》中伊万雷帝反复强调的观点：俄罗斯人"拥有神幡的合法性"⑤ 是毋庸置疑的。

---

① ［俄］丘特切夫：《俄国与德国》，载索洛维约夫等《俄罗斯思想》，贾泽林、李树柏译，浙江人民出版社2000年版，第73页。
② 郑永旺：《文化哲学的俄罗斯思想之维》，《学术交流》2018年第12期。
③ 事实上奥莉加的确于955年皈依了基督教，为后来弗拉基米尔大公于988年正式将基督教变成国教奠定了基础。
④ ［俄］涅斯托尔：《古史纪年》，王松亭译，李锡胤、左少兴校，商务印书馆2010年版，第33页。
⑤ 郑永旺：《论俄罗斯文学的思想维度与文化使命》，《东北亚外语研究》2015年第1期。

第二章 俄罗斯文化软实力与当代俄罗斯文学的关系

第一节 软实力研究：国别语境下概念的演化

作为综合国力的重要因素，软实力（Soft Power）已成为当代国际舞台的高频词汇之一，也是我国实现中华民族伟大复兴的新的战略着眼点。我国学界对软实力的研究已逾十年，至今热度不减。国内软实力研究成果主要集中在以下三个方面。第一，对软实力概念的辨析，如 Soft Power 三种中文译法（即软实力、软权力、软力量）间的差别和由此引发的理论偏差，国内首创的软实力子范畴（如文化软实力、城市软实力、区域软实力等）是否具有合法性；第二，对我国软实力内容的归纳，主要涉及对中国传统文化和当代文化的取舍和定位，属于对第一类研究成果进行中国语境下的阐释；第三，对我国软实力政策、实施状况和现状的分析、预判和建议，以各类调研数据和跨文化比较研究为主，属于对前两类研究所提供的理论之实践和反思。

足见后两类研究须以第一类研究为理论基础。但由于国内对软实力理论的研究是由实践需求所触发的，理论研究在起步阶段后置于实践，在发展阶段则与实践"齐头并进"，自身并未得到充足的思考和论证。此外，软实力概念在国内外学界至今未达成统一，"没有形成对其基本概念、基本范畴及逻辑关系的统一认识"①。这是因为，软实力概念的提出者约瑟夫·奈（Joseph J. Nye）在其前后20余年的文章、著作和讲稿中对软实力的界定并非一以贯之。究其根本，是由于软实力与其说是一种理论，不如说是一种战略，它必然会随局势变化而动。因此，"误读奈的软实力理论"更近似于一个伪命题，应该代之以承认软实力的多样化和开放性，这也正是各国软实力研究和实践所呈现出的样态。②但因贪大求全而对软实力概念不求甚解的态度也应该引起警惕。因此，我们将本章的"软实力"概念置于一种相对性的机制中，以与本章直接相关的三个软实力概念维度为层次。第一是美国学者约瑟夫·奈的软实力概念，这是软实力概念体系的发端，也是各国软实力战略的起点；第二是中国的软实力概念，这是中国学者从事软实力研究的理论前提。并且，由于软实力的概念的中国化在本质上是一种理论再造，本章的研究对象由软实力转向文化软实力。"文化软实力"概念成为我们考量俄罗斯国家软实力的参考系，故在第三个概念维度，我们不仅要概观俄罗斯学界和政界的软实力概念，还要从中提炼出其对国家软实力和文化软实力之关系的定位。软实力和文化软实力的概念不仅是本章展开的必要前提，也是本章结论的有机组成部分。

一 美国：软实力是美国政坛成功之道

国内软实力理论的研究大都以约瑟夫·奈的软实力理论为基础。约瑟夫·奈是美国哈佛大学教授，曾任卡特政府助理国务卿、克林顿政府国家情报委员会主席和助理国防部长。他首次提出"软实力"概念是在1990年出版的著作《美国注定领导世界：美国权力性质的变迁》（*Bound to Lead—the Changing Nature of American Power*，

---

① 张国祚：《谈谈"软实力"在中国的发展》，《思想政治工作研究》2014年第6期。
② 张国祚：《谈谈"软实力"在中国的发展》，《思想政治工作研究》2014年第6期。

又译为《谁与争锋》）中，"旨在反驳当时流行一时的美国衰败论"①。在该书中，奈将软实力定义为"间接的或者同化式的实力""左右他人意愿的能力"，并指出它"和文化、意识形态以及社会制度等这些无形力量资源关系紧密"②。在注释中他进一步指出："在行为的性质与资源有形性方面，硬力量资源与软力量资源之间的区别是程度的问题。"③可以看出，这里的软、硬实力只是"实力"的两个极值、两种状态，仅以资源的无形（精神）—有形（物质）和能力的引（同化）—斥（强制）来区别。而在2002年出版的《美国霸权的困惑：为什么美国不能独断专行》（*The Paradox of American Power: Why the World's Only Superpower Can't Go It Alone*）一书中，奈已将软实力和硬实力视为两个独立的概念，提出应"把软实力和硬实力有效地结合起来"④。软实力由同化力变为追求合作的吸引力。同时，奈将软实力资源细化为三类："软实力大多产生于我们的价值观。这些价值观通过我们的文化、我们在国内所实行的政策以及我们处理国际问题的方式表现出来。"⑤

《美国霸权的困惑：为什么美国不能独断专行》中的很多表述在奈一年后出版的著作《软力量——世界政坛成功之道》（*Soft Power: the Means to Success in World Politics*，2005）中得到了深化。仅通过书名就可以看出，软实力不再是硬实力的相对形态，而是取代后者成为应对新的世界局势的权力样态。在该著作中，软实力有了一个相对完

---

① ［美］约瑟夫·奈：《软力量——世界政坛成功之道》，吴晓辉、钱程译，东方出版社2005年版，"序言"第1页。
② ［美］约瑟夫·奈：《美国定能领导世界吗?》，何小东等译，军事译文出版社1992年版，第25页。
③ ［美］约瑟夫·奈：《美国定能领导世界吗?》，何小东等译，军事译文出版社1992年版，第40页。
④ ［美］约瑟夫·奈：《美国霸权的困惑：为什么美国不能独断专行》，郑治国等译，世界知识出版社2002年版，"前言"第11页。
⑤ ［美］约瑟夫·奈：《美国霸权的困惑：为什么美国不能独断专行》，郑治国等译，世界知识出版社2002年版，"前言"第10页。

整的定义:"软力量是通过吸引而非强迫或收买的手段来达己所愿的能力。它源于一个国家的文化、政治观念和政策的吸引力。"① 随后奈详细阐释了软实力的本质,强调软实力不仅包括影响力、劝说或者以理服人的能力,还包括吸引力,甚至可以说,主要是吸引力。② 这显然有别于最初的"同化力"。奈的软实力理论的另一处关键变化是软实力的目的由追求合作转向追求"导致被吸引人在许多事情上采取默许的态度"③。

"奈的软实力话语因时势变化屡有变动,但有一个不变的立足点:一国拥有一套自己深信不疑并可使他者心悦诚服的核心价值,能够被放置在国际竞争的现实脉络和具体语境中,充当参与国际竞争的手段来发挥影响力。"④ 将这个立足点中的"一国"还原为"美国"即为奈的软实力理论的基本前提。但同时,当这句话变为"美国拥有一套自己深信不疑并可使他者心悦诚服的核心价值……"时,它就不再是理论或规律,而是判断和提案。⑤ 这也意味着奈的软实力理论不一定放之四海而

---

① [美]约瑟夫·奈:《软力量——世界政坛成功之道》,吴晓辉、钱程译,东方出版社2005年版,"前言"第2页。
② 此后奈经常省略前两点而将软实力的本质等同于吸引力,即"我们通常可以用三种方式影响他人:强制性的威胁('大棒')、诱惑或者报偿('胡萝卜')以及能使他人与我们同欲共求的吸引力"。[美]约瑟夫·奈:《中国软实力的兴起及其对美国的影响》,王缉思译,《世界经济与政治》2009年第6期。类似表述可见《张国祚对话约瑟夫·奈:中西方关于"软实力"的不同视野》,《文化决策参考》2012年第3期和《中俄不懂软实力》(2013);Joseph S. Nye, *What China and Russia Don't Get About Soft Power*? https://foreignpolicy.com/2013/04/29/what-china-and-russia-dont-get-about-soft-power/,2017-05-06。
③ [美]约瑟夫·奈:《软力量——世界政坛成功之道》,吴晓辉、钱程译,东方出版社2005年版,第6页。
④ 孙英春、王祎:《软实力理论反思与中国的"文化安全观"》,《国际安全研究》2014年第2期。
⑤ 奈本人在《软力量——世界政坛成功之道》"中文版序言"中也直言道:"我首次提出了'软力量'的概念……旨在反驳当时流行一时的美国衰败论。……2001年我在撰写《美国力量的悖论》一书时再次运用了'软力量'理论。书中我提醒应当警惕发生'胜利主义'这种与1990年我所告诫的'衰落主义'相对立的错误。"[美]约瑟夫·奈:《软力量——世界政坛成功之道》,吴晓辉、钱程译,东方出版社2005年版,"中文版序言"第1—2页。

皆准。① 从这个认知出发也很容易解释为什么"虽然奈也比较重视国内问题对软实力的影响，但他的重点在于讨论美国如何发挥软实力的问题，即重视软实力的外向性"②。为美国"领导世界""称霸政坛"服务的目标决定了奈的软实力理论中真正的常量只能是外向性，这一论断有两重含义。第一重是外交性。国内学界历来将软实力归于国际政治学和国际政治经济学学科范畴，各国的软实力实践也大都属于外交战略。第二重是扩张性。这里不得不提及另一个概念——软实力的内向性。"如果一种文化、一种制度、一种价值观对内部社会的民众都没有影响力、吸引力与说服力，绝对不会对外产生多大的软实力。这就是软实力的内向性。"③ 这个"如果"的表述所诉诸的不是假设，而是危机。换言之，软实力的内向性及类似概念都是危机意识的产物，亦即安全意识的产物。至于美国，冷战的胜利，美国流行文化的成功输出，美国价值观在全球化、现代化进程中产生的国际影响，都使"反美主义等"对美国的敌意远不能激发美国的危机感。这是奈的软实力有且仅有外向性的第二个原因。中俄的情况则截然相反，这既奠定了中俄软实力理论迥异于美国的基调，也在客观上表明中俄在软实力理论体系中需要发出自己的声音。

二 中国：软实力即文化软实力

我国软实力理论的实质是奈的软实力理论的中国化。知网可查的最早关于软实力的文章是发表于1991年的《怎样估价美国的经济与实力——逆差、债务、软实力剖析》，软实力在该文章中只是美国实力的一项指标。真正具有里程碑式意义的文章出自时任复旦大学教授，现任

---

① 所以奈在《中俄不懂软实力》一文中不无嘲讽地说："当《外交政策》在1990年首次发表我的文章《软实力》时，谁会料到有一天这个术语会被胡锦涛和普京等人使用？" Joseph S. Nye, *What China and Russia Don't Get About Soft Power*, https://foreignpolicy.com/2013/04/29/what-china-and-russia-dont-get-about-soft-power/，2018-10-20。

② 蒋英州、叶娟丽：《对约瑟夫·奈"软实力"概念的解读》，《政治学研究》2009年第5期。

③ 蒋英州、叶娟丽：《对约瑟夫·奈"软实力"概念的解读》，《政治学研究》2009年第5期。

中央政治局常委、中央书记处书记、中央政策研究室主任的王沪宁之笔，分别为1993年的《作为国家实力的文化软权力》和1994年的《文化扩张与文化主权：对主权观念的挑战》。"王沪宁1993年提出的文化软实力概念就是2007年以后在党和政府的工作报告中推出的文化软实力概念"①，而且，国内学界至今对文化软实力的各种阐释（包括矫正）都以王沪宁对软实力和文化的解释为基础。此后"软实力"一词在中国学界沉寂了相当长的一段时间，1999年才开始零星出现"不能忽视增强我国的软实力"的观点。从2000年起，相关文章增多，但大都将软实力警惕地视为美国霸权一个容易被忽视的把戏。从2004年起，学界开始进行较为客观的理论推介，并出现"中国需要软实力"的提议；2007年随着"文化软实力"概念的首次提出，中国的软实力研究迎来了又一次飞跃，其标志是2009年中国文化软实力研究中心的成立和各类软实力高峰论坛的举办；党的十八大以来，习近平总书记围绕提高国家软实力发表了一系列重要论述，与之相应的是学界自2012年起年均三千余篇文章的研究热度。

"相对于约瑟夫·奈把软实力平行地揭示为文化吸引力、政治价值观吸引力及塑造国际规则和决定政治议题的能力，中国学者们已经倾向于将文化认定为软实力的核心、灵魂。"②"软实力即文化软实力"是中美软实力概念的分水岭。奈的软实力理论体系中也有文化软实力概念，但这个结论的前提是将文化"分为迎合社会精英品位的阳春白雪型，比如文学、艺术和教育，以及侧重大众娱乐的通俗文化型"③。相较而言，中国的软实力理论从发展伊始对"文化"概念的界定就要宽泛得多："政治体系的因素，民族士气和民族文化的因素，经济体制的因素，历史发展进程和遗留的因素，科学技术因素和意识形态的因素，等等，从

---

① 冯宪光：《"文化软实力"释义》，《山西大学学报》（哲学社会科学版）2014年第5期。
② 张国祚：《2009年中国文化软实力研究态势分析》，参见张国祚主编《中国文化软实力研究报告·2010》，社会科学文献出版社2011年版，第7页。
③ [美]约瑟夫·奈：《软力量——世界政坛成功之道》，吴晓辉、钱程译，东方出版社2005年版，第11页。

广义的角度讲，都是文化的范围。"① 这个概念在一定程度上已经包含了奈所列举的软实力的三种资源。

因此，中国的"文化软实力"与奈的"软实力"的差别源自对"文化"的不同理解，两个概念的内涵实际上基本相同。这表明中国对"文化"而非"软实力"的重视，换言之，中国的"文化软实力即软实力"理念的关键是"文化"，时下学界对软实力、文化软实力，以及文化力、文化创造力、文化影响力等概念的混同也源自对"文化"的这种认知，即"文化不仅是一个国家政策的背景，而且是一种权力，或者一种实力，可以影响他国的行为"②。《"文化软实力"释义》一文对此进一步阐释道："我国提出的文化软实力概念，包含着国家的政治价值观和外交政策的具体形态，是在国际社会中发挥中国国家政治价值观的影响和执行中国外交政策的文化实力。文化软实力不仅是一个文化问题，更是一个国家实力、国家权力的问题。"③

此外，虽然中国学界对于"文化"和"文化软实力"的认知自王沪宁以来并未发生根本性的变化，但时代语境的变迁还是向软实力的理论研究和战略制定提出了一些新的需求，主要表现为从（文化）主权冲突主题下的应对文化扩张逐渐演变为和平与发展主题下的文化争鸣与齐放。20世纪90年代国内学界将软实力概念的提出视为"对文化在国际关系中地位上升的一种反应……这样一种理论指导人们在文化上争夺霸权，以巩固自己的国际地位和维护自己的国家利益"④，这反映出一种政治警觉性，"尤其是对正在成长的、在未来有可能具有强大实力的发展中国家，西方国家更是力图用自己的价值标准来影响它们"⑤。这

---

① 王沪宁：《作为国家实力的文化软权力》，《复旦学报》（社会科学版）1994年第3期。
② 王沪宁：《作为国家实力的文化软权力》，《复旦学报》（社会科学版）1993年第4期。
③ 冯宪光：《"文化软实力"释义》，《山西大学学报》（哲学社会科学版）2014年第5期。
④ 王沪宁：《文化扩张与文化主权：对主权观念的挑战》，《复旦学报》（社会科学版）1993年第4期。
⑤ 王沪宁：《作为国家实力的文化软权力》，《复旦学报》（社会科学版）1994年第3期。

时中国对软实力的关注更像是为了维护自身文化安全的"接招"。进入 21 世纪后,"中国崛起"成为中国和世界发展的主题之一,随之出现的是以"中国威胁论"造势的国际政治新生态,这时软实力又肩负起"在周边和全球层次上缓解'中国威胁论',取得国际社会理解,使其接受并支持中国的和平发展"①的任务,即塑造与国家发展战略相匹配的国家形象。②"文化软实力是国家形象的核心载体"③,既是除"软实力即文化软实力"外中国软实力理论的又一个核心理念,也是中国国情所决定的一个必要理念。④ 这一系列结论也出现在俄罗斯的软实力理论话语和理论实践中,足见中俄的发展进程和时代使命有所相似,彼此的成果和经验可以互为参考。

三 俄罗斯:软实力的关键是国际形象

俄罗斯的软实力理论和实践呈现出和中国类似的"政界带动学界"⑤的发展路径。俄罗斯学界对软实力的研究可以追溯到 1999 年。⑥ 彼时软

---

① 方长平:《中美软实力比较及其对中国的启示》,《世界经济与政治》2007 年第 7 期。
② 习近平在主持以"提高国家文化软实力"为题的中共中央政治局第十二次集体学习时,将中国的国家形象建设任务定位为"重点展示中国历史底蕴深厚、各民族多元一体、文化多样和谐的文明大国形象,政治清明、经济发展、文化繁荣、社会稳定、人民团结、山河秀美的东方大国形象,坚持和平发展、促进共同发展、维护国际公平正义、为人类做出贡献的负责任大国形象,对外更加开放、更加具有亲和力、充满希望、充满活力的社会主义大国形象"。《建设社会主义文化强国 着力提高国家文化软实力》,《人民日报》2014 年 1 月 1 日第 1 版。
③ 张国祚:《2009 年中国文化软实力研究态势分析》,参见张国祚主编《中国文化软实力研究报告·2010》,社会科学文献出版社 2011 年版,第 26 页。
④ 这一理念在国内学界与政界都已成为共识。如"国家形象构成了软实力的新语言","在一定意义上说,在和平发展的世界主题之下,国家形象的构建是一个国家文化魅力的构建"。李正国:《国家形象构建》,中国传媒大学出版社 2005 年版,第 10、168 页。"国家形象是……国家综合实力中的'软实力'。"方柏华、高抗:《跨世纪中国形象的塑造》,《中共浙江省委党校学报》1997 年第 1 期。
⑤ "如果说美国的软实力首先由学界提出,而后进入最高政治层,那么在俄罗斯情况正好相反,运用软实力的必要性首先由政客们提出,而后成为学界的中心主题之一。" Агеева В. Д. , Роль Инструментов «Мягкой Силы» Во Внешней Политике Российской Федерации в Контексте Лобализации, Дисс. Канд. Политич. Наук, Санкт – Петербург, 2016.
⑥ 当年一位名为斯维杰尔斯基(Свидерский Д.)的学者在《科学·政治·企业》(Наука. ПолИтика. Предпринимательство)杂志上发表题为"软实力"——俄罗斯安全的新威胁"("Мягкая сила" – Новая Угроза безопасности России)的文章。

实力也被视为美国的一项战略。① 从 2004 年起,俄罗斯学界关于软实力的文章开始逐年增多,2008 年"软实力"一词开始间或出现在政界话语中,② 但并未引起俄罗斯政界与学界的真正重视。俄罗斯的软实力研究热潮,正如俄罗斯国际人文合作署(Россотрудничество)③ 第二任署长科萨切夫(Косачев К. И.)所指出的,出现在 2012—2013 年和 2013 年年底至 2014 年年初。④

2012 年俄罗斯总统普京在其第七篇总统竞选纲领文章《俄罗斯与不断变化的世界》(Россия и Меняющийся Мир)中提出"软实力"概念,次年的《俄罗斯外交政策构想》(Концепция Внешней Политики Российской Федераций)将"软实力"正式引入官方文件,这直接引发了俄罗斯软实力研究的第一次热潮。两份文件在对软实力的论述上具有明显的承接关系,都分为"软实力的价值和手段"和"警惕软实力的

---

① "以约瑟夫·奈为代表的一些新保守主义者建议以更'和平'的方式谋取美国的全球目标,即所谓的美国的'软'实力:全球流行的美国价值观;美国的生活品质;每年吸引 50 万名外国学生的美国教育;美国文化、电影、电视节目的出口;因特网;加入北约、国际货币基金组织等国际机构。" Шаклеин В. В. Проблемы Безопасности и Администрация Буша:Старые Подходы и Новая Эпоха. США-Канага. Эксксмцка, Попцтцка, Купбтуга, No. 2, 2002, с. 93.

② 2008 年 10 月 31 日俄罗斯外长拉夫罗夫(Лавров С.)在俄罗斯侨胞国际会议(Всемирная Конференция Соотечественников, Живущих за Рубежом)召开前夕接受了《俄罗斯报纸》(Русская газета)独家专访并首次提到"软实力"概念:"当前日益重要的是所谓的'软实力'——用自己的文明、文化、人文、外交等方面的吸引力来影响世界。我们在建立和侨胞间的联系时应该考虑这些因素。"("Мягкая сила. Накануне Всемирной Конференции Соотечественников Глава МИДа Сергей Лавров Дал Эксклюзивное Интервью 'РГ'", Российская Газета, https://rg.ru/2008/10/30/lavrov.html. 2018 – 04 – 02.)此处的"软实力"更像是民族内部的文化认同。随后时任俄罗斯总统的梅德韦杰夫在 2009 年 9 月 3 日商讨俄罗斯国际人文合作署的任务时再次就文化合作和与侨胞建立联系方面提出对奈的"软实力"的应用。具体参见 Агеева В. Д., Роль Инструментов Ч «Мягкой Силы» во Внешней Политике Российской Федерации в Контексте Глобализации Дисс. канд. политич. наук, Санкт – Петербург, 2016.

③ 全称为"俄罗斯独联体事务、俄侨和国际人文合作署"(Федеральное Агентство по Делам Содружества Независимых Государств, Соотечественников, Проживающих За Рубежом, и по Международному Гуманитарному Сотрудничеству),成立于 2008 年 9 月 6 日,俄罗斯外交宣传领导机构,负责制定俄罗斯的软实力政策。

④ Косачев К. И., "'Мягкая сила' России: Теория и Реальность (Вступительное слово)", Вестник Международных Организаций, No. 2, 2014, с. 7.

滥用"两部分。第二次热潮的背景是 2014 年俄罗斯成功举办索契冬奥会,但随后的乌克兰危机和克里米亚事件又激化了俄罗斯对"滥用软实力"的警惕。① 两次热潮奠定了俄罗斯软实力研究的"冰"(批判)与"火"(推进)的发展基调。2016 年版《俄罗斯外交政策构想》再无软实力滥用的问题,取而代之的是俄罗斯在软实力发展上的自信。而俄罗斯外长拉夫罗夫(Лавров С. В.)在 2017 年 3 月 23 日所言"最近'软实力'很受重视,但这仍然是'实力'"②,又透露出俄罗斯的软实力不那么"软"的特质。

俄罗斯学界的研究成果可以分为四类。第一类是软实力的理论研究,其结论包括奈的软实力概念很模糊,软实力并非新鲜事物,要重视"soft power"不同俄语译法③间的语义差别;第二类是软实力的手段和机制研究,主要集中在媒体和人文两个领域;第三类是其他国家的软实力研究,其中有相当一部分是研究中国的软实力;第四类是软实力滥用的研究,如从颜色革命看软实力战略对国家主权与稳定的破坏。

"软实力理论打破了对国家实力的传统认知,强调文化等'软'性因素,对于中国等拥有深厚文化资源的发展中国家具有很强的借鉴意义。"④ 俄罗斯也是传统的文化大国,因此,俄罗斯的软实力战略也具有鲜明的"文化"色彩。在《俄罗斯与不断变化的世界》一文中,普京做出"全世界重燃对思想与文化的兴趣,并将社会与经济纳入全球信

---

① 克里米亚事件之后俄罗斯政界宣称"软实力到此为止,接下来是残酷的男人间的对话"。См. Агеева В. Д. , Роль Инструментов«Мягкой Силы» во Внешней Политике Российской Федерации в Контексте Глобализации, Дисс. канд. политич. наук, Санкт‐Петербург, 2016.

② Выступление и Ответы на Вопросы Министра Иностранных Дел России С. В. Лаврова в Ходе Лекции Для Высшего Офицерского Состава Академии Генштаба, Москва, http://www. mid. ru/meropriyatiya_ s_ uchastiem_ ministra/ -/asset_ publisher/xK1BhB2bUjd3/content/id/2702537. 2018‐06‐10.

③ 俄罗斯学界对 soft power 的翻译包括 мягкая сила, мягкая власть, мягкая мощь, мягкое влияние, гибкая власть。还有学者直接使用 soft power 来强调软实力概念中的美国意识形态。但官方使用的是 мягкая сила。

④ 孙英春、王祎:《软实力理论反思与中国的"文化安全观"》,《国际安全研究》2014年第 2 期。

息网络,这给了俄罗斯更多的机会展示其在创造文化价值方面所具有的公认才能"的判断,并指出俄罗斯"目前在文化产业的投入及将俄罗斯文化推广到全世界方面做得还远远不够"①。俄罗斯文化"临危受命",客观上也受到俄罗斯国际形象定式的影响。在软实力正式成为俄罗斯外交战略的2013年,俄罗斯在软实力排行(IFG,第27名)、国家品牌(NBI,第22名;CBI,第83名)等榜单的成绩都不尽如人意。②但同时,"从2008至2010年,俄罗斯的'文化传统'单项得分一直保持着前十名的位次"③。

"俄罗斯文化是俄罗斯国家软实力的重要组成部分,也是俄罗斯国际形象的基本手段。"④俄罗斯官方虽然提出"软实力"一词很晚,"但俄政府对与此一脉相通的'国家形象''民间外交''公共外交'等问题的关注和研究由来已久"⑤。俄罗斯学界认为,"奈的软实力非常接近国家品牌(Страновый Бренд)的概念,还近似诸如形象(Образ)、宣传形象(Имидж)和名誉(Репутация)等传统范畴"⑥,而俄罗斯政界所期待的软实力成果是"巩固俄语的地位,积极推广俄罗斯的国际形象,融入全球新闻流"⑦。综上所述,俄罗斯的软实力理论体系,一言以蔽之:"软实力的关键是国际形象。"⑧这为我们探析文化软实力与俄

---

① [俄]普京:《俄罗斯与不断变化的世界》,载《普京文集(2012—2014)》编委会编译《普京文集(2012—2014)》,世界知识出版社、华东师范大学出版社2014年版,第121页。

② 许华:《俄罗斯的软实力与国家复兴》,《俄罗斯东欧中亚研究》2015年第1期。

③ 许华:《俄罗斯的软实力与国家复兴》,《俄罗斯东欧中亚研究》2015年第1期。

④ Улитина. М. О. ," Имиджевый Потенциал России в Условиях Глобализации и Возможности Его Использования", Вестник МГЛУ, Выпуск 2, 2014, с. 198.

⑤ 许华:《俄罗斯的软实力与国家复兴》,《俄罗斯东欧中亚研究》2015年第1期。

⑥ Паршин П. Б. , "Приключения Мягкой Силы в Мире Коммуникативных Технологий (Прекраснодушные Заметки)" Борисова Е. Г. состав. Soft power, Мягкая Сила, Мягкая Власть. Междисциплинарный Анализ. М. : Изд. «Флинта», 2015, с. 34.

⑦ Встреча с Сотрудниками МИД России. http: //special. kremlin. ru/transcripts/17490, 2018 - 04 - 02.

⑧ Косачев К. И. , Мягкая Сила России: Теория и Реальность (Вступительное Слово), Вестник Международных Организаций, No. 2, 2014, с. 8.

罗斯文学的关系提供了理论依据，并促使我们将研究对象首先瞄准于俄罗斯文学中的国家形象。

四 《中俄不懂软实力》？

2013年4月29日约瑟夫·奈发表在杂志《外交政策》上的《中俄不懂软实力》一文可谓剑指中俄。奈的观点有两个。第一，"中俄错误地认为政府是软实力的主要机构"；第二，"对于中俄而言，想要成功，他们必须在政策中保持言行一致、学会自我批评、释放公民社会的潜能。遗憾的是，这在短期内不会实现"①。软实力的国别样态丰富，奈只抓中俄做"反面典型"，与其说是提醒中俄免入歧途，不如说是企图利用美国的软实力优势掌控话语权。从中不难看出中俄所面临的严峻局面，无论是就软实力发展、文化安全，还是构建正面的国家形象而言。②

作为本节的总结和针对《中俄不懂软实力》的一点补充，我们想指出的是，第一，美国的软实力理论在提出伊始只是一种战略而非理论，美国的软实力也不是在软实力理论提出后依据该理论发展起来的，因此，奈对于软实力理论的解释权并不大于任何一位软实力研究者或实践者；第二，中俄的国情与美国迥然有别，并不符合奈的软实力提出的背景，过度受制或强调奈的软实力理论无异于按图索骥，因此，要坚持软实力理论的开放性，尤其是软实力理论的本土化；第三，中俄在人文、国际关系和软实力发展等方面有诸多相似之处，中俄的软实力研究和实践对彼此有着相当程度的参考价值，国内学界应该予以更全面的重视。

---

① Joseph S. Nye, *What China and Russia Don't Get About Soft Power*, https://foreignpolicy.com/2013/04/29/what-china-and-russia-dont-get-about-soft-power/，2018-04-02.
② 这里可以提供几个数据以做参考：2016年全球软实力排行榜上，俄罗斯排在第27位，中国第28位；2016年安霍尔特-捷孚凯国家品牌指数（NBI）排行榜上，俄罗斯第22位，中国第23位；未来品牌咨询公司2014—2015年国家品牌指数（CBI）排行榜上，中国第28位，俄罗斯第31位。

第二节　俄罗斯文学：对国家形象的超文学想象

一　文学中的国家形象概念

文学与国家形象有着天然的亲缘关系。文学自身就是一张国家形象名片，文学文本的内容又可以为建构或设想国家形象提供丰富的材料。苏联解体后，俄罗斯开始了对国家定位及发展道路的艰难探索，[①] 重塑国家形象成为俄罗斯的重要外交任务之一。国家形象不是天然形成的，而是一种以共同体验为前提的集体想象结果。"每一个国家都有自己的独特性，这种独特性可能是族群血缘或语言文化，也可能是社会与政治制度，当这种独特性被大多数国民所认同并进而构成国家认同的基础，也就成为国家身份。其对外部世界的表现形态就是国家形象。"[②] 国家形象的概念范畴后置于国家形象的内容范畴。仅通过朴素的现实经验就可以发现，在国际关系中起到评价作用的并非国家形象概念，而是国家形象的具体内容，因此，应用研究学科中的国家形象概念往往指的是该概念的内容范畴，如国际关系学将国家形象定义为"在一定国际关系中，在事关国家利益并对国家间行为产生重要影响的领域，一国的主流民众对他国的融会情感在内的整体性知觉和评价"[③]。这一定义显然不符合本章的研究对象"俄罗斯文学中的俄罗斯国家形象"。基于此，首先应将国家形象按性质划分为两个范畴。

一是我形象，形象塑造国主观追求一种内在的自我形象。

二是他形象，形象塑造国作为他者而被其他国际行为体塑造并认可的外在形象。

理论上要获得一个完整的国家形象，不能简单地对两个形象进行叠

[①] 杨青：《G20 国家形象·俄罗斯》，知识产权出版社 2015 年版，第 91 页。
[②] 李正国：《国家形象构建》，中国传媒大学出版社 2005 年版，第 6 页。
[③] 丁磊：《国家形象及其对国家间行为的影响》，知识产权出版社 2009 年版，第 81 页。

加，而是需要使两个形象达成一致。但实际上，"人们在接受形象的过程中，往往……误将他形象视为其本身，通过他形象来认识和理解形象塑造国，将这个国家的他形象当作该国家的实际标本"①。我形象与他形象的断裂造成介于两者之间的一种短期的错位形象，其形成原因常常是受到强有力的第三方的认可或颠覆。②

中俄的国家形象正处于错位形象时期。无论是"中国威胁论"，还是普京多次强调的"俄罗斯的国际形象并不是我们构建的，因此经常会出现偏差，它既不代表我们国内的真实情况，也反映不出俄罗斯对世界文明、科学和文化的贡献"③ 的局面，指向的都是与中俄之期待有着一定偏差的"他形象"。相应地，中俄软实力战略提出的国家形象的建设目标，其本质都是"我形象"。俄罗斯文学正是在这个意义上与国家形象建立了深层关系。俄罗斯文学不仅在俄罗斯国家软实力之重要组成部分即俄罗斯文化中居首要地位，④ 更是俄罗斯民族关于俄罗斯国家形象的主体想象的稳定载体，正因如此，俄罗斯著名的文艺理论家、历史学家利哈乔夫（Лихачёв Д. С.）立足于俄罗斯文学和文化而写成的著作《俄罗斯思考》（Раздумья о России，1999）才可能为普京的"强国主义"治国理念提供历史和文化依据。

在进一步展开论证前，有三点要明确。第一，本章的"国家形象"不同于比较文学的"形象学"，后者的本质是他国的"他形象"，"是在一国文学中对'异国'形象的塑造或描述"⑤。本章的国家形象是本国的"我形象"。第二，文学中的"国家"范畴在相当程度上可以延伸到

---

① 李正国：《国家形象构建》，中国传媒大学出版社 2005 年版，第 76 页。
② 参见李正国《国家形象构建》，中国传媒大学出版社 2005 年版，第 31—32 页。
③ Путин В. В. Россия в Меняющемся Мире. Выступление Президента РФ на Совещании Послов и Постоянных Представителей РФ за Рубежом，http：//www.kremlin.ru/transcripts/15902，2018－7－3.
④ "众多艺术形式中居首要地位的当属文学。"［俄］玛尔科娃：《文化学》，王亚民等译，敦煌文艺出版社 2003 年版，第 198 页。
⑤ 孟华：《比较文学形象学论文翻译、研究札记（代序）》，载孟华主编《比较文学形象学》，北京大学出版社 2001 年版，第 2 页。

"民族"范畴。例如,根据《中国形象诗学——1985—1995年文学新潮阐释》一书的观点,中国文学中的"'中国'不只是一个国体术语,更是一个寄托着有关自己民族的丰富文化现象和审美体验的总体象征字眼"①。其原因在于"国家"本质上是"想象的共同体"②,而这种想象活动在国家(Nation)一词的现代概念于19世纪正式出现前是以民族为对象的。第三,文学中的国家形象"同时蕴含着审美意味和文化象征意味"③,亦即有学者所指出的,国家形象并非仅指国家机器、国家制度或国家领袖等"固态形象",还包括国家精神、民族气质、民族艺术等文化内涵,即"液态形象",以及两种形象的交融态。④

总结而言,本章研究的国家形象指一国文学中的本国形象,是该民族关于国家和民族的审美与文化想象的整合。文学和文化的亲缘关系是自明性的,但在当前研究中这种亲缘关系明确为一条双向原则,既指文学和文化在国家形象建构中的互补,也指两者在国家形象还原(分析)中的互释。本书更集中在"文学对文化的补充和解释"上。

二 俄罗斯文学的文化品格

文学的本质是一种文化语言,不属于某一文化体系的文学是不存在的,诚如《菊与刀》的作者所言:"最孤立的细小行为,彼此之间也有某些系统性的联系。"⑤ 俄罗斯文学具有类似的视域,此为俄罗斯文学的文化品格。它是俄罗斯国家形象在文学中存在的依据,也有机构成了俄罗斯文学中的"液态"国家形象。

---

① 王一川:《中国形象诗学——1985—1995年文学新潮阐释》,上海三联书店1998年版,第21页。
② 廖炳惠编著:《关键词200:文学与批评研究的通用词汇编》,江苏教育出版社2006年版,第163页。
③ 王一川:《中国形象诗学——1985—1995年文学新潮阐释》,上海三联书店1998年版,第20页。
④ 王一川:《国家硬形象、软形象及其交融态——兼谈中国电影的影像政治修辞》,《当代电影》2009年第2期。
⑤ [美]鲁思·本尼迪克特:《菊与刀》,吕万和等译,商务印书馆1990年版,第8页。

首先，俄罗斯文学的文化品格在于俄罗斯文学的民族性。俄罗斯的民族文学发轫于 19 世纪初，普希金（Пушкин А. С.）的作品中出现了试图摆脱做"西欧亦步亦趋的学生"的成功尝试，但这只是民族中先进个体懵懂的开化。俄罗斯民族文学的里程碑还包括别林斯基（Белинский В. Г.）的文学批评遗产。别林斯基关注到以普希金的创作为代表的有益倾向，将其定性为"民族性"并进一步阐释了其理想内容和价值，从而为当时的俄国文坛树立了理论旗帜。彼时流行一种观点，认为民族性作品只能描写未受西欧文化影响的农民和农村。别林斯基对此予以了驳斥，并进一步指出："每一个民族的民族性的秘密不在于服装和菜肴，而是在于所谓观察事物的方法。"① 这奠定了俄罗斯民族借文学"睁眼看世界"的文化传统，"文学几乎成了俄罗斯人精神生活的唯一领域"②。文学也回馈给俄罗斯的"民族性"一种独特的物化形态——俄罗斯性格（Русский Характер），诚然这点在俄罗斯女性形象身上体现得更为明显。因此，俄罗斯性格首先是一种文化造型，是俄罗斯民族得以建构关于世界和自我的体系的媒介，"俄罗斯思想则通过对这些要素的解读构建关于俄罗斯民族精神深层结构的地图"③。例如，别林斯基曾对《叶甫盖尼·奥涅金》中的达吉雅娜·拉林娜这样评判道："我们的女性是由两部分来构成的：一种是应该出嫁的闺女，另外一种是已经出嫁的妇人。俄国少女不是在那个字的欧洲意义上的所谓女人，不是一个人：她不过是一个新娘罢了。"④ 这番结论在近一个世纪后得到俄罗斯哲学家尼古拉·别尔嘉耶夫（Бердяев Н. А.）的哲学回

---

① ［俄］别林斯基：《叶甫盖尼·奥涅金》，载［俄］别林斯基《文学的幻想》，满涛译，安徽文艺出版社 1996 年版，第 333 页。
② ［俄］伊戈尔·沃尔金：《俄罗斯文学能否重新主导民族思想》，刘文飞译，《中国社会科学报》2015 年 4 月 15 日第 B01 版。
③ 郑永旺：《论俄罗斯文学的思想维度与文化使命》，《东北亚外语研究》2015 年第 1 期。
④ ［俄］别林斯基：《叶甫盖尼·奥涅金》，载［俄］别林斯基《文学的幻想》，满涛译，安徽文艺出版社 1996 年版，第 377 页。

应:"俄罗斯人民希望成为一块待嫁的土地,等待着丈夫的到来。"① 文学不仅成为关于民族形象的喻言,甚至为更加抽象思辨的哲学话语提供了蓝本。此外,俄罗斯性格也是一种理念造型。俄罗斯作家费·陀思妥耶夫斯基(Достоевский Ф. М.)正是在普希金对达吉雅娜的称呼"我可爱的理想"中看到了俄罗斯性格的使命,他说:"普希金相信俄罗斯性格,相信其精神力量。既然是一种信念,它就必然是对俄国人的希望,一种伟大的希望。"② 仅在19世纪俄罗斯文学中,"寻找坚强男人"的主题,"永恒的女性温柔"的俄罗斯式探寻,《死魂灵》中的泼留希金、《罗亭》中的罗亭、《白痴》中的梅什金公爵、《罪与罚》中的索尼亚、《战争与和平》中的卡拉塔耶夫等都可以作为佐证,不同的只是作家们对"俄罗斯性格"和"俄国人的希望"的具体指涉的展开和解读。

其次,俄罗斯文学的文化品格在于它的历史性。任何一个民族最初的文学作品都是历史文本,古希伯来文明的《圣经》、古希腊文明的《荷马史诗》、古中国文明的《山海经》、古罗斯文明的《古史纪年》都是如此。这是因为,文学的原初功用是保存和流传一份"共同记忆",对后人而言也即回忆这份"共同记忆"。文学作为一种文字载体保证了文化的延续性,但也遗留了一个问题:后人对原初的文学能够解读到何种程度?换言之,最初的文学作品一旦获得了新的解读方式(事实上文学的阐释距离是不可消弭的),文化的延续性如何得到保证?文学在其发展过程中不可避免地会"与时俱进",会不断获得新的解读与价值,包括作家和评论家在内的文学者不断穿梭在时代语境和他身后的文学传统之间。实际上,正是"解释学的循环"(the Hermeneutical Circle)保证了文学(乃至文化)的延续性和时代性,文学在本质上属于"有效历史",更准确地说是一种"有效文化历史"。这个观点在俄罗斯文化语境中形成的语句是"俄罗斯文学是俄罗斯文化的逻各斯,是俄罗斯文

---

① [俄]别尔嘉耶夫:《俄罗斯的命运》,汪剑钊译,译林出版社2015年版,第6页。
② [俄]陀思妥耶夫斯基:《普希金(概论)在俄罗斯语文爱好者协会会议上所作的演说》,参见[俄]索洛维约夫等《俄罗斯思想》,浙江人民出版社2000年版,第123页。

化的元文本"。有学者这样总结俄罗斯民族的"文学中心性":"俄罗斯民族是一个文学的民族,文学是俄罗斯文化的核心价值所在。文学最为集中、完整、深刻、形象地体现了俄罗斯的民族精神、社会文化、哲学思想、价值伦理、宗教情怀,同时俄罗斯艺术的各种形态,戏剧、绘画、音乐、舞蹈、电影等往往都以文学为其创作之母题,形象之原型,思想之根基。"[1] 以 1999 年的现象级俄罗斯电影《西伯利亚的理发师》为例。如果不了解列夫·托尔斯泰(Толстой Л. Н.)和他的《安娜·卡列尼娜》,如果认识不到作家与作品在俄罗斯文学和文化中的地位,就无法理解这部电影的"史诗性"。同时,一个熟悉俄罗斯文学的观众对于这部电影来说也并不理想,因为俄罗斯文学所塑造出的"一种命运,一种使命,是复活与苦难的历程,是战争与和平,是罪与罚"[2] 的俄罗斯形象反衬得这部电影很"非俄罗斯"(电影中的俄罗斯是一种唯美的、风格化的、遥远而神秘的幻想型形象)。"待嫁的俄罗斯成为向外国兜售的'商品'"也成为俄罗斯文学在当代语境下的一个怪相。

最后,俄罗斯文学的文化品格还来源于其思想性。它首先表现为俄罗斯作家大都兼具思想家的身份。别尔嘉耶夫称"果戈理不仅属于文学史,而且属于俄罗斯宗教史和宗教—社会探索史"[3],套用这个句型,我们可以说,俄罗斯文学中有相当数量的作家不仅属于文学史,而且属于俄罗斯思想史。利哈乔夫也指出,"在许多世纪里俄罗斯哲学与俄罗斯文学和诗歌紧密相连。因此研究俄罗斯文化应该联系罗蒙诺索夫和杰尔查文、丘特切夫和弗拉基米尔·索洛维约夫、陀思妥耶夫斯基、托尔斯泰、车尔尼雪夫斯基"[4] 等。俄罗斯文学自觉地关涉着俄罗斯思想,

---

[1] 张建华:《俄罗斯文学的思想功能——张建华在北京市东城区图书馆的讲演》,《文汇报》2015 年 4 月 3 日。
[2] [匈]西拉第·阿科什:《作为商品的俄罗斯,或俄国商业电影的新样板——重提〈西伯利亚的理发师〉》,李时译,《世界电影》2003 年第 3 期。
[3] [俄]别尔嘉耶夫:《俄罗斯思想》,雷永生、邱守娟译,生活·读书·新知三联书店 2004 年版,第 80 页。
[4] [俄]利哈乔夫:《解读俄罗斯》,吴晓都等译,北京大学出版社 2003 年版,第 58 页。

导致"最深刻最重要的思想在俄国不是在系统的学术著作中被表达出来的,而是在完全另外的形式——在文学作品中表达出来的"①。俄罗斯文学因而成为俄罗斯思想的最大也最重要的"仓库"。需要注意的是,"俄罗斯思想"(Русская Идея)并不是一个描述性的词组,而是一个有关俄罗斯民族之规定性的所有命题的集合概念。"无论是过去还是现在,在我们历史道路的每个转弯处,在面对我们亘古就有的、好像完全是俄国的问题(个人与社会问题、文化与天性问题、知识分子与民众问题)时,我们要解决的始终是一个问题——我们民族的自我规定问题,我们在痛苦中诞生的我们整个民族灵魂的终极形式,即俄罗斯思想。"② 因此,俄罗斯性格成为俄罗斯民族性的"图表"不是偶然的,它是发掘俄罗斯思想的通道;俄罗斯文学承载俄罗斯思想也不是偶然的,而是俄罗斯文学自诞生之日起就不可免除的义务和使命。有学者考证了与俄罗斯文化密切相关的三个源文本,这三部文学作品的"源"价值分别在于它们对俄罗斯民族的溯源、宣告和预言,思想价值补足了它们的文学价值。③

利哈乔夫这样赞颂道:"俄罗斯文学(散文、诗歌、戏剧)就是俄罗斯的哲学,也是俄罗斯创造性自我表现的特点,也是俄罗斯的全人类性。"④ 这个无论是内涵还是表述都充满诗意的论断或许禁不起学院式的推敲,但无疑是非常俄罗斯式的,甚至这种诗意本身都是俄罗斯式的(回想一下丘特切夫那首著名的《理智不能理解俄罗斯》)。由此去回望俄罗斯文学的价值之塔,其基座不在于文学是文化或思想的媒介,更不是"无心插柳柳成荫"的历史偶然,而是俄罗斯民族对文学本体的信

---

① [俄]弗兰克:《俄国知识人与精神偶像》,徐凤林译,学林出版社1999年版,第4页。
② [俄]伊万诺夫:《论俄罗斯思想》,载索洛维约夫等《俄罗斯思想》,贾泽林、李树柏译,浙江人民出版社2000年版,第218页。
③ 这三部源文本分别是《古史纪年》《伊戈尔远征记》和《伊万雷帝与库尔布斯基通信集》。参见郑永旺《论俄罗斯文学的思想维度与文化使命》,《东北亚外语研究》2015年第1期。
④ [俄]利哈乔夫:《解读俄罗斯》,吴晓都等译,北京大学出版社2003年版,第42页。

仰,以及由此生发的对自己"文学的'选民'"身份的荣誉感。① 因此,俄罗斯国家形象具有文学性的维度,俄罗斯文学自身(而非作为载体)亦是俄罗斯"液态"国家形象的有机组成部分。

三 俄罗斯文学的意识形态性

俄罗斯文学中的"固态"国家形象则更是鳞次栉比,仅19世纪就有"满目疮痍的俄罗斯"、怪相嶙峋的"涅瓦大街"、孕育和扼杀着希望的"贵族之家"、拉斯科尔尼科夫如棺材般的斗室、历经"战争与和平"的莫斯科、响彻着砍伐声的"樱桃园",还有人们耳熟能详的"飞奔的三套马车"。也恰恰是在《死魂灵》中,首次明确出现了"两个俄罗斯"的形象,不是《叶甫盖尼·奥涅金》中同时望向西欧和斯拉夫的双头鹰,而是苟活着诺兹德廖夫等"死魂灵"的现实的俄罗斯(再如《谁在俄罗斯能过好日子》中的俄罗斯)和史诗般"奔向某处"的理想的俄罗斯(再如《理智不能理解俄罗斯》中的俄罗斯)。关于国家的"理想的真理"使俄罗斯文学成为"独特的第二国家"②,而文学的"国家的统一职能"③ 则是俄罗斯国家形象在现实与理想的碰撞中所激起的火花。

俄罗斯文学中关于国家的"现实与理想的二重奏"是俄罗斯文学的意识形态性的核心表现。意识形态(德语为Ideologie)的现代概念源于马克思主义,指"经济基础和上层建筑的辩证关系所决定的总体视野"④,可以具体表现为政治意识形态、哲学意识形态、法律意识形态、道德意识形态和审美意识形态等。这种"总体范畴"的视域源自"意

---

① 体会一下利哈乔夫的话:"我们应该,我们极其有必要继续以伟大强国而存在,但是不仅仅是领土辽阔和人口众多,而是因为有值得骄傲的同样伟大的文化。"[俄]利哈乔夫:《解读俄罗斯》,吴晓都等译,北京大学出版社2003年版,第31页。
② [俄]利哈乔夫:《解读俄罗斯》,吴晓都等译,北京大学出版社2003年版,第9页。
③ [俄]利哈乔夫:《解读俄罗斯》,吴晓都等译,北京大学出版社2003年版,第9页。
④ 邱晓林:《作为一种阐释学的意识形态文学批评》,《四川大学学报》(哲学社会科学版)2008年第6期。

识形态"的两个理论原型。一是法国哲学家特拉西（Antonie Distutt de Tracy）创立的"研究认识的起源、界限和认识的可靠性程度"① 的"观念学"（法语为 Idéologie，意为"关于观念的学说"），这也是意识形态一词最初的含义。马克思（Karl Heinrich Marx）正是继承了特拉西的概念中审判既有思想、知识和观念的精神。二是与特拉西同时期的黑格尔（Georg Wilhelm Friedrich Hegel）提出的"意识诸形态"（德语为 die Gestalten des Bewuβtseins 或 die Gestaltungen des Bewuβtseins，也可直译为"意识形态"）概念。黑格尔的贡献在于，"《精神现象学》对与社会历史发展相对立的各种意识形态做出了卓越的阐述，其是对异化了的现实世界的说明和对教化的虚假性的揭露，为'意识形态'概念含义的根本转折奠定了基础"②。只有明确了意识形态的"总体范畴"，才能理解英国马克思主义文学理论家伊格尔顿（Terry Eagleton）的"一切艺术都产生于某种关于世界的意识形态观念"③ 的观点。

"总体范畴"使得意识形态很像关于文化的另一种表述。但与结构松散的文化不同，意识形态具有鲜明的"一整块"属性，它打破了文学作为散布于文化花园的块茎的表象，将其排列在以"某种关于世界的观念"为根的树状结构中。根据意识形态文学理论的观点，文学中一定存在着某种"脉络"，它是文学的原因也是目的，是文学的表现也是本质。俄罗斯文学的世界图式正是"俄罗斯思想"。

前文我们提到，俄罗斯思想的内涵是俄罗斯民族的自我规定性，也有学者称其为"俄罗斯民族记忆的另一种言说方式"④。不难在这种关于自我的言说背后看到一种存在主义的焦虑，即不同于古希腊或古中国哲人们投向宇宙的凝视，对于俄罗斯民族而言，最迫切的任务是确立自身在宇宙中的位置，即索洛维约夫（Соловьёв В. С.）所说

---

① 李珺平：《马克思之前的"意识形态论"寻踪》，《社会科学论坛》2006年第10期。
② 李珺平：《马克思之前的"意识形态论"寻踪》，《社会科学论坛》2006年第10期。
③ ［英］伊格尔顿：《马克思主义与文学批评》，文宝译，人民文学出版社1980年版，第20页。
④ 郑永旺：《论俄罗斯文学的语言维度》，《求是学刊》2009年第3期。

的"民族使命"①:"要想认识真正的俄罗斯思想,就不能提出俄国通过自己和为了自己将做什么的问题,而应当提这样的问题:为了它所承认的基督教本原,为了造福整个基督教世界(俄国属于该世界的一部分),它应当做什么?"② 从这个范畴而言,俄罗斯思想的核心内容是俄罗斯的"救世使命说",亦即"第三罗马说"或"弥赛亚说"。

在俄罗斯众多思想家对俄罗斯的历史使命的探讨中,别尔嘉耶夫的论述是较为明确和翔实的。他说:"真正的俄罗斯弥赛亚主义是以宗教生活的解放,从民族和国家对精神生活的特殊桎梏中的解放,从一切对物质生活的黏着中的解放为前提的。俄罗斯应该经历个性的精神解放。俄罗斯的弥赛亚主义首先应该倚靠的是俄罗斯的漫游、流浪和探索,倚靠俄罗斯精神的躁动和不满、俄罗斯的先知性,倚靠没有自己的城池、寻找未来城池的俄罗斯人。"③ 从中我们可以总结出俄罗斯"救世使命说"的三个重要命题。第一,救世以俄罗斯民族的精神解放,尤其是俄罗斯民族个体的精神解放为前提;第二,救世以俄罗斯精神(即俄罗斯性格)为驱动力;第三,救世以(常常是具有宗教色彩的)未来城池为理想目标。这三个命题揭示了以果戈理对《死魂灵》三部曲的构思为代表的、常见于19世纪俄罗斯文学的一套"堕落—拯救/赎罪/受难—复活"情节的形成原因,这套情节在国家形象的范畴内则形成了前文我们提到的"现实与理想二重奏"的两极化现象,亦即别尔嘉耶夫所总结的以陀思妥耶夫斯基式的双重面孔为代表的俄罗斯形象:"一张面孔倾向于保存,巩固那种放弃真正生存的民族主义—宗教的生活;而另一张面孔是先知的,倾向于未来之城的,这是一个精神饥饿的形象。……俄罗斯神秘主义、俄罗斯的使命感与俄罗斯的第二形象,与它

---

① [俄]索洛维约夫:《俄罗斯思想》,载索洛维约夫等《俄罗斯思想》,贾泽林、李树柏译,浙江人民出版社2000年版,第178页。
② [俄]索洛维约夫:《俄罗斯思想》,载索洛维约夫等《俄罗斯思想》,贾泽林、李树柏译,浙江人民出版社2000年版,第169页。
③ [俄]别尔嘉耶夫:《俄罗斯的命运》,汪剑钊译,译林出版社2015年版,第22页。

的精神饥饿和对尘世如同天堂的神之真理的渴求有关联。"①这又进一步解释了另一个问题。俄罗斯文学常常被定性为说教（或传教）式的、政论性的、批判性的、纪实性的，这在19世纪尤为典型，因为"文学界几乎是19世纪俄国长时期唯一可以发表意见的论坛"②，"包括《复活》在内的许多俄罗斯文学作品都深藏着某种企图，这种企图或表现为指导人们行动的教科书，或成为人们批判事物的某种尺度，或是某些宗教意识的代言"③。但这并非俄罗斯文学的庸俗社会学化，也并不意味着俄罗斯文学的文学性的贬值，而是俄罗斯文学所固有的意识形态性对时代的积极反应，"对未来的急切追求表现在俄罗斯文学发展的全部过程上。这是关于美好未来的理想、对现实的批判、对创造理想社会的探索"④。在意识形态性的语境下，俄罗斯文学的气质恰恰是理想性的（甚至是空想性的）、建设性的，它在理念上表现为追求文学的真理化（即文学应成为生活的教科书），在实践中则表现为追求真理的现实化（即借文学革新生活），在俄罗斯文学界则表现为作家和批评家所普遍具有的社会使命感和政治参与激情。最后一点在苏联和俄罗斯文学界达到了一个历史性的峰值，这在客观上也为国家形象在当代俄罗斯文学中的彰显提供了依据。

四 国家形象在当代俄罗斯文学中的彰显

当代俄罗斯文学在国内学界有众多别称，如后苏联文学、新时期俄罗斯文学等。苏联解体不仅意味着一场政治角力的尘埃落定，更意味着这个庞大的政体所孕育出的主流文学、文化、理念乃至意识形态的功亏一篑；加之苏联时期对文学和文化圈的高压严管政策，以及20世纪六

---

① ［俄］别尔嘉耶夫：《俄罗斯的命运》，汪剑钊译，译林出版社2015年版，第23页。
② 智量：《19世纪俄罗斯文学的主要特点》，载智量《论19世纪俄罗斯文学》，复旦大学出版社2009年版，第15页。
③ 郑永旺：《从民族的集体无意识看俄罗斯思想的文学之维》，《俄罗斯文艺》2009年第1期。
④ ［俄］利哈乔夫：《解读俄罗斯》，吴晓都等译，北京大学出版社2003年版，第39页。

七十年代横扫人类文明的"后现代性"在后苏联空间的"姗姗来迟",就不难理解为何苏联解体初期的俄罗斯文学(主要是后现代主义文学)一度被称为"异样文学"(Другая Проза)。

实际上,最为"异样"的是俄罗斯文学在解体后出现的"再政治化"现象。苏联的解体使俄罗斯文学"重获自由",这意味着文学的去政治化;自谋出路、接受读者市场的筛选则意味着文学的去严肃化。但现实是,解体后的俄罗斯作家们的政治热情不亚于任何政客,他们参加政治活动,发表宣言,甚至在作协内部发起夺权斗争。这造成了一个极其有趣也极其俄罗斯化的现象,即严肃文学界迅速形成了不以流派和创作原则相区分,而以政治意识形态相区分的派系——自由派(或民主派)和传统派(或爱国派),其中,"自由派文学把批判矛头主要指向过去,而传统派文学则着重批判现实"[①]。两派都极尽文学的口诛笔伐之能事,来表明政治立场、宣扬政治理念。在这样的大语境下,后现代主义崇尚解构、颠覆、反权威、反逻各斯的品格被类型化为反苏联、反极权,以及审恶、丑、性、粪、尿、肢体等反经典文学传统。俄罗斯后现代主义文学成为世界后现代主义文学中的"异样文学"。

站在苏联解体近30年后的今天,应该说,当代俄罗斯严肃文学的"异样"更多地存在于其文学理念和随之衍生的范式上,其文化因子,即民族性、历史性和思想性仍然存在着。所以有评论家称苏联解体后最初几年的俄罗斯文学"不是无思想,而是无理想"[②]。这也是为什么俄罗斯的后现代主义文学是非典型性后现代主义文学,因为它总是不由自主地"跳入""重新主导民族思想"的俄罗斯文学长河。对"俄罗斯文学何去何从"的追问亦即对"俄罗斯将何去何从"的追问,当代俄罗斯文学中的国家形象可谓俯拾皆是。

---

① 张捷:《朝多级化方向发展的俄罗斯文学》,载张捷《当今俄罗斯文坛扫描》,人民文学出版社2007年版,第68—69页。
② 张捷:《苏联解体后最初几年的俄罗斯文学》,载张捷《当今俄罗斯文坛扫描》,人民文学出版社2007年版,第51页。

概括而言，在这样的"文学—俄罗斯森林"中伫立着两个国家形象，其一是代表着现实的俄罗斯形象，其二是代表着历史的苏联形象。对当代俄罗斯文学中的国家形象的把握，需要对这两个形象进行有机整合。

第三节　当代俄罗斯文学中的俄罗斯形象

"俄罗斯还存在……总该想个办法，既不要让邻国蒙受干涉的委屈，又可以让人家知道，俄罗斯还在，只不过又一次像在拷刑架上那样两手摊开地吊了起来。"① 这番话可以视为当代俄罗斯文学为自己设定的国家形象塑造任务。但是综观当代俄罗斯文坛，作家们对待俄罗斯现实生活的一种典型态度却是"游戏"精神，这在具有后现代特征的作品中尤为明显，思想、传统、历史、"永恒的女性温柔"、性、语言、体制、领导人……一切都可以成为游戏的对象。文学和现实仍"围坐在一张桌子旁"，但他们不再是《罪与罚》中反映着沙俄黑暗王国的拉斯科尔尼科夫和马尔美拉陀夫，或者《卡拉马佐夫兄弟》中拷问人性的伊万·卡拉马佐夫和阿廖沙·卡拉马佐夫，而是俄罗斯当代作家法济利·伊斯坎德尔（Искандер Ф. А.）笔下的俄罗斯思想者和美国人，深刻的对话只是为了引开美国人，向其妻子推销油画；或者塔吉亚娜·托尔斯泰娅（Толстая Т. Н.）笔下的本尼迪克和瓦尔瓦拉，令两位读书人困惑不已的问题是"什么是马"。游戏性和由此生成的荒谬感是苏联解体赋予俄罗斯的时代氛围，就像俄罗斯当代作家维克多·佩列文（Пелевин В. А.）所言："请大家想象一下这样一个国度，其所有国民没有走出家门，就突然发现自己成了侨民。他们并未挪动一步，却落入了一个完全别样的世界。"② 进一步说，游戏性和荒谬感是文学从俄罗斯现实生活

---

①　[俄]拉斯普京：《俄罗斯的年轻人》，王磊译，载[俄]拉斯普京等《玛利亚，你不要哭——新俄罗斯短篇小说精选》，吴泽霖选编，昆仑出版社1999年版，第173页。

②　[俄]佩列文：《致中国读者》，载[俄]佩列文《"百事"一代》，刘文飞译，人民文学出版社2001年版，第1页。

中所把握到的脉搏,俄罗斯成为"上帝之田"(Делянка Господа),"所有落在俄罗斯这块田地上的优良种子和杂草种子无一例外地都疯长起来"①。

一 当代俄罗斯的"智慧的痛苦"

"俄罗斯文学作为生活的教科书对个人伦理小叙事的讲述是建立在这种小叙事在多大程度上反映了人民伦理的大叙事基础之上。"② 从这个意义而言,19 世纪俄罗斯剧作家亚·格里鲍耶多夫(Грибоедов А. С.)所开创的"智慧的痛苦"(Горе от Ума)主题道出了以知识分子为代表的俄罗斯人永恒的存在困境。痛苦来源于现实和理想之间的鸿沟,来源于"第一国家"和"第二国家"之间的鸿沟,来源于"不自由"和"自由"之间的鸿沟。在俄罗斯,"不是阶级斗争,而是智慧的痛苦,才是历史发展的推动力"③。但不同时期的"智慧的痛苦"又有所不同。19 世纪俄罗斯文学中,痛苦是"众人皆醉我独醒"的苦闷感;在当代俄罗斯文学中,痛苦则成为"众人皆醒我独醉"的行为艺术。19 世纪俄罗斯文学中,智慧的痛苦更多地立足于社会学维度;在当代俄罗斯文学中,智慧的痛苦则是"一切都不是这个样子的"④ 后苏联语境中俄罗斯人的自然存在形式,有时甚至决定了"他们的死亡"⑤。

(一)《"百事"一代》中的智慧的转型

当代俄罗斯作家维克多·佩列文(Пелевин В. А.)这样概括其长篇小说《"百事"一代》(Generation "П",1999)的主题:"不是社会的转型,而是智慧的转型,这智慧在忙于解决现实生活急速变化

---

① [俄]科兹洛夫:《预言家之井》,黄玫、苗澍译,中国青年出版社 2003 年版,第 15 页。
② 郑永旺等:《俄罗斯后现代主义文学研究——理论分析与文本解读》,人民文学出版社 2017 年版,第 86 页。
③ [俄]科兹洛夫:《预言家之井》,黄玫、苗澍译,中国青年出版社 2003 年版,第 30 页。
④ [俄]科兹洛夫:《预言家之井》,黄玫、苗澍译,中国青年出版社 2003 年版,第 3 页。
⑤ [俄]科兹洛夫:《预言家之井》,黄玫、苗澍译,中国青年出版社 2003 年版,第 30 页。

条件下的生存问题。"① 该主题从多重维度涵盖了苏联解体后俄罗斯的现状。

首先,"智慧的转型"指小说主人公、文学院毕业生瓦维连·塔塔尔斯基的身份转型,他由放弃成为作家的理想开始,先后经历了在售货亭卖香烟、为广告撰写文案、为政治活动撰写脚本,直到最后成为女神伊什塔尔的"人间丈夫"。塔塔尔斯基人生履历的前半程反映的不仅是俄罗斯人从苏联到俄罗斯的转型之路,更是俄罗斯知识分子的生存之路。小说中交代,塔塔尔斯基的名字瓦维连取自苏维埃革命领袖弗拉基米尔·列宁(Ленин В. И.)和俄罗斯作家瓦西里·阿克肖洛夫(Аксёнов В. П.),这象征着塔塔尔斯基所代表的一代知识分子身上混合着政治和文学、"共产主义信仰和六十年代理想"②、苏联和俄罗斯的时代特征。

其次,"智慧的转型"指俄罗斯未来的转型。"百事"一代是"一代无忧无虑的青年,他们向着夏天、大海和太阳微笑——选择喝'百事'"③,"同时幻想着,彼岸那遥远的禁忌世界能步入他们的生活"④。"百事"一代选择了一种与苏联截然相反的未来。塔塔尔斯基被迫转型的结局宣判了"百事"一代的死刑,亦宣判了他们所代表的未来的死刑。"意义"变成了"无意义";字母"П"从"百事可乐"(Пепси)变成了"皮兹杰茨"(Пизнец,一条五个爪子的癞皮狗,象征着一位古代女神的死亡,其意义是"游戏结束");塔塔尔斯基被剥夺了"肉身",降为"虚拟形象"、"女神"的人间丈夫、自己"存在"的摄政王;"百事"一代所代表的俄罗斯的未来随之降格为一场没有名字的游戏。

---

① [俄]佩列文:《致中国读者》,载[俄]佩列文《"百事"一代》,刘文飞译,人民文学出版社2001年版,第1页。
② [俄]佩列文:《致中国读者》,载[俄]佩列文《"百事"一代》,刘文飞译,人民文学出版社2001年版,第4页。
③ [俄]佩列文:《"百事"一代》,刘文飞译,人民文学出版社2001年版,第1页。
④ [俄]佩列文:《"百事"一代》,刘文飞译,人民文学出版社2001年版,第2页。

最后,"智慧的转型"还指俄罗斯思想的转型。《"百事"一代》借塔塔尔斯基由作家向广告人的转型表明,电视和广告取代了文学成为"客户思想渗进俄罗斯人意识的一个基本渠道"①,所以百事可乐的广告"成了整个世界文化发展过程中的一个转折点"②,"每一个政治家就是一个电视节目"③。广告取代文学不仅意味着思想传播途径的转型,更意味着俄罗斯思想向"无思想"的转型,塔塔尔斯基"为写作俄罗斯思想而进行的尝试,以彻底的失败而告终,这在塔塔尔斯基的职业生涯中还是第一次"④。作为俄罗斯文学意识形态化的产物,俄罗斯思想就是文学化的俄罗斯国家形象;《"百事"一代》呈现出当代俄罗斯的另一番景象,俄罗斯思想变成了俄罗斯无思想,俄罗斯国家形象成为俄罗斯无国家形象。

(二)《预言家之井》中的智慧的枯井

俄罗斯当代作家尤·科兹洛夫(Козлов Ю. В.)的长篇小说《预言家之井》(Колодец Пророков,1998)完全可以提炼为一部《俄罗斯国家形象蓝皮书》,小说中的主人公经常像卡拉马佐夫兄弟一样"忘记"主线叙事,而"就俄罗斯这个国家的现状和未来进行一场长长的争论"⑤。与此同时,该小说又的确是一部虚构的政治幻想小说。寡头的保镖普霍夫少校、残损手稿部主任小伊拉里奥诺夫上校和女学生奥古斯塔是三个素不相识的莫斯科人,小说围绕三人展开了三个互不相关的故事,主要内容分别关于国内反恐活动、国家发展方向和某种统治世界的神秘力量。三个故事没有任何交叉地发展着,却在小说结尾迅速地汇流到一处。最终奥古斯塔杀死了普霍夫和小伊拉里

---

① [俄]佩列文:《"百事"一代》,刘文飞译,人民文学出版社2001年版,第252—253页。
② [俄]佩列文:《"百事"一代》,刘文飞译,人民文学出版社2001年版,第2页。
③ [俄]佩列文:《"百事"一代》,刘文飞译,人民文学出版社2001年版,第203页。
④ [俄]佩列文:《"百事"一代》,刘文飞译,人民文学出版社2001年版,第174页。
⑤ [俄]科兹洛夫:《预言家之井》,黄玫、苗澍译,中国青年出版社2003年版,第37页。

奥诺夫，三个故事之间的逻辑联系也终于得到揭示。奥古斯塔的长子将会统治并裁决世界，奥古斯塔是其母亲，小伊拉里奥诺夫和普霍夫则是为其提供力量的两个父亲。如此，《预言家之井》中的三个故事统一为一个"弥赛亚降临前"的故事，类似于《圣经·马太福音》中的"耶稣基督的家谱"或者《圣经·路加福音》中的"预言耶稣降生"。新的伯利恒是俄罗斯（这显然是"俄罗斯思想"的延伸），更准确地说是"无俄罗斯"，而"破旧不堪、眼看着瓦解的"[①] 旧俄罗斯只是一个过渡阶段——"从俄罗斯居住的人民失去了脚下的土地之后，这个国家就正如一位诗人说的那样，扯掉裤子，领先走向另一个世界"[②]。

《预言家之井》的另一个核心人物是托尔斯泰将军，他是奥古斯塔等三人的唯一交汇点。托尔斯泰将军是神秘的国家安全局第十二局的局长，一位饱受"智慧的痛苦"的"对自己的知识感到厌倦的先知者"[③]，以及小说中每场以俄罗斯为主题的"研讨会"的主导者，这是一个掌握着权力和思想双重武器的新型知识分子形象。托尔斯泰将军预见了基督的第二次降临，成为预见耶稣降临的东方来的博士，是与三人的命运、弥赛亚的命运以及俄罗斯的命运息息相关的主宰者。"哲学王"终于获得了建立理想国的机会，却一头撞上了俄罗斯和伯利恒呈二元对立态势的悖论之墙。尘世之国和天堂之国之间的矛盾在俄罗斯文化语境中不是什么新鲜事物，但托尔斯泰将军选择保卫岌岌可危的俄罗斯，甚至不惜一切代价阻止弥赛亚降临的行为表明，俄罗斯人，至少托尔斯泰将军，终于意识到人不能躺到理念的床上，意识到如果再次把俄罗斯翻了个儿，等待他们将的仍然是"在这地方怎么生活呀？现在可是什么都没

[①] [俄] 科兹洛夫：《预言家之井》，黄玫、苗澍译，中国青年出版社2003年版，第327页。

[②] [俄] 科兹洛夫：《预言家之井》，黄玫、苗澍译，中国青年出版社2003年版，第331页。

[③] [俄] 科兹洛夫：《预言家之井》，黄玫、苗澍译，中国青年出版社2003年版，第151页。

有了……整个儿一片荒漠"①的困境。即便步步为营，托尔斯泰将军仍无力回天，智慧的痛苦把他困在智慧的枯井中，俄罗斯成了未来世界的祭品，"被砌在看不见的水泥中的生活，死了"②。

（三）《图书管理员》中的智慧的战争

相比于"智慧的转型"和"智慧的枯井"中温和的痛苦，当代俄罗斯作家米哈伊尔·叶里扎罗夫（Елизаров М. Т.）的长篇小说《图书管理员》（Библиотекарь，2007）中的"智慧的痛苦"则非常残酷。该小说虚构了一位名不见经传的苏联作家戈罗莫夫，他的七本作品意外地被发现具有魔力，可以使人短暂地获得惊人的能力。围绕该七本"圣书"建立起一个地下政权，图书馆理事会是中枢管理机构，图书馆和阅览室是外围机构。各图书馆和阅览室争夺圣书的斗争常常升级为有人员伤亡的流血冲突；而消失已久的"意义之书"的再次出现引发了一场惨烈的"圣书之战"——"村苏维埃保卫战"。

与这些大场面形成鲜明对比的是七本圣书贫乏的内容。该七本书都是苏联官方文学流水线的产物，并不具备独特的艺术价值。可见，七本书的文本内容和它们所产生的魔力之间没有任何逻辑关系。但另一方面，七本圣书不可伪造或抄录，只能是苏联时期印刷的某一版，"因为它还带有它那个时代的内涵"③。圣书产生魔力的原因自然地落到了苏联时期，苏联形象也随之浮出水面。《图书管理员》中塑造了两个对比鲜明的苏联形象，其中"人间的苏联是一个粗糙的不完整的机体"，第二个是"在书籍、电影和歌曲中被讴歌的那个国家，……一个艺术理想——天国的联盟"④。"记忆之书"的功用正是恢复读者

---

① ［俄］拉斯普京：《俄罗斯的年轻人》，王磊译，载［俄］拉斯普京等《玛利亚，你不要哭——新俄罗斯短篇小说精选》，吴泽霖选译，昆仑出版社1999年版，第174页。
② ［俄］科兹洛夫：《预言家之井》，黄玫、苗澍译，中国青年出版社2003年版，第102页。
③ ［俄］叶里扎罗夫：《图书管理员》，刘文飞等译，人民文学出版社2009年版，第158页。
④ ［俄］叶里扎罗夫：《图书管理员》，刘文飞等译，人民文学出版社2009年版，第361页。

对第二个苏联的记忆，进而恢复苏联作为"我在同时度过一真一假两个童年的那个国家，是我唯一的祖国"①的名誉。可见，圣书即"大写的书"②，是对俄罗斯文学的象征，圣书的故事不仅再现了俄罗斯文学的"第二国家"功用，更是通过凭吊苏联，对"祖国"这一国家形象进行反思。

《图书管理员》提出的另一对概念是"意义"和"意图"。"意义之书""没有'意义'，但是有'意图'"③（У Книг не было Смысла, но был Замысел）。作者对于苏联的态度建立在类似的辩证关系基础之上："我长大了，我热爱苏联，不是因为它曾经怎样，而是因为它会怎么样，如果出现另一种情况的话。一个潜在的好人由于生活艰难而没有展现出他的优秀品质，难道他因此就那么的有罪吗？"④虽然作者在谈到七本圣书的内容时不无讽刺，但《图书管理员》的艺术气质还是颇为苏联化的。如果说，大战前用"关于伟大卫国战争的歌，歌唱勇敢的牺牲"⑤来激发战斗精神，内嵌着对卫国战争的正义、崇高及教育意义的认可，那么在村苏维埃保卫战中施罗宁阅览室全体同志宁可牺牲也要保护图书管理员的壮举则无疑是对苏联时代精神的致敬了。"意图"和"意义"的二元论不仅传达出作者对苏联历史之价值的思考，也预示着文学对于当代俄罗斯的价值的回归。村苏维埃保卫战失败后，"我"被老太婆霍恩带回养老院图书馆，囚禁在地堡里，唯一的生活内容就是阅读圣书。无意义的行为和有意义的圣书之间的张力

---

① ［俄］叶里扎罗夫：《图书管理员》，刘文飞等译，人民文学出版社 2009 年版，第 361 页。

② 刘文飞：《〈图书管理员〉译后记》，载［俄］叶里扎罗夫《图书管理员》，刘文飞等译，人民文学出版社 2009 年版，第 368 页。

③ ［俄］叶里扎罗夫：《图书管理员》，刘文飞等译，人民文学出版社 2009 年版，第 361 页。

④ ［俄］叶里扎罗夫：《图书管理员》，刘文飞等译，人民文学出版社 2009 年版，第 361 页。

⑤ ［俄］叶里扎罗夫：《图书管理员》，刘文飞等译，人民文学出版社 2009 年版，第 189 页。

重建了"我"的存在价值，苟且偷生因而被赋予了"为祖国的幸福而活着"①的意图，阅读圣书则成为继村苏维埃保卫战后，"我"为祖国进行的另一场智慧的战争。"如果祖国是自由的，它的边界线是不可侵犯的，这就意味着，图书管理员阿列克谢·维亚津采夫坚强地在地堡里值自己的班，不倦地纺线，以编织那片伸展在国家上头的盖头。这盖头能阻挡有形的和无形的敌人。"②

如此，继将文学变成"大写的书"后，《图书管理员》将阅读重构为"人类最重要的存在方式之一"③，读者成为"祖国的永远捍卫者"④，苏联成为当代俄罗斯的"生活的意义"⑤的源泉。

二 《野猫精》："拯救'楚门'计划"

当代俄罗斯作家塔吉亚娜·托尔斯泰娅（Толстая Т. Н.）的反乌托邦长篇小说《野猫精》（Кысь，2000）创作时间长达14年，历经了戈尔巴乔夫改革、苏联解体、盖达尔政府的"休克疗法"以及金融危机等俄罗斯发展史上的重大事件。"反乌托邦小说通常是依据人类社会目前的发展状况，来推导人类可能的未来"⑥，然而，历经14个年头的《野猫精》却没有"姗姗来迟"，这一方面说明1986—2000年的俄罗斯局势在本质上有着内在的连续性（这也正是《野猫精》所试图揭示的）；另一方面，面对俄罗斯至今都不容乐观的国内外局势，反乌托邦

---

① ［俄］叶里扎罗夫：《图书管理员》，刘文飞等译，人民文学出版社2009年版，第365页。

② ［俄］叶里扎罗夫：《图书管理员》，刘文飞等译，人民文学出版社2009年版，第365页。

③ 刘文飞：《〈图书管理员〉译后记》，载［俄］叶里扎罗夫《图书管理员》，刘文飞等译，人民文学出版社2009年版，第368页。

④ ［俄］叶里扎罗夫：《图书管理员》，刘文飞等译，人民文学出版社2009年版，第242页。

⑤ ［俄］叶里扎罗夫：《图书管理员》，刘文飞等译，人民文学出版社2009年版，第130页。

⑥ 郑永旺：《反乌托邦小说的根、人和魂——兼论俄罗斯反乌托邦小说》，《俄罗斯文艺》2010年第1期。

作品始终具有现实意义。

区别于将时间设置在未来的经典反乌托邦时空体（如《我们》或《1984》），当代俄罗斯反乌托邦文学中的时空体和当下的界线总是很模糊，《"百事"一代》《预言家之井》、俄罗斯当代作家弗拉基米尔·索罗金（Сорокин В. Г.）2016年的长篇小说《特辖军的一天》和托尔斯泰娅的《野猫精》都是如此。其原因在于，整个20世纪在俄罗斯所发生的一切已经远远超出了理性的理解范围，整个俄罗斯都想弄清楚的是"在看不见的史册上关于俄罗斯是怎么写的"①，当代俄罗斯文学则呈上了自己关于这个问题的答卷，俄罗斯成为《预言家之井》中的"检验历史规律的实验室"②，《"百事"一代》中没有名字的游戏，《特辖军的一天》中重归暴力和集权的沙皇俄国，以及《野猫精》中道德和精神全面退化的"动物世界"。

《野猫精》的故事发生在"大爆炸"之后的费多尔·库兹米奇斯克市。有学者指出，"大爆炸"具有两重含义，其一是"核爆炸等物质爆炸"；其二是"社会变革或改朝换代，是指费多尔·库兹米奇斯克市推翻原来的大王"③，前者表现为尼基塔·伊凡内奇经常提到的"放射性"等词语；后者体现为谢尔盖·谢尔盖伊奇斯克时代和费多尔·库兹米奇斯克时代在法规、禁令，以及人们的生活方面都有着本质的区别。此外，作为一种包含着"旧的物质的解体""待清理的废墟""非线性变化""天翻地覆"等内容的现象，稍加展开，"大爆炸"也可以很合理地和苏联解体构成联想与象征关系。但内涵不甚明确的"大爆炸"却在小说开篇就被悬置，《野猫精》没有就"大爆炸"做任何解释，而是将时空体直接设置为"大爆炸后"。其巧妙之处在于，被悬置的"大爆

---

① ［俄］科兹洛夫：《预言家之井》，黄玫、苗澍译，中国青年出版社2003年版，第228页。
② ［俄］科兹洛夫：《预言家之井》，黄玫、苗澍译，中国青年出版社2003年版，第226页。
③ 陈训明：《哈哈镜里的俄罗斯知识分子》，载［俄］托尔斯泰娅《野猫精》，陈训明译，上海译文出版社2005年版，第4—5页。

第二章 俄罗斯文化软实力与当代俄罗斯文学的关系

炸"与随后详细展开的所有怪诞现象和情节之间产生的张力在阅读过程中促成一个认知的更迭，在小说开篇"大爆炸"是一个中性的前提，是所有怪诞的人、事、物之所以产生的时间前提；随着小说的展开，它逐渐成为一个有所影射的答案，是所有怪诞的人、事、物之所以产生的逻辑肇始。

明确"大爆炸"是什么的过程就是明确"大爆炸"带来了什么的过程。"大爆炸"引发了人的变异和生活条件的退化，物质极度匮乏，老鼠肉和蛆是基本食物，铁锈是主要消遣品，我们称其为第一种生活模式，其主体是以本尼迪克为代表的普通民众。随着本尼迪克入赘到总卫生员库德亚罗夫家，以极度殷实的家业和过度丰盛的饮食为主要特征的第二种生活模式出现了，其主体是以库德亚罗夫为代表的统治阶级。两种生活模式的差距无疑影射着贪污腐败、恣意敛财以及由此造成的贫富两极分化等社会现象。此外，两种生活模式中存在着生活资料的质的差异。库德亚罗夫家不吃老鼠、蛆或者铁锈水，甚至没有这些东西，这种生活显然更接近现实生活经验。库德亚罗夫家的生活和现实生活产生的类比关系，无疑凸显了同一个时空体中第一个生活模式的异常，但这并非基于物质差异的艺术夸张。《野猫精》中以总锅炉工尼基塔·伊凡内奇为代表的往昔人和本尼迪克等人同为贫穷的平民，但他们也不吃老鼠、蛆或者铁锈水，其生活在本质上反而更接近符合现实生活经验的第二种生活模式。我们称往昔人的生活模式为第三种生活模式。此外，小说中还有以蜕化变质分子为主体的第四种生活模式。如果说第二种生活模式以物质富足为表象，那么第三种生活模式则以精神富足为特征，这个"精神富足"是广义的，正如尼基塔在小说第 14 章的葬礼上所说的："有精神的——我们不害怕这个词——遗产，亦即往昔的一点儿信息！"① 第三种生活模式和第一种生活模式形成了真正意义上的对比。这也侧面证实了尼基塔看似荒诞不经的话才是关于文中世界的事实：月

---

① ［俄］托尔斯泰娅：《野猫精》，陈训明译，上海译文出版社 2005 年版，第 130 页。

光果是带有放射性的海枣,人们身上出现变异和吃老鼠有关,以及"没有任何野猫精,只有人的无知"①,等等。也就是说,第一种生活模式是一种被人为塑造的自杀式生活。从本尼迪克等人对待该生活模式安之若素的态度中,可以嗅到"被洗脑"的味道。

皇帝并没有穿衣服,严肃的日常生活变成了一场统治阶级导演的"楚门秀"(The Truman Show,即1998年的同名美国电影《楚门的世界》中虚构出来的一个24小时不间断直播节目)。"楚门秀"的特色是"尽管在某种意义上,楚门的世界是假的,但楚门本人却是完全真实的",这也揭示出《野猫精》中世界图景的荒谬,莫斯科被装饰得面目全非,以本尼迪克为代表的普通民众真诚而天真地走在被设计好的不归路上。"野猫精"本身则更多的是一个功能性形象。一方面,借助俄罗斯文化语料(主要是对严寒的恐惧)塑造的"野猫精"是为了防止本尼迪克等人走出角色(正如《楚门的世界》中楚门对水的恐惧);另一方面,它也是统治阶级在第一种生活模式中安插的、用于保证一切正常运行的"眼线"。

这场"楚门秀"的关键在于被库德亚罗夫称为"我们的支柱"②的老鼠。有趣的是,库德亚罗夫家里没有老鼠,他的解释是"我们家过的是精神生活。我们没有必要养老鼠"③。可见,老鼠是针对民众的维持统治的工具,与费多尔·库兹米奇斯克时代的"愚民政策"一脉相承。换言之,以第一种生活模式为主要内容的"楚门秀"是为小说中的"愚民"主题服务的。

"愚民"是当代俄罗斯文学中的一个经典主题和形象。它以与知识分子对比的形式出现,例如库德亚罗夫对本尼迪克所说的:"我们的任务,亲爱的,是最最崇高的,而民众是落后的,理解不到。"④《野猫精》将这个主题字面化了。本尼迪克等人极度缺乏常识,他和瓦尔瓦拉

---

① [俄]托尔斯泰娅:《野猫精》,陈训明译,上海译文出版社2005年版,第24页。
② [俄]托尔斯泰娅:《野猫精》,陈训明译,上海译文出版社2005年版,第187页。
③ [俄]托尔斯泰娅:《野猫精》,陈训明译,上海译文出版社2005年版,第189页。
④ [俄]托尔斯泰娅:《野猫精》,陈训明译,上海译文出版社2005年版,第188页。

就"马是什么"的讨论以"马是老鼠"告终。更为尖锐的是,本尼迪克等人极度缺乏文化素养,没有文化记忆,不读(古版)书。在这个意义上,《野猫精》和《图书管理员》产生了主题的交叉,都触及了"大写的书"的问题。

《野猫精》结尾定格在尼基塔和持不同政见者列夫·利沃维奇(两个人构成了一个双头鹰形象)手拉着手升上天空,"楚门秀"的片场费多尔·库兹米奇斯克市被烧毁了,片场外的真实世界莫斯科得以重现。虽然尼基塔多次强调自己以文化复兴为事业,但这个结局表明,其真正的使命是"拯救'楚门'",也就是拯救本尼迪克。《预言家之井》中的托尔斯泰将军指出,关于俄罗斯的现状和未来的任何争论都可以归为"两个永恒的话题:怎么办和谁之罪"①。俄罗斯的"楚门秀"是谁之罪?《野猫精》的作者将其归结为一场无可追溯的"大爆炸","怎么办"故而成为更迫切的问题,而首要的任务就是把楚门——本尼迪克唤醒。完成这个任务的不是尼基塔,而是(古版)书。需要注意,本尼迪克自诩的"拯救艺术"使命和尼基塔的"文化复兴"使命有着本质上的区别,书对于本尼迪克的价值在于某种语言的本体论范畴内,所以尼基塔批评他说:"其实你还不会读书。对你而言,书没有什么益处,只不过是一些无谓的簌簌声,是一堆字母。而极其重要、生命攸关的字母表,你还没有掌握。"② 这不仅是在向本尼迪克提出要求,也是在向文学提出要求,文学应该是"讲述该如何生活的宝书!……讲述该走向何方的书!……讲述该把心转向何处的书"③。

《野猫精》的"拯救楚门计划"还涉及一个问题:为什么由本尼迪克和尼基塔承担这项重大的使命?尼基塔的形象特征和叙事使命决定了他是"直接踏着国家的地毯走过去,在上面留下脚印"④ 的"理想知识

---

① [俄] 科兹洛夫:《预言家之井》,黄玫、苗澍译,中国青年出版社2003年版,第37页。
② [俄] 托尔斯泰娅:《野猫精》,陈训明译,上海译文出版社2005年版,第267页。
③ [俄] 托尔斯泰娅:《野猫精》,陈训明译,上海译文出版社2005年版,第294页。
④ [俄] 托尔斯泰娅:《野猫精》,陈训明译,上海译文出版社2005年版,第67页。

分子的化身"①。本尼迪克出身于三代知识分子的家庭，以读书和拯救艺术为己任，所以有学者称其为"一般的知识分子的代表"，并进一步得出结论，认为本尼迪克和尼基塔之间有某种令人失望的对比关系。实际上，尼基塔只是本尼迪克的前辈和引导者，并不能取后者而代之。因为尼基塔是往昔人，其存在的价值是保留往昔精神遗产的火种，真正被寄予众望的是年轻人本尼迪克，其"缺乏理智、头脑空空、成天幻想、误入歧途"②的特质，用尼基塔的话说，是一类人、一代人，乃至整个人类的共性。本尼迪克是俄罗斯当代年轻人的代表，他们喜爱阅读，重视文学，但他们并没有习得俄罗斯文学所承载的民族文化精神，因此，他们无法解决自身所面临的问题，也不能解决俄罗斯所面临的问题。以尼基塔为代表的老一代人能做到的也只是结束旧生活，新的生活只能由本尼迪克等人自己开创。至于那将是怎样的新生活，《野猫精》中虽没有谈到，但"莫斯科—普林斯顿—牛津—泰里岛—雅典—帕诺尔莫—费多尔·库兹米奇斯克—莫斯科"③的轮回还是透露出托尔斯泰娅本人较为乐观的态度。

三 《暴风雪》：一个关于俄罗斯的寓言

在中篇小说《暴风雪》（Метель，2010）中文译本出版前夕，其作者弗·索罗金（Сорокин В. Г.）在一次访谈中向中国读者揭示了这部作品的深意："《暴风雪》——是一部讲述俄罗斯过去和未来的小说，是一部关于无边无际的俄罗斯空间的小说，是一部探讨农民与知识分子之间永恒隔膜的小说，是一部让人不得不考虑到暴风雪因素的小说。"④然而《暴风雪》实际上讲述了两个俄罗斯人在暴风雪中赶往俄罗斯某

---

① 陈训明：《哈哈镜里的俄罗斯知识分子》，载 [俄] 托尔斯泰娅《野猫精》，陈训明译，上海译文出版社2005年版，第7页。
② [俄] 托尔斯泰娅：《野猫精》，陈训明译，上海译文出版社2005年版，第99页。
③ [俄] 托尔斯泰娅：《野猫精》，陈训明译，上海译文出版社2005年版，第324页。
④ 任光宣、[俄] 索罗金：《俄罗斯作家索罗金访谈录》，载 [俄] 索罗金《暴风雪》，任明丽译，人民文学出版社2012年版，第184页。

村庄的故事，除却一些不合常理的细节外，整部作品的叙事风格基本再现了 19 世纪俄罗斯现实主义的风范。一个疑似自然主义写法、中篇小说篇幅的"赶路"文本如何承载了以"国家/民族形象"为主题的宏大叙事？这要从《暴风雪》的体裁谈起。

（一）《暴风雪》体裁探究

俄罗斯文学历来重视体裁（Genre，国内又译为"文类"），其中充满了将体裁视为"判断一部作品是否符合一种规范，或确切地说，一套规则的标准"① 的古典主义②精神。也因此，体裁常常成为作家们革新文学的试验田以及影响作品的补充手段，从而制造出《叶甫盖尼·奥涅金》的"诗体小说"（Роман в Стихах）、《死魂灵》的"史诗"（Поэма）、《战争与和平》的"史诗性长篇小说"（Роман-Эпопея）等体裁"花样"。索罗金也属于这类革新者，他曾说过："我在自己的创作中就喜欢把各种文体和体裁混合在一起。我觉得，这样才能更好地契合当今的时代。"③ 对于批评家而言，体裁是"一种对文学作品的分类编组"④；但对于作家而言，体裁是"整个作品、整个表述的典型形式。作品只有在具有一定体裁形式时才实际存在。每个成分的结构意义只有与体裁联系起来才能理解"⑤。进一步说，"每一种体裁都具有它所特有的观察和理解现实的方法和手段"⑥。因此，体裁可以引导读者的期待，也可以

---

① ［法］让-玛丽·谢弗：《文学类型与文本类型性》，载［美］科恩主编《文学理论的未来》，程锡麟等译，中国社会科学出版社 1993 年版，第 413 页。

② 古典主义理论认为，各类型必须各自独立，不得相混；剧中人物要有明显的不同，须符合不同阶级的道德风范，即"得体、合度"的律条；要求把文体和措辞划分为高、中、低三级。参见［美］韦勒克、沃伦《文学理论》，刘象愚等译，生活·读书·新知三联书店 1984 年版，第 266—267 页。

③ 任光宣、［俄］索罗金：《俄罗斯作家索罗金访谈录》，载［俄］索罗金《暴风雪》，任明丽译，人民文学出版社 2012 年版，第 178 页。

④ ［美］韦勒克、沃伦：《文学理论》，刘象愚等译，生活·读书·新知三联书店 1984 年版，第 263 页。

⑤ 钱中文主编：《巴赫金全集》第二卷，李辉凡等译，河北教育出版社 1998 年版，第 283 页。

⑥ 钱中文主编：《巴赫金全集》第二卷，李辉凡等译，河北教育出版社 1998 年版，第 288—289 页。

颠覆他们的"期待视野"。试想一下剧情片《少年派》和奇幻片《少年派》之间的距离，或者长篇小说《当代英雄》和短篇小说集《当代英雄》之间的距离。

索罗金的长篇小说《罗曼》（Роман，创作于1985—1989年，发表于1994年）对揭开《暴风雪》的体裁之谜颇有启发。主人公的名字罗曼 Роман 意为"长篇小说"。借助这个能指，索罗金将《罗曼》中的大屠杀转化为对"20世纪的降临和19世纪俄罗斯经典小说创作的死亡"[①]的象征。《暴风雪》中有一个类似的文字游戏，即医生的目的地"多尔戈耶"，或遥远村（Долгое，意为"遥远的"）。这个十七公里外的村子的"遥远"随着情节的展开逐渐获得了形而上的意味，它是"我们总是急着赶往的某个地方"[②]，是"命运之路"[③]和"人生道路"[④]的终点，更是医生永远也到不了的终点。如果说，哈利·波特的生活体裁（亦即小说的体裁）在他穿过国王十字车站的 $9\frac{3}{4}$ 站台的一瞬间发生质变，那么，没能到达遥远村的结局则巧妙地保持了《暴风雪》体裁的完整性。换言之，《暴风雪》实际上只讲了一个故事，是严密地缝合在两个俄罗斯人赶路故事之下的寓意故事，即由俄罗斯知识分子（医生）和俄罗斯农民（车夫）组成的俄罗斯民族驾着一辆果戈理所创造的三套马车（雪橇车）穿越广袤严酷的俄罗斯空间（暴风雪）去往某个命运的终点（遥远村）。因此，《暴风雪》的体裁是寓言（Allegory），源自希腊语"allos"（意为"另一个"）："通过人物、情节，有时还包括场景的描写，构成完整的'字面'，也就是第一层意义，同时借此喻彼表现另一层相关的人物、意念和事件。"[⑤] 索罗金在访谈中揭示的显然

[①] 任光宣、[俄] 索罗金：《俄罗斯作家索罗金访谈录》，载 [俄] 索罗金《暴风雪》，任明丽译，人民文学出版社2012年版，第181页。
[②] [俄] 索罗金：《暴风雪》，任明丽译，人民文学出版社2012年版，第133页。
[③] [俄] 索罗金：《暴风雪》，任明丽译，人民文学出版社2012年版，第113页。
[④] [俄] 索罗金：《暴风雪》，任明丽译，人民文学出版社2012年版，第124页。
[⑤] [美] 艾布拉姆斯：《欧美文学术语词典》，朱金鹏、朱荔译，北京大学出版社1990年版，第7页。

是这个寓意故事。

(二)《暴风雪》中的固态国家形象

《暴风雪》中有两个故事时间,一个是医生和车夫赶路的时间即"赶路"时间,另一个是故事发生的时代背景即"历史"时间,前者的线性时间属性得以最大限度保留,后者的线性时间却由于不合常理地杂糅了19世纪的杂志、驿站、电话、电视、飞机以及斯大林时代而被破坏殆尽。线性时间表达了对某种连续体的幻想,《暴风雪》的这种时间设置表明,在俄罗斯空间,具有连续性的仅仅是"赶往某地"的愿望和行为,而不是俄罗斯的历史。此外,通过打乱历史时间,俄罗斯的历史被共时性地(即被空间化了)保存在暴风雪肆虐的俄罗斯空间;线性的赶路时间则如同一把切入的利刃,制造出一个最接近俄罗斯"内核"的切面。赶路既是俄罗斯民族的朝圣之路,也是对俄罗斯的一次全面考察。需要从这个意义去理解《暴风雪》所塑造的国家形象。

《暴风雪》中的国家形象主要有暴风雪、袖珍马、雪橇车、遥远村以及巨人。作为俄罗斯地理空间的一个标志,暴风雪所传达出的大自然的严酷被俄罗斯当代作家马卡宁解读为"神在的标志"①,它决定了人的"卑微,渺小,次生"②。《暴风雪》中的暴风雪形象具有类似的意味,它将遥远村变得遥不可及,掩埋道路,冻死行人,俄罗斯空间的基调也因而变成"荒凉的、充满敌意的、呼啸着暴风雪的白茫茫的空间"③。暴风雪所代表的严酷的自然环境成为俄罗斯国家形象中的先天不足部分。

小说中强调了袖珍马的三个属性。其一,穷困,车夫养不起大马;其二,胆小,"是它们骨子里就有的"④;其三,是唯一的交通工具。医

---

① [俄]马卡宁:《地下人,或当代英雄》,田大畏译,外国文学出版社2002年版,第380页。
② [俄]马卡宁:《地下人,或当代英雄》,田大畏译,外国文学出版社2002年版,第380页。
③ [俄]索罗金:《暴风雪》,任明丽译,人民文学出版社2012年版,第76页。
④ [俄]索罗金:《暴风雪》,任明丽译,人民文学出版社2012年版,第132页。

生这样想着："只能指望它们了。除此之外，谁也不能把我送到那个多尔戈耶去……"① 当小说结尾处，袖珍马和雪橇车与作为施救者的中国人的巨型马和雪橇列车形成鲜明对比时，袖珍马和雪橇车的贫瘠、胆小的特征就成为俄罗斯国家形象中的另一个先天不足的部分，正如车夫关于断裂的滑板所解释的："它断了，是因为之前就有毛病。"②

遥远村是小说中赶路的目的地。"在路上"是俄罗斯文学中的经典题材，它承载着俄罗斯民族的"漫游"精神。别尔嘉耶夫称"俄罗斯民族的伟大和它对最高生活的使命都集中于漫游者的形象上"③，这使命就是"寻找真理，追求天国，向着远方"④，俄罗斯文学对"第二国家"的积极建构在某种意义上就是一场"文学漫游"。因此，遥远村是"第二国家"的一个剪影，但显然不是一个值得期待的未来，而是一个闹着瘟疫、等待被拯救，却又无法到达的地方。遥远村具有的这些特征是对俄罗斯国家形象的一种消极的展望，是反乌托邦式国家形象的变体。

巨人（Большой 或 Великан）和雪人（Снежный Великан）。关于巨人的很多要素都因小说的寓言体裁获得了相应的寓意，包括撞上巨人是由于医生驾车（而车夫驾车时的事故主要是迷路），撞上巨人后雪橇车彻底坏了，巨人是喝醉酒冻死的，巨人是一种巨型劳动力。解开巨人之谜的钥匙是雪人——"雪人站在那里，好像要以一种不可动摇的信心随时把自己的阴茎捅进周围的世界。"⑤ 性在索罗金的创作中不仅是一种后现代性的元素，更是暴力主题的核心表征之一，⑥ 是为索罗金创作中的固定主题"反极权主义"服务的；而"把自己的阴茎捅进……"

---

① ［俄］索罗金：《暴风雪》，任明丽译，人民文学出版社2012年版，第14页。
② ［俄］索罗金：《暴风雪》，任明丽译，人民文学出版社2012年版，第147页。
③ ［俄］别尔嘉耶夫：《俄罗斯的命运》，汪剑钊译，译林出版社2015年版，第12页。
④ ［俄］别尔嘉耶夫：《俄罗斯思想》，雷永生、邱守娟译，生活·读书·新知三联书店2004年版，第194页。
⑤ ［俄］索罗金：《暴风雪》，任明丽译，人民文学出版社2012年版，第159页。
⑥ 参见任光宣、［俄］索罗金《俄罗斯作家索罗金访谈录》，载［俄］索罗金《暴风雪》，任明丽译，人民文学出版社2012年版，第181—182页。

行为的寓意与索罗金的《特辖军的一天》中的"精子运动连环套"如出一辙,是对极权集体建立稳定关系的象征。由此,巨人成为僵死的苏联极权主义的形象,而雪人则是苏联留给当代俄罗斯的极权主义的残骸。

(三)《暴风雪》中的液态国家形象

与动物寓言故事中的动物相似,寓言中的人物也是某种典型或理念的象征。《暴风雪》中的人物继承了俄罗斯文学中的俄罗斯民族群像传统,如医生是受难者式的知识分子,车夫是具有卡拉塔耶夫性格的人民;磨坊主和他的妻子是对19世纪俄罗斯文学"寻找坚强男人"主题的讽刺性模拟——过度矮小的男人和过度温柔的女人(Вечная Женственность)。此外,小说中还具有两个较为独特的液态国家形象。

第一是阳痿和"无后"主题。《暴风雪》中的人物或者阳痿,如车夫和磨坊主;或者无后,如医生没有孩子,磨坊主妻子的孩子死了。"勃起的男根"在索罗金笔下象征着极权主义和暴力,象征着失控、滥用的力量。阳痿则象征着无能,缺乏力量,就像伏在妻子的胸口、睡冷了会哭的袖珍磨坊主,就像挨了打却不还手、始终对一切都满意的车夫。《预言家之井》中对阳痿有着类似的解读。托尔斯泰将军称那些在报纸上写评论和不费劲地说出奇怪的词的人们为阳痿患者,并断言:"从科学上证明了,二十一世纪结束前地球上将会有百分之八十的男人是阳痿患者。"[①] 但阳痿只是"无后"的原因之一。在《预言家之井》中,中国人崔对普霍夫少校说:"对我们中国人来说,孩子是父亲最成功与最完美的延续。我们祝男人幸福,是指生孩子。"[②] "无后"的俄罗斯人成为《暴风雪》中对俄罗斯民族的未来的又一种消极展望。

第二是中国人形象。俄罗斯文学中的中国人形象实际上属于比较文

---

① [俄] 科兹洛夫:《预言家之井》,黄玫、苗澍译,中国青年出版社2003年版,第274页。
② [俄] 科兹洛夫:《预言家之井》,黄玫、苗澍译,中国青年出版社2003年版,第319页。

学中的他国形象范畴，但《暴风雪》中的中国人形象由于作为"临危受命"的国家拯救者出现在结尾，因而成为俄罗斯国家形象的有机组成部分。正如索罗金本人所说："按照我的描述，在未来的俄罗斯将会有很多中国人出现。没有必要去做一个预言家，预言中国人对俄罗斯空间的种族渗透。这个种族对俄罗斯只会有好处。"① 中国人以与袖珍马和雪橇车形成鲜明对比的高大形象出现，战胜了暴风雪并挽救了医生的性命，他们乘坐的雪橇火车显然是对中国人"种族渗透"的艺术总结。俄罗斯空间的中国人会带来什么是个未知数，但它宣布了俄罗斯民族独立发展的终结，并借由医生的恸哭追悼了这场民族悲剧："他突然放声大哭起来，因为他明白，痨病鬼已经永远地丢下了他，他不可能到达多尔戈耶了，2号疫苗也带不过去了，而且在他的生活中，在普拉东·伊里奇·加林的生活中，如今按照一切情况来判断，正在出现某种崭新的、并不轻松的时期，很可能还是一个沉重的、严峻的时期，关于这个时期他以前连想都不曾想过。"②

第四节　当代俄罗斯文学中的苏联形象

作为一个时代，苏联已成为过去；但作为国家和民族的历史，它尚未走到终点。套用《共产主义宣言》的开篇，可以说，一个幽灵，苏联的幽灵，在当代俄罗斯文学中游荡。这不仅是一个后现代现象，更是一个后苏联现象，是由于意识到"关于苏联灾难的记忆未被详尽书写"③ 而自告奋勇地"填补历史的空白点"④ 的文学现象。作家笔下

---

① 任光宣、[俄] 索罗金：《俄罗斯作家索罗金访谈录》，载 [俄] 索罗金《暴风雪》，任明丽译，人民文学出版社 2012 年版，第 185 页。
② [俄] 索罗金：《暴风雪》，任明丽译，人民文学出版社 2012 年版，第 175 页。
③ Липовецкий М., Эткинд А. Возвращение Тритона: Советская Катастрофа и Постсоветский Роман. Новое Литературное Обозрение, №.94, 2008, с.176.
④ 张捷：《〈破冰船〉及其制造者列尊》，载张捷《当今俄罗斯文坛扫描》，人民文学出版社 2007 年版，第 373 页。

的苏联虽然取材于现实，但其本质是充满主观叙述动机和艺术加工痕迹的、对苏联形象的再创造，其呈现出的图景有别于现实中的苏联。因此，当代俄罗斯文学中的苏联属于"第二国家"范畴，是一个文化形象。当代俄罗斯文学中的苏联形象不仅是被整理、解释和反思的过去，也是维系俄罗斯国家和民族历史进程完整性的重要组成部分，更是一个用来规划和预演俄罗斯发展道路的平台。它不仅是现实中的苏联的补充，还是当代俄罗斯现实的参照。"第二苏联"在一定意义上也是"第二俄罗斯"。

一 《地下人，或当代英雄》中的苏联形象

1998年，俄罗斯当代作家弗拉基米尔·马卡宁（Маканин В. С.）的长篇小说《地下人，或当代英雄》（Андеграунд, Или Герой Нашего Времени，下文简称《地》）的发表被视为年度事件，这部作品也被俄罗斯批评家安·涅姆泽尔（Немзер А. С.）评为20世纪90年代最优秀的三十部俄罗斯小说之一。[1]《地》讲述了以作家彼得罗维奇和其弟韦尼亚·彼得罗维奇为代表的众多"地下人"在勃列日涅夫时期的命运沉浮。勃列日涅夫时期是苏联历史上的一个代表性时期，勃列日涅夫的改革造成经济发展停滞、政治上重新"斯大林化"、艺术文化领域审查迫害严重、社会普遍道德败坏等后果。该时期也是苏联历史上的一个关键性时期，正是在勃列日涅夫执政18年后，"苏联走进衰亡的时期"[2]。所以有学者指出，"勃列日涅夫执政年代是苏联走向衰亡的关键性转折时期，它为以后苏联的社会大震荡和苏联的解体准备了条件"[3]。作家开篇立意地将《地》的使命确定为完成一幅"当代英雄"的肖像画，"一幅由我们这整整一代人身上

---

[1] Немзер А. С., Замечательное Десятилетие о Русской Прозе 90 - х годов. Новый Мир, No. 1, 2000, c. 217 - 218.

[2] 陆南泉：《勃列日涅夫时期的停滞和倒退》，《同舟共济》2011年第5期。

[3] 徐葵：《勃列日涅夫年代：苏联走向衰亡的关键性转折时期》，《东欧中亚研究》1998年第1期。

充分滋生开来的种种毛病所构成的肖像",从而使勃列日涅夫时期成为描绘一代苏联人形象乃至苏联形象的起点。小说的布局也在此构思上展开。《地》分为五部,共26章,每一章都有独立的标题,标题间无明显的联系,章节内容也是五花八门。碎片化手法虽牺牲了长篇小说所固有的连续性,但有助于扩充小说的情节容量。同时,《地》中的场景几乎全部集中于筒子楼(彼得罗维奇的活动空间)和精神病院(韦尼亚的活动空间),高浓度的情节和单一的场景显现出"生活及其事件对地点有一种固有的附着性和黏合性"①,作为地点的筒子楼和精神病院得到了凸显。

作家的创作理念为这种创作手法提供了解释。马卡宁在一次采访中曾指出:"20世纪,甚至可能是21世纪的风格都是形象体系。我的小说《损失》(其中的主人公在不停地挖地道)、《出入孔》(那里有一个通往地下的孔穴)和《地下人,或当代英雄》都是形象和思维的体系。"②在另一次采访中他补充道,他作品中的某些意象是"时代的标志及其真正特征"③。《地》中的筒子楼(Общага)是苏联时期的典型建筑。作为社会主义意识形态的产物,筒子楼鲜明地体现着共同分配的情感和人被社会化的生存状态。因此,筒子楼是先于叙述行为的以"苏联时期集体住宅"为基本内容的历史文化空间,是带着"苏联人固有的栖息地"的主题进入《地》的文本的。筒子楼不仅是"行为的地点"(the Place of Action),而且是"行动着的地点"(Acting Place)。此时,"素材成为空间描述的附属"④。无论是成为地下人、沉默者、"社会的潜意识"⑤ "勃

---

① 钱中文主编:《巴赫金全集》第三卷,白春仁、顾亚玲译,河北教育出版社1998年版,第425页。

② 侯玮红:《21世纪的文学是形象和思维的体系——马卡宁访谈录》,《外国文学动态》2003年第6期。

③ Переяслова М., Погорелая Е. С точки Зрения времени...http://makanin.com/s-tochki-zreniya-vremeni/, 2018-09-20.

④ [荷] 米克·巴尔:《叙述学:叙事理论导论》,谭军强译,中国社会科学出版社1995年版,第108页。

⑤ [俄] 马卡宁:《地下人,或当代英雄》,田大畏译,外国文学出版社2002年版,第633页。

列日涅夫时代的残疾人"①的筒子楼人,还是筒子楼人所特有的"反地上"思维等"筒子楼气质",都用于刻画筒子楼——"俄国延续太久的筒子楼生活"②。筒子楼被主题化为被侮辱与被损害的苏联地下人的蜗居地,也因而成为《地》的第一个苏联形象。

精神病院是勃列日涅夫时期的另一个标志性空间,当局"把一些对政府不满或者对社会没有危害但想法不切合实际的人直接宣布为精神病患者,关进精神病医院","将一些严重反抗苏联当局的人逮捕,进行精神病学鉴定,然后宣判并强制治疗"③。精神病院成为"对不同政见的治疗"④场所,其本质是隔离社会异端分子的集中营,⑤是国家意志高度浓缩后形成的"一小块国家"⑥。正如《地》中所描述的,"他们,医生们(女护士们、病房、病床、点滴瓶、注射器、安瓿全在一起)也在值班,意味着也在看守。连夜间也戒备森严,医院门口夜晚那盏灯光的含义,远远超过大门的照明和汽车入口的标志。(这就是在警察局、监狱门口值夜的灯光)"⑦。精神病院—国家的统治原则是消灭异端,其管理者是"为掌权者探隐追踪"并"亲自打针"⑧的医生,其公民则是以韦尼亚和彼得罗维奇为代表的一代骄傲的俄国天才,他们在精神病院里被侮辱、被摧残、被推搡,一身粪便

---

① [俄]马卡宁:《地下人,或当代英雄》,田大畏译,外国文学出版社2002年版,第60页。
② [俄]马卡宁:《地下人,或当代英雄》,田大畏译,外国文学出版社2002年版,第581页。
③ 李淑华:《勃列日涅夫时期书刊审查制度探究》,《俄罗斯学刊》2011年第5期。
④ [俄]马卡宁:《地下人,或当代英雄》,田大畏译,外国文学出版社2002年版,第107页。
⑤ 精神病院的"监狱"属性在俄罗斯文学史上具有悠久的传统,可以追溯到契诃夫的中篇小说《第六病室》。
⑥ [俄]马卡宁:《地下人,或当代英雄》,田大畏译,外国文学出版社2002年版,第410页。
⑦ [俄]马卡宁:《地下人,或当代英雄》,田大畏译,外国文学出版社2002年版,第410—411页。
⑧ [俄]马卡宁:《地下人,或当代英雄》,田大畏译,外国文学出版社2002年版,第459页。

地活着。① 韦尼亚遭到迫害的事件是一代苏联人的悲剧的缩影。精神病院成为《地》中继筒子楼之后的第二个苏联形象，其具体内容为被侮辱与被损害的苏联天才们的集中营。

此外，《地》中还有一个隐秘的空间。彼得罗维奇虽然住在筒子楼里，但他并不属于筒子楼居民，"他们的生活是在住宅里，而我是在走廊里"②。彼得罗维奇称走廊为"这个算走廊的世界"③，声称走廊具有某种"我（即彼得罗维奇，笔者注）强加于它的那种形而上意义"④。但走廊自身并无任何时代特征，"走廊并不能为它的形象负责，它们本身是无罪的。每层楼的普通过道而已"⑤。走廊并不特殊，特殊的是筒子楼内的走廊和精神病院内的走廊，或者说，同时存在于筒子楼和精神病院内的走廊。

走廊是构建筒子楼形象和精神病院形象的先决条件。这要从彼得罗维奇的第一人称叙事者身份谈起。在第一人称叙事中，叙述者"只能叙述自己知道的和观察到的东西，没有作者那神人般的知识"⑥。这也就是彼得罗维奇谈到的"精神病院的走廊"的问题："你读描写精神病院的作品（或看影片），总摆脱不了一种感觉，就是作者没有去过那地方……因为存在着一个特征，那就是病区的走廊。（哪怕就二三十步呢，也该沿着它走走啊！）没有走廊，便只有某个抽象的'第六病室'，一

---

① ［俄］马卡宁：《地下人，或当代英雄》，田大畏译，外国文学出版社 2002 年版，第 669 页。
② ［俄］马卡宁：《地下人，或当代英雄》，田大畏译，外国文学出版社 2002 年版，第 17 页。
③ ［俄］马卡宁：《地下人，或当代英雄》，田大畏译，外国文学出版社 2002 年版，第 34 页。
④ ［俄］马卡宁：《地下人，或当代英雄》，田大畏译，外国文学出版社 2002 年版，第 35 页。
⑤ ［俄］马卡宁：《地下人，或当代英雄》，田大畏译，外国文学出版社 2002 年版，第 35 页。
⑥ ［美］利昂·塞米利安：《现代小说美学》，宋协立译，陕西人民出版社 1987 年版，第 54 页。

部片子一部片子地迁徙了。"① 因此，彼得罗维奇在筒子楼里游荡，他住进韦尼亚所在的精神病院，都不是偶然，而是叙事的需要。对彼得罗维奇而言，生活变成了叙事，"说话变成了一种创造行为"②。

拥有这种价值的走廊的确不是某个时代的标志，它是俄罗斯知识分子"漫游"精神的物化，所以"有人在筒子楼走廊里寻找老婆、女人（'他的维拉'③），有人却在寻找上帝什么的"④。因此，彼得罗维奇是一个漫游者，是"俄罗斯大地的流浪者""背弃者"⑤。如果说韦尼亚以小说结尾处那句振聋发聩的"你们不要推，我自己走"⑥ 捍卫了俄国天才的尊严，那么彼得罗维奇则以沉默的流浪延续着俄罗斯知识分子的漫游精神。以彼得罗维奇为代表的俄罗斯知识分子是"走廊里的哲学家—卫士，……守护着他们（指筒子楼人，笔者注）咀嚼过的生活"⑦，同时"希望在巨大的俄罗斯筒子楼的没有尽头的走廊里能给自己找一个小小的房间"⑧。从这个意义而言，走廊是继筒子楼和精神病院后的第三个苏联形象，其具体内容为苏联知识分子的漫游/生活之路。

除了筒子楼、精神病院和走廊外，《地》中实际上还有一组空间形象，即筒子楼外、精神病院外和走廊外。有趣的是，筒子楼外的人和精神病院外的人都出现在苏联解体后的新时期（1991 年春至 1992

---

① [俄] 马卡宁：《地下人，或当代英雄》，田大畏译，外国文学出版社 2002 年版，第 168 页。
② [俄] 马卡宁：《地下人，或当代英雄》，田大畏译，外国文学出版社 2002 年版，第 418 页。
③ [俄] 马卡宁：《地下人，或当代英雄》，田大畏译，外国文学出版社 2002 年版，第 11 页。"维拉"（Вера）在俄语中意为"信仰"。
④ [俄] 马卡宁：《地下人，或当代英雄》，田大畏译，外国文学出版社 2002 年版，第 28 页。
⑤ [俄] 别尔嘉耶夫：《俄罗斯的命运》，汪剑钊译，译林出版社 2015 年版，第 12 页。
⑥ [俄] 马卡宁：《地下人，或当代英雄》，田大畏译，外国文学出版社 2002 年版，第 669 页。
⑦ [俄] 马卡宁：《地下人，或当代英雄》，田大畏译，外国文学出版社 2002 年版，第 142 页。
⑧ [俄] 马卡宁：《地下人，或当代英雄》，田大畏译，外国文学出版社 2002 年版，第 240 页。

年)。如此就形成这样一个形象体系,筒子楼、精神病院和走廊所构成的苏联形象从时间和空间上都被后苏联,即当代俄罗斯所包围,苏联形象成为一个像古拉格群岛式的孤立结构。并且,这个苏联形象自身也是龟裂的,各部分彼此封闭,无法融合。这个形象体系频繁出现在俄罗斯各当代作家笔下,成为当代俄罗斯文学中苏联形象的一个典型特征。

二 "从……到……"旅行记模式中的苏联形象

《地》中走廊的本质是连接住房与住房、人与人的道路,"在走廊上能见到好多事"①。走廊的本质是道路,是一个"形形色色的人们相聚和交际的地方"②。《地》也因此成为一部旅行记——一场在筒子楼—走廊—精神病院中的旅行。前文提到,"在路上"是俄罗斯文学中的一个经典题材。想要认识俄罗斯大地上的《死魂灵》和《当代英雄》,需要旅行;想要知道《谁在俄罗斯能过好日子?》,需要旅行;想要完成自己的叙事使命,主人公需要在莫斯科、圣彼得堡、外省和西伯利亚等地间旅行。这种类似于民间故事中的"故事的结构要求主人公无论如何要离家外出"③的艺术手法,表达出一种地域—文化意识,即不同地域有着不同的文化。主人公需要从他所熟悉的地域去往令他陌生的地域,旅行的使命是进行跨文化"对话"。俄罗斯文化语境中的莫斯科文本、圣彼得堡文本、高加索文本等空间文本都是这种地域—文化意识作用的结果。

除了横向的地域—文化意识外,俄罗斯文化语境中还存在着纵向的阶层—文化意识,即不同社会阶层有着不同的文化,首都贵族和外省贵族、大地主和小地主、地主和农奴、多余人、小人物、平民知识分子等

---

① [俄]马卡宁:《地下人,或当代英雄》,田大畏译,外国文学出版社2002年版,第5页。
② 钱中文主编:《巴赫金全集》第五卷,白春仁、顾亚玲译,河北教育出版社1998年版,第169页。
③ [俄]普罗普:《故事形态学》,贾放译,中华书局2006年版,第34页。

形象，费·陀思妥耶夫斯基的"根基论"，以及列夫·托尔斯泰所宣扬的"全体人民都能从事的未来艺术"都源自这种阶层—文化意识。俄罗斯文化版图被横纵向地分割成一个个"孤岛"，套用《地》中的形象体系，地域就像孤立的建筑，阶层就像建筑里紧闭的房间，它们被走廊和在走廊里漫游着的知识分子勉强联系到一起，如此便形成一个"棋盘—鸟笼的世界"①，一个由"人—孤岛""阶层—孤岛"和"地域—孤岛"连接起来的"群岛"式国家形象。"群岛"式国家形象始终存在于俄罗斯文学中，并在不同时期呈现出不同的内容。

苏联作家韦涅季克特·叶罗费耶夫（Ерофеев В. В.）的《从莫斯科到佩图什基》（Москва – Петушки，）虽然并不属于严格意义上的当代俄罗斯文学（作品创作于1969—1970年，于1989年首次在苏联境内出版），但它代表了当代俄罗斯文学中的"群岛"式苏联形象。因此，在对当代俄罗斯文学中的"群岛"式苏联形象进行建模时，有必要以这部作品作为参考。

（一）"从莫斯科到佩图什基，从佩图什基到莫斯科"②

在俄罗斯文化语境中，莫斯科和外省一直是一对经典的对立地域—文化空间，莫斯科是一切的焦点，外省则是失焦的背景。在苏联时期，由于作为首都的莫斯科最为集中地体现了国家意志，沉寂的外省反而具有了重获自由的可能性。莫斯科成为茫茫大海中的岛礁，花园中心的囚笼。当代俄罗斯作家维克多·叶罗菲耶夫（Ерофеев В. В.）在其长篇小说《俄罗斯美女》（Русская Красавица）中这样解释莫斯科和外省的这种新关系："我们是莫斯科的鹦鹉，熟练地迈着闲暇的步子到处溜达，而他们，却是大地的主人，珍宝的拥有者，永恒的资本家。他们在生活，而我们是存在。"③ 但无论是哪种，俄罗斯的外省始终是一个文化

---

① ［俄］马卡宁：《地下人，或当代英雄》，田大畏译，外国文学出版社2002年版，第34页。
② ［俄］叶罗菲耶夫：《从莫斯科到佩图什基》，张冰译，漓江出版社2014年版，第195页。
③ ［俄］叶罗菲耶夫：《俄罗斯美女》，刘文飞译，译林出版社2005年版，第202页。

造型，"与其说是现实，不如说是理念"①。正因如此，在《从莫斯科到佩图什基》中，从莫斯科到佩图什基成为一条"从痛苦走向光明"② 的朝圣之路，佩图什基从一个普通的外省城市变成了能"寻找拯救和幸福"③ 的应许之地、未来之城。

《俄罗斯美女》写作于苏联解体前的七八年间，并于1989年出版。这部小说讲述了一位名为伊林娜的女性从外省到莫斯科闯荡的故事，可以将其遭遇戏称为"从外省到莫斯科"。这部作品的立意和《从莫斯科到佩图什基》如出一辙，《从莫斯科到佩图什基》中的韦涅奇卡一辈子都走在"这世上……从莫斯科到佩图什基这整条路线上"④，《俄罗斯美女》中的伊林娜则"一生都在走向莫斯科"⑤。如此就形成了一个由莫斯科、外省以及两者间的通道共同构成的苏联形象，它强调的正是因地域和阶层而造成的文化隔阂。

该苏联形象的形成原因，以当代俄罗斯文学文本去阐释的话，是由于当权者（在文学中常常以克里姆林宫为标志）、俄罗斯民众以及知识分子三者之间出现了各个维度上的断层。其中，莫斯科和外省"各自为政"，"跑遍了整个城市——却一次也没有见过克里姆林宫"⑥；外省则"还没有被现代文明熨平"⑦，甚至"用不着离莫斯科城很远就可以发现，生活在迅速地简单化，人们的脚步慢了下来，时尚的气息也减弱了"⑧。通道上的知识分子则是徘徊在两个地点间却到不了任何一点的

---

① ［俄］马卡宁：《地下人，或当代英雄》，田大畏译，外国文学出版社2002年版，第554页。
② ［俄］叶罗菲耶夫：《从莫斯科到佩图什基》，张冰译，漓江出版社2014年版，第76页。
③ ［俄］叶罗菲耶夫：《从莫斯科到佩图什基》，张冰译，漓江出版社2014年版，第46页。
④ ［俄］叶罗菲耶夫：《从莫斯科到佩图什基》，张冰译，漓江出版社2014年版，第52页。
⑤ ［俄］叶罗菲耶夫：《俄罗斯美女》，刘文飞译，译林出版社2005年版，第234页。
⑥ ［俄］叶罗菲耶夫：《从莫斯科到佩图什基》，张冰译，漓江出版社2014年版，第5页。
⑦ ［俄］叶罗菲耶夫：《俄罗斯美女》，刘文飞译，译林出版社2005年版，第197页。
⑧ ［俄］叶罗菲耶夫：《俄罗斯美女》，刘文飞译，译林出版社2005年版，第196页。

"自行其是的守护着"①的门卫。他们正直,因无力减轻人民身上的负担而感到绝望;②他们拯救人民的理想得不到来自后者的认同和回应,例如,《俄罗斯美女》中伊林娜向民众询问:"你们需要什么?"得到的是怯生生的一句"买点瓜子吧";最后,知识分子和人民完全无法理解和接纳彼此,前者称后者"有着这么空洞而鼓起的眼睛"③,后者则指责前者"你是能够像我们一样的,但是我们却不能像你那样。你当然什么都能做,而我们是什么都不会做。你是曼弗雷德,你是该隐,而我们则是你脚底下的痰"④。知识分子光荣且孤独的朝圣之路变成了自娱自乐的受难之路。

(二)"我们的列车现在在哪儿呢?"⑤

除了莫斯科—外省外,《从莫斯科到佩图什基》中还有另外一组对立空间,即克里姆林宫—库尔斯克车站,在莫斯科找不到克里姆林宫,只能走到库尔斯克车站;在佩图什基则相反。这两个地点的交替显隐使莫斯科和佩图什基重叠,从而宣告了韦涅奇卡的朝圣之旅的破产——"没人到得了佩图什基"⑥。韦涅奇卡最终的顿悟"在这世上库尔斯克火车站对我更重要"⑦ 在《俄罗斯美女》中进一步被解释为"我们这里不是一个国家,而是一间候车室,而根本的问题就是,……就是留下还

---

① [俄] 马卡宁:《地下人,或当代英雄》,田大畏译,外国文学出版社2002年版,第142页。
② [俄] 叶罗菲耶夫:《从莫斯科到佩图什基》,张冰译,漓江出版社2014年版,第98页。
③ [俄] 叶罗菲耶夫:《从莫斯科到佩图什基》,张冰译,漓江出版社2014年版,第26页。
④ [俄] 叶罗菲耶夫:《从莫斯科到佩图什基》,张冰译,漓江出版社2014年版,第31—32页。
⑤ [俄] 叶罗菲耶夫:《从莫斯科到佩图什基》,张冰译,漓江出版社2014年版,第34页。
⑥ [俄] 叶罗菲耶夫:《从莫斯科到佩图什基》,张冰译,漓江出版社2014年版,第177页。
⑦ [俄] 叶罗菲耶夫:《从莫斯科到佩图什基》,张冰译,漓江出版社2014年版,第204页。

是离去"①。

俄罗斯文学中"两个国家"的国家形象有两个维度，其一是兼具理想与现实的"飞驰的三驾马车"，其二是乘坐着三驾马车从现实中的"第一国家"飞向理想中的"第二国家"的动态进程，即追求两个国家的重叠（正如莫斯科和佩图什基的重叠）。"候车室"形象仍是运作在这样一个国家形象体系之内的，但其本质是"反国家形象"的，是由于对"两个国家"极度失望而发起的对"国家形象"本体的嘲讽和解构。而将莫斯科和外省替换为"候车室"后，一个新的象征意象进入了"莫斯科—通道—外省"所构成的苏联形象体系——火车。火车是三套马车的一种现代形式，但与后者不同，火车运行在预先设定好的路线即铁轨上。铁轨在俄罗斯文学中常具有宿命的意味，在《俄罗斯美女》中它表现为伊林娜对出行工具的选择上，往返于莫斯科和外省之间——坐火车，从莫斯科去克里米亚和古战场——坐汽车，从古战场返回莫斯科——坐火车。也就是说，只有去往莫斯科或传统意义上的外省时才能乘坐火车。火车成为继走廊、道路之后俄罗斯"漫游"精神和国家形象的又一个代名词。

火车具有的两个特征则成为莫斯科和外省之间的差距的象征。第一，"停"。《从莫斯科到佩图什基》中抱怨"车总要停停等等。为什么停？有时候真让人恶心。它为什么要一个劲儿停在那里不动呢？每个里程碑那都这样停一停"②。"停"既是用时间的停顿分割莫斯科到外省的空间，也是用空间分割三驾马车（或者火车）飞驰进程中的时间，其原因仍然是苏联时期莫斯科和外省之间存在巨大的差距，正如《俄罗斯美女》中所写，"距离改变了时间，似乎在俄罗斯有这样一家银行，它在依据很早以前制定的汇率运转，被兑换成公里的时间，在空

---

① ［俄］叶罗菲耶夫：《俄罗斯美女》，刘文飞译，译林出版社2005年版，第160页。
② ［俄］叶罗菲耶夫：《从莫斯科到佩图什基》，张冰译，漓江出版社2014年版，第167页。

气中浓缩了"①，其结果是"他们（指莫斯科人，笔者注）关闭了外省通向首都的入口"②，而"这里（指外省，笔者注）的人们在追赶，没有赶上，于是就带着窃贼似的笑容留在了原地"③。

第二，"空"。在《从莫斯科到佩图什基》中，临近佩图什基后火车基本空了。《俄罗斯美女》为这个特征提供了一种现实主义的解释："到莫斯科只有一夜的路程，而且，我还要举出这样一个事实：开向那里的火车都装得满满的，没有空座位，就像在地铁里一样，旅客们就睡在行李架上，而返回时，一节普通车厢里往往几乎只有我一个人。"④莫斯科成为"活人的世界"，而外省成为"那样一个地方，那儿行驶的火车空空荡荡，什么也没装"，那里"生活换成了僻静，那僻静就像是终生的死亡"⑤。

三 《此前与此刻》中的苏联形象

当代俄罗斯作家弗拉基米尔·沙罗夫（Шаров В. А.）的长篇小说《此前与此刻》（До и во Время，写于1988—1991年，出版于1993年）在《新世界》杂志第3、4期连载后引发了一场文学风波。《新世界》杂志的两位编委成员在该杂志第5期撰文《家丑外扬》（Сор из Избы），明确表示不接受该小说的哲学和诗学，小说部主编伊·波利索娃（Инна Борисова）被迫引咎辞职。其结果是，沙罗夫只好将文学阵地转移至《旗》杂志。《此前与此刻》及其作者所遭遇的激烈反应与该小说的历史题材有关。根据《家丑外扬》一文的观点，《此前与此刻》不仅庸俗化了列夫·托尔斯泰、哲学家尼古拉·费奥多罗夫（Фёдоров Н. Ф.，小说译本中将其译为尼·费多罗夫）、基督的传说等，还出现了很多史学的错误，如历史人物的年龄、出生

---

① ［俄］叶罗菲耶夫：《俄罗斯美女》，刘文飞译，译林出版社2005年版，第197页。
② ［俄］叶罗菲耶夫：《俄罗斯美女》，刘文飞译，译林出版社2005年版，第50页。
③ ［俄］叶罗菲耶夫：《俄罗斯美女》，刘文飞译，译林出版社2005年版，第197页。
④ ［俄］叶罗菲耶夫：《俄罗斯美女》，刘文飞译，译林出版社2005年版，第50页。
⑤ ［俄］叶罗菲耶夫：《俄罗斯美女》，刘文飞译，译林出版社2005年版，第109页。

年月、人物之间的相互关系等。基于作者的历史学家身份，这种错误完全令人无法容忍。

历史性的确是沙罗夫创作中的一个重要标志，他的小说中多有历史人物出场，相应地，叙事时间经常可以准确到天。但正如有学者所指出的，和"白银时代"思想家、作家德·梅烈日科夫斯基（Мережковский Д. С.）类似，沙罗夫的小说只是"貌似"历史小说，其笔下的历史人物"与自己的历史原型根本不存在吻合度"①。例如，《此前与此刻》中的一干历史人物都与一个虚构的法国女人斯塔尔夫人有关。斯塔尔夫人自诩为"俄国革命的助产婆"②，她不但把法国的大革命精神带到俄罗斯，直接影响了俄国革命的思想奠基人尼古拉·费奥多罗夫的精神成长，积极参与俄罗斯19—20世纪的革命进程，甚至诞下苏联时期的一个重要人物——斯大林；大清洗运动则是斯塔尔夫人为了帮助斯大林走上真正的权力之路而设下的骗局。尽管如此，沙罗夫本人仍坚持认为，他创作的不是"伪历史"（Альтернативная История）。

学界之所以会认为沙罗夫的创作属于"历史小说"，除了文本自身的特点外，多少受到沙罗夫历史系副博士身份的影响。作为历史学家的沙罗夫主要研究15—17世纪俄国史，其副博士论文研究的是1598—1613年的"混乱时代"（Смутное Время）。但也正因为有这样的知识背景，沙罗夫对历史，尤其是俄国历史，有着自己特殊的理解。在一次采访中他谈道："我感兴趣的是历史的模式。这些模式是重复的。例如，完全可以用14—16世纪的罗斯历史来解释当今的局势。"③ 沙罗夫的小说大都以俄罗斯的历史为素材，其背后的创作激情正是我们常说的"以史为鉴"。因此，有学者指出："其小说遵循使俄罗斯成其为俄罗斯的

---

① 陈松岩：《〈从前与此刻〉译后记》，载［俄］沙罗夫《此前与此刻》，陈松岩译，北京大学出版社2016年版，第311页。
② ［俄］沙罗夫：《此前与此刻》，陈松岩译，北京大学出版社2016年版，第167页。
③ Владимир Шаров. Я не Чувствую Себя ни Учителем, ниПророком. Дружба Народов, No. 8, 2004, https://magazines.gorky.media/druzhba/2004/8/ya-ne-chuvstvuyu-sebya-ni-uchitelem-ni-prorokom.html, 2018-02-24.

独特文化逻辑，因此得到重新诠释的历史不是'杜撰'，而是应该的历史，是应该的历史事实，或者说，是可能的历史，可能的历史事实……"① 对于沙罗夫而言，重要的不是有据可查的史实，而是历史背后的逻辑，是"在俄国历史和内战中起到巨大作用的那套信念、见解和理想"②。沙罗夫对历史的描写正是建立在对历史的这种认识之上。

沙罗夫所发掘的历史模式涉及沙罗夫作品中的另一个典型特征——宗教性。沙罗夫的创作具有鲜明的宗教特色，其最近三部长篇小说《拉撒路的复活》（Воскрешение Лазаря，写作于 2002 年，出版于 2003 年），《像孩子一样》（Будьте Как Дети，2008，题目取自《新约·马太福音 18：3》）和《回到埃及》（Возвращение в Египет，2013）都取材自《圣经》。在《此前与此刻》中，斯塔尔夫人被喻为姗姗来迟的夏娃；尼·费多罗夫的精神成长伴随着与上帝的论战。此外，该小说以即将到来的第二次大洪水结尾，"我"所在的精神病院老年科成为方舟，费多罗夫则是挪亚。可以说，沙罗夫和梅烈日科夫斯基再次"达成了共识"。但与梅烈日科夫斯基不同，沙罗夫不是在用史料建造自己的宗教大厦，而是在重建宗教和历史的关系。在沙罗夫看来，"所有生活在《圣经》文化中的人类和民族，犹太人、伊斯兰教徒和基督徒，他们用自己的生活、其国家和民族的生活，其政治历史解释着《圣经》，也就是说用自己的生活去解释《圣经》"③。

有学者指出，沙罗夫作品中的宗教观念受到俄国旧礼仪派或曰旧信仰派、分裂教派的影响。④ 沙罗夫本人也指出，17 世纪中叶的正教分裂

---

① 赵桂莲：《〈像孩子一样〉译后记》，载 [俄] 沙罗夫《像孩子一样》，赵桂莲译，北京大学出版社 2015 年版，第 311 页。
② Шаров В., Бойко М., "Герой на Длинном Поводке"，http：//www. bigbook. ru/articles/detail. php？ID＝4610，2017－01－21.
③ Шаров В. Я не Чувствую Себя ни Учителем，ни Пророком. Дружба Народов，№. 8，2004，https：//magazines. gorky. media/druzhba/2004/8/ya－ne－chuvstvuyu－sebya－ni－uchitelem－ni－prorokom. html，2018－02－24.
④ 参见赵桂莲《〈像孩子一样〉译后记》，载 [俄] 沙罗夫《像孩子一样》，赵桂莲译，北京大学出版社 2015 年版，第 312 页。

运动是"俄罗斯历史上最大的创伤"①。据作家本人说，他是个信徒，但不是东正教徒，而是思想上的犹太教徒。我们对此不予展开，而集中关注沙罗夫的宗教观和历史观在文学文本中所形成的关于国家形象的世界图景。在沙罗夫看来，俄国历史上最具有代表性的事件是1917—1918年俄国革命，"十月革命最紧密地和之前的俄国历史相关，并产生于其中"②。因此，在《此前与此刻》中，俄国革命不是作为一个转折性事件被提出的，它首先是19世纪后半叶俄国各类思潮发展的必然走向；俄国的革命纲领也不是某种舶来品，而是自17世纪中叶的正教分裂运动以来贯穿俄罗斯历史的末世论思想的自然延续。在沙罗夫笔下，不仅1917—1918年俄国革命，甚至整个历史都成为对《圣经》的再现，"革命就是尝试重新生硬地把善与恶区分出来，让世界变得像堕落前一样简单明了"③；进一步说，以革命为起始的20世纪俄国史，"是人类净化和得救的起点"④；进而，"赋予俄罗斯的一切考验都只为一点：让主可以向它显现自己的奇迹"⑤。

在沙罗夫的这种历史观中，有一个节点式的重要人物，即《此前与此刻》中的尼·费多罗夫，其历史原型是俄罗斯宗教哲学家和未来学家、图书学活动家、教育改革家、俄罗斯宇宙论的奠基人之一尼古拉·费奥多罗夫。费奥多罗夫最重要的哲学思想是"拯救和复活人类，拯救和复活曾经在地球上生活过的每一个人"⑥；沙罗夫在采访中对费奥多罗夫的这一思想进行了更为详细的阐释："费奥多罗夫彻底改造了俄罗

---

① Каждый Мой Новый Роман Дополняет Предыдущие. Беседа Марка Липовецкого с Владимиром Шаровым. Неприкосновенный запас, No. 3, 2008, https://magazines.gorky.media/nz/2008/3/kazhdyj-moj-novyj-roman-dopolnyaet-predydushhie.html, 2018-03-02.

② Каждый Мой Новый Роман Дополняет Предыдущие. Беседа Марка Липовецкого с Владимиром Шаровым. Неприкосновенный запас, No. 3, 2008, https://magazines.gorky.media/nz/2008/3/kazhdyj-moj-novyj-roman-dopolnyaet-predydushhie.html, 2018-03-02.

③ [俄] 沙罗夫：《像孩子一样》，赵桂莲译，北京大学出版社2015年版，第186页。

④ [俄] 沙罗夫：《像孩子一样》，赵桂莲译，北京大学出版社2015年版，第288页。

⑤ [俄] 沙罗夫：《像孩子一样》，赵桂莲译，北京大学出版社2015年版，第288页。

⑥ [俄] 沙罗夫：《此前与此刻》，陈松岩译，北京大学出版社2016年版，第134页。

斯的末世论，为其灌输了一种极度乐观的气质。他说，通过使全世界臣服于俄罗斯，人凭借自身就能够摧毁罪孽的世界，并建造尘世的天堂。此外，不需要救世主，人凭借自身就能复活所有人。也就是说，反基督、最终审判和基督的再次降临都不再是必需的。他的思想和布尔什维克的言行有着惊人的相似之处。"① 上述阐释也从侧面体现了沙罗夫对布尔什维克和苏联的认识。

沙罗夫在采访中指出，"抛开费奥多罗夫是不能理解20世纪俄国史的"②。历史上的费奥多罗夫深受同时代的列夫·托尔斯泰、费·陀思妥耶夫斯基和弗·索洛维约夫等思想家的敬重，其思想也得到他们的高度认可。但在沙罗夫看来，费奥多罗夫的历史价值被远远低估了。在《此前与此刻》中，他不惜长篇累牍地介绍费奥多罗夫的思想，从而佐证自己关于费奥多罗夫是"未来革命的源泉"③ 的观点，费奥多罗夫成为"师中之师"，其思想培育了包括布尔什维克在内的半个世纪中俄国所有的革命小组，其最重要的思想"拯救和复活人类"④ 更成为列宁和斯大林指挥俄国革命进程的理念。此外，在沙罗夫看来，费奥多罗夫之所以能够将俄国革命与此前的俄国历史联系起来，不在于其思想的深度，而在于"他和他所想要的又都那么地适应于俄罗斯，那么地与之血肉相连，以至于跟随他的人根本没想到过革命，相反，他们说他没有说出任何新东西"⑤。费奥多罗夫及其思想将十月革命和苏维埃执政统一在19—20世纪的近半个世纪的俄国史中，费奥多罗夫的思想的"非革命性"又将19—20世纪的近半个世纪的俄国史统一在正教分裂运动以降的俄罗斯史中。因此，《此前与此刻》中的所谓历史叙事，不是对俄

---

① Каждый Мой Новый Роман Дополняет Предыдущие. Беседа Марка Липовецкого с Владимиром Шаровым. Неприкосновенный запас, No. 3，2008，https：//magazines. gorky. media/nz/2008/3/kazhdyj‐moj‐novyj‐roman‐dopolnyaet‐predydushhie. html，2018‐03‐02.

② Шаров В.，Бойко М. Герой на Длинном Поводке，http：//www. bigbook. ru/articles/detail. php? ID = 4610，2018‐10‐22.

③ ［俄］沙罗夫：《此前与此刻》，陈松岩译，北京大学出版社2016年版，第162页。

④ ［俄］沙罗夫：《此前与此刻》，陈松岩译，北京大学出版社2016年版，第134页。

⑤ ［俄］沙罗夫：《此前与此刻》，陈松岩译，北京大学出版社2016年版，第165页。

国革命的纪实或歪曲,而是对俄罗斯国家和民族亘古以来的使命的论证,从这个意义而言,沙罗夫的创作不仅建立了重新统一在俄罗斯史中的苏联历史和苏联形象,并且借助这个新的俄罗斯形象对当代俄罗斯的发展提出了坚定的宗教式解读。

当代俄罗斯文学中的国家形象虽然呈现出各种样态,但在本质上都是对文学作为"第二国家"价值的态度严肃的认可,因此,在当代俄罗斯文学构建国家形象的进程中可观察到一些共性特征。我们在此总结为两点。

第一,非现实主义外壳下的现实主义式沉思。非现实主义外壳源自作家们基于后现代精神对当代俄罗斯生活的不稳定、不可靠、不现实特质的艺术概括,现实主义式的沉思则反映出俄罗斯作家们在构建国家形象方面仍坚守传统,即在"第二国家"的框架内审视"第一国家"的惯性视角,如同《俄罗斯思想者和美国人的对话》中所言:"我们的哲学思想不是让人民如何种好自己的葡萄园,倒去唆使我们在冻土带开垦新的葡萄园。"① 这为我们继续关注当代俄罗斯文学中的国家形象提供了合法性依据,同时表明,当代俄罗斯文学会且始终会与俄罗斯国家文化软实力保持紧密的关系。

第二,开放性结局与可确定的不确定性。后现代性语境下,游戏性和荒谬感剥离了文本的现实主义部分与现实生活的关联,也消解了后续发展对于现实生活的任何层面的教诲,"开放性结局"成为唯一的不是选择的选择。这从侧面表达出对一种对当下现实弃如敝屣的革命精神,同时也表明,俄罗斯文学仍然身陷"无理想"的旋涡中,当代俄罗斯文学整体呈现出一种充满"打扫"精神的虚无主义倾向。在俄罗斯作家们看来,俄罗斯未来的道路仍然是充满不确定性的,而这种不确定性是唯一可以确定的。

---

① [俄]伊斯坎德尔:《俄罗斯思想者和美国人的对话》,郑永旺、伍宇星译,载[俄]拉斯普京等《玛利亚,你不要哭——新俄罗斯短篇小说精选》,吴泽霖选编,昆仑出版社1999年版,第505页。

但毋庸置疑的是，当代俄罗斯文学从来都不是在临摹生活或者玩弄生活，而是在批判生活、重构生活和指导生活。正如佩列文所言："在俄罗斯，作家所写的，不是小说，而是脚本。"① 后苏联时期的俄罗斯现实为文学提供了丰富的素材，作家们虽"花样百出"，但其使命殊途同归，他们不是在将俄罗斯现实文学化，而是以文学去还原、理解和解释俄罗斯现实，并在坚守自己作为"文学选民"身份的过程中，捍卫俄罗斯国家形象之尊严的底线。正如《俄罗斯思想者和美国人的对话》中所写："俄罗斯人现在通常做什么？""思考俄罗斯的问题。"②

附录：

相较于文学、新闻传媒等文化载体，更加大众化的电影在建构国家形象方面有其得天独厚的优势。在重建国家形象的探索中，俄罗斯陆续推出了一些有口碑、有热度甚至有争议的影视作品。我们以豆瓣网的数据为参考，选择了其中三部作为本节的研究对象，这三部作品分别是1999年的《西伯利亚的理发师》（Сибирский Цирюльник，下文简称《西》）、2015年的《他是龙》（Он Дракон）以及2016年的电视剧《战斗民族养成记》（Как я Стал Русским，下文简称《战》）。三部作品在豆瓣网的评分依次为8.7分、7.4分和9.1分，打分人数分别为2.5万、12万和2.3万，在豆瓣网俄罗斯影视作品"观影人次"一栏中均位于前列。这三部作品代表了中国观众对俄罗斯影视作品的普遍认知，也在一定程度上反映出俄罗斯影视作品的海外接受情况。同时，三部作品呈现出借助文学文本建构俄罗斯国家形象的不同尝试，既折射出文学在构建国家形象、提升文化软实力中的重要作用，也以各自的得失带给我们一些重要启示。

---

① ［俄］佩列文：《致中国读者》，载［俄］佩列文《"百事"一代》，刘文飞译，人民文学出版社2001年版，第3页。
② ［俄］伊斯坎德尔：《俄罗斯思想者和美国人的对话》，郑永旺、伍宇星译，载［俄］拉斯普京等《玛利亚，你不要哭——新俄罗斯短篇小说精选》，吴泽霖选编，昆仑出版社1999年版，第495页。

一 俄罗斯影视作品中的国家形象

(一)《西伯利亚的理发师》:唯美的国家宣传片

《西》的导演尼基塔·米哈尔科夫（Михалков Н. С.）早在苏联时期就享誉国际，并于 1998 年当选为俄罗斯影协主席，这从侧面反映出他的创作与国家意志的相关性和一致性。诞生于一年后的《西》可谓肩负着重塑国家形象的重大使命，这部电影的制作成本高达 4500 万美元，拍摄得到克里姆林宫的大力支持，电影首映式在克里姆林宫举办，从国家领导人到业界名流悉数出席，场面之宏大空前绝后。《西》的情节也足以比肩如此隆重的"登场"。电影以俄罗斯大尉对女主人公美国人简说的一句"欢迎来到俄罗斯"为起始，随后是令人目不暇接的俄式元素——谢肉节、伏特加、鱼子酱、棕熊、严寒、宫廷舞会、检阅、亚历山大三世等。简从最初的惊讶逐步转为对俄罗斯的喜爱，这是对观众的明确引导。换言之，这部电影有着明确的以简为代表的"理想受众"。在这一语境下，简和俄罗斯士兵托尔斯泰的爱情史诗便不再是两个个体间的风花雪月，而是俄美关系的一种象征。含蓄而浓烈的俄式爱情深深震撼了简，改变了她此后的人生轨迹，而结合了俄罗斯父亲和美利坚母亲之文化基因的美国士兵则成为对俄美两国美好未来的影射。值得玩味的是，美国认为该片有明显的意识形态倾向，拒绝在本国上映。

不可否认，《西》是一部难得的佳作，上乘的水准得益于与俄罗斯文学基因的成功嫁接。托尔斯泰和简的爱情悲剧借用了俄罗斯作家列夫·托尔斯泰及其小说《安娜·卡列尼娜》中 19 世纪贵族军官与上流贵妇的爱情即"他与她"主题，以及常与该主题伴生的决斗、分手、死亡等二级主题。这也反映出以文学为代表的民族文化在构建国家形象中的重要作用。此外，《西》还内嵌了一个俄罗斯文化的经典命题。电影开门见山地抛出一个问题：为何年轻的美国士兵宁愿受罚也绝不侮辱莫扎特？答案在电影结尾处借美国军官之口揭晓，亦即电影海报上所写的："他是个俄国人，这就很说明问题了。"简在俄罗斯的奇遇则成为一次对该命题的"现身说法"。在俄罗斯文学的观照下,《西》的主旨紧扣俄罗斯诗人丘特切夫的诗歌《理智不能理解俄罗斯》。但是,在隐喻俄美关系的语境下,这一主旨并非俄罗斯民族的自我注释,而是期冀化干戈为玉帛的辩白。但是,熟悉俄罗斯文学和文化的观众对《西》的评价并不很高,俄罗斯文学中苦难与沉重的俄罗斯形象反衬得这部影片很"不俄罗斯",这也是评论界诟病甚至争议之所在。该影片重建俄罗斯国家形象的设计,首先表现为影片情节安排在1885年的俄国,而简向儿子追溯这段历史的时间则为俄国革命前的1905年。对于俄罗斯观众而言,那是闪耀着帝国最后的光芒的黄金时代;对于外国观众而言,影片中的俄罗斯因抽空了苏联意识形态而成为可以安心赏玩的水晶球。影片中的俄式元素不仅遮蔽了彼时阶级矛盾激化、变革一触即发的社会现实,甚至装点出一个充盈着爱与激情的唯美而神秘的俄罗斯。这部电影因此成为一部唯美的国家宣传片。

此外,《西》以题词"谨以此片献给我国的骄傲——俄罗斯士兵"对男主人公托尔斯泰的俄罗斯性格予以褒奖。姑且不论该形象是否可以代表俄罗斯士兵,仅在俄罗斯文学的长廊中,俄罗斯性格的代表从来不是奔走于舞会、女人和歌剧间的渥伦斯基,而是在高加索的毕巧林、在战场上的包尔康斯基和别祖霍夫。《西》中的"俄罗斯"和俄罗斯文学中的"俄罗斯"没有任何实质关联,正如男主人公托尔斯泰和作家列夫·托尔斯泰没有任何关系(电影中甚至专门强调了这点)。《西》就这样为观众呈上了一个精心装扮过的、不是俄罗斯的俄罗斯。

(二)《他是龙》:异域风情的童话王国

相比于文学底蕴深厚的《西》,《他是龙》"火"得非比寻常。需要指出,这部电影唯独"火"在中国,斩获近1000万美元票房,作为对比,俄罗斯票房是170万美元,其他独联体国家共计180万美元。① 区

---

① 数据来源:https://ru.wikipedia.org/wiki/%D0%9E%D0%BD_%E2%80%94_%D0%B4%D1%80%D0%B0%D0%BA%D0%BE%D0%BD, 2018-06-06。据俄罗斯网友在一些论坛的留言,该电影在俄罗斯国内票房惨淡与宣传力度不够也有一定关系。

别于中国观众印象中的俄罗斯电影，《他是龙》全片 85%～90% 都使用了特效，影片中的龙甚至成为俄罗斯电影史上特效技术最为复杂的形象，总之一句话，"这很不俄罗斯"。但恰恰是这部"不俄罗斯"的电影为中国市场贡献了真正意义上的现象级作品。其原因在于，该影片效仿了经典美国特效大片和迪士尼童话，为观众呈现了一个唯美、恢宏、浪漫又新颖的俄式童话王国。

《他是龙》改编自乌克兰夫妇作家谢尔盖·贾琴科（Дяченко С.）和玛琳娜·贾琴科（Дяченко М.）的长篇小说《仪式》（Ритуал，1996），但电影仅保留了小说中"公主爱上了抢走她的龙"的情节；至于使人联想起以多神教时期以古罗斯为主，同时混合了斯堪的纳维亚、凯尔特、日耳曼和东方元素的奇幻世界[①]，以及体裁上对俄罗斯民间故事的模仿，则完全出自改编。通过对比可以看出，电影对小说的改编以突出斯拉夫民族文化特色为宗旨。例如，小说的故事发生在三个有四季更迭的王国；而《他是龙》中只有一个常年严冬的公国，后者和俄罗斯的地理风貌及历史构成呼应；小说开篇讲述了阿尔曼到密室查看关于仪式的记载，而电影的开篇"从前，那片土地上生活着一群人"（Жили на земле люди）则是俄罗斯民间故事的典型起笔方式，更具遥远而神秘的传说色彩。最后，电影为小说中的主要人物选择了具有鲜明古斯拉夫色彩的名字，具体见表 2-1。

表 2-1　　　　　　　　　　《他是龙》中的主要人物

作品形式	女主人公	其姐妹	其未婚夫	龙
小说	尤塔（Юта）	马伊（Май）和奥利维亚（Оливия）	奥斯金（Остин）	阿尔曼（Арман）
电影	米拉斯拉娃（Мирослава）	雅罗斯拉娃（Ярослава）	伊戈尔（Игорь）	阿尔曼（Арман）

---

① Он Дракон. История Создания Фильма，http：//www.ovideo.ru/detail/163477，2018-07-02.

但斯拉夫风情并不能挽救《他是龙》俗套的情节，美丽的公主和受诅咒的龙的爱情故事、爱是一切以及大团圆的结局完全是迪士尼经典童话《美女与野兽》的翻版。电影中令人心向往之的冰雪童话王国只是迪士尼童话的俄罗斯范式，其中的"俄罗斯"一词甚至需要加上引号。同样以俄罗斯文学作为参照，小说中公主尤塔相貌丑陋，被龙抓走后甚至没有勇士愿意去救她。阿尔曼发现了尤塔的内在美并爱上了她。但为了尤塔的幸福，阿尔曼用计将她还给了奥斯金，为此献出了自己的生命。如果说漂亮的米拉是典型的迪士尼公主，等待命定的爱情伴侣的拯救是该类主题的定式；那么尤塔则是典型的"俄罗斯美女"，她体现了俄罗斯文化中关于女性美的宏大叙事——围绕"永恒的女性温柔"所形成的关于信仰、智慧、爱、美、拯救等概念的众多命题，并以"女性长存之德，引导我们上升"为终极理念。① 尤塔的美是关于精神美的宏大言说。米拉的美也具有精神维度，比如勇敢、独立、有主见，但这些仍然没有超越迪士尼童话的框架。文学底蕴局限了《他是龙》的艺术高度，也再次证明了俄罗斯文学在国家形象构建中的关键作用。

可见，与《西》类似，《他是龙》也堆砌了很多具有俄罗斯民族特色的细节，而电影的内核同样是非俄罗斯式的，同样是唯美的、遥远的、异域风情的，就像电影中阿尔曼的名字给米拉的感觉。"斯拉夫风格将成为占统治地位的国家美学"②，俄罗斯当代作家维克多·佩列文在其小说《"百事"一代》中一语成谶，也让我们引以为戒。

（三）《战斗民族养成记》：魔咒般的俄罗斯"孤岛"

近年来，俄罗斯的"战斗民族"称号在中国可谓妇孺皆知，因此，一部讲述战斗民族如何养成的电视剧在中国走红也在情理之中。事实上，这部俄剧原名直译为《我是如何成为俄罗斯人的》，中国的译名颇有投机取巧之嫌，从观影角度而言更是具有误导性，那些想知道俄罗斯

---

① 孙影：《19世纪俄罗斯文学中的"女性出轨"》，《俄罗斯文艺》2017年第2期。
② ［俄］佩列文：《"百事"一代》，刘文飞译，人民文学出版社2001年版，第27页。

民族如何"徒手撕熊"的观众会失望地发现，电视剧不仅不能提供一个满意的答案，标题里的"我"甚至都不是俄罗斯人。

《战》诞生于乌克兰危机后俄美关系日渐紧张之时，这使得电视剧主角的设置意味深长。该电视剧讲述了《美国邮报》记者、美国人阿列克斯·威尔森在俄罗斯的奇遇。每集一个主题，以问题开篇，以答案结尾。这一结构使得整部电视剧很像是阿列克斯负责的杂志板块"美国人日记"的视频版，而该电视剧最初恰恰拟名为"美国人"。整部电视剧以"俄罗斯之谜"为主题，就在俄的外国人最常遇到的文化冲突提供了小贴士，内容涉及道歉、送花、乔迁宴、官僚、行贿、迷信、生日、信任等方面的俄罗斯传统，所以也有网友称这部电视剧为"俄罗斯文化入门小手册"。虽然该剧联合制片人声称："该电视剧旨在让俄罗斯人以旁观者的身份反省自身"[①]，但以美国人为审视视角无疑有着改善俄罗斯国家形象的考虑。

同时，该电视剧标题《我是如何成为俄罗斯人的》隐藏着一个伪命题。虽然在第17集中，阿列克斯成功地解决了首次来到俄罗斯的美国上司碰到的各种"俄式"疑难问题，证明自己的确已成为俄罗斯人；但在最后一集中，爱情的失利迫使阿列克斯举手投降，承认自己还没有真正成为俄罗斯人（而三角关系中的另两个人阿尼亚和奥列克则证明了自己是真正的俄罗斯人）。换言之，"成为俄罗斯人"最终转变为"成不了俄罗斯人"。这个急转直下的结局终止了阿列克斯原本愉快的俄国冒险，将他再次排除于"俄罗斯人"的圈子，整部剧也因而由"我是如何成为俄罗斯人的"突转为"我如何无法成为俄罗斯人"。《战》中的俄罗斯看似开放，实则以拒绝与异国文化相融合的强硬姿态成为一座"孤岛"。从这个意义而言，颇具观赏性和娱乐性的《战》远没有达成反思自身、重建国家形象的初衷和使命，其所展现的国家形象封闭且消

---

① Телеканал СТС: Как я Стал Русским, http://www.vsluh.ru/news/society/294937, 2018-08-30.

极，只能沦为俄罗斯民族的一次"自我精神按摩"。

二 反思与启示

俄媒在谈到《战》时指出："近些年人们很努力地在介绍我们的国家，文化部部长弗拉基米尔·梅金斯基甚至写了一系列著作。然而，定式是很难打破的，现在甚至连瑙鲁人都知道，弹着巴扬琴的熊已经被我国列入了《红皮书》。"[①] 上述三部俄罗斯影视作品对我们的启示有以下三点。

（一）应避免"他者"的思维定式

《西》和《战》都有一个文化冲突的逻辑前提，并将影片的宗旨确定为让他民族理解和接受俄罗斯民族。这不可避免地使影片变成了一剂"靶向药"，即针对关于本民族的误解和偏见加以辩解，并对不同民族冰释前嫌、求同存异、携手并行的温馨未来予以畅想。由此产生了一种本末倒置的风险，国家形象被置于"他者"的位置，国家形象的建构路径变为依"他形象"调整"我形象"，而非以"我形象"扭转"他形象"，上文提到的"伪斯拉夫风格"便由此而来。诚然，其中有"水来土掩"的不得已而为之，也有规范工业标准、对接国际制式的行业诉求，但"他者"的思维定式必然会导致对国家形象的盲目美化，或对作品的过度意识形态化，最终都是得不偿失的。例如2021年年初上映的中俄合拍电影《战斗民族养成记》，这部电影被中国网友称为"俄罗斯冬季旅游指南"，因为电影同样呈现了令人眼花缭乱的俄式元素——严寒、棕熊、道路、坦克、伏特加、俄罗斯轮盘、俄式桑拿、俄式狩猎、皮草、赛雪橇……此外，歌曲《喀秋莎》、20世纪40年代中国人的苏联情怀、《钢铁是怎样炼成的》等又特别突出了中国人对俄罗斯的认知。电影同时展现了俄罗斯人眼中的中国即中国的"他形象"的一个

---

① Полюбите Нас Черненькими, https://www.gazeta.ru/culture/2015/11/02/a_7867625.shtml#, 2018-10-22.

亚型：乒乓球、"中国制造""中国山寨"、高出生率、Jacky Chan（成龙）等。此时还可以认为，该电影中，中俄两国关于彼此的偏见和误解可谓不相上下，影片中甚至出现了"饺子到底是中国的还是俄罗斯的"这样的亮点。遗憾的是，影片并未就错位的国家形象加以深入剖析，而是以男主角"开挂式"的胜利使本来振奋人心的"做中国人也很好"沦为一个理想主义的口号。可以看出，这部中俄合拍电影的内核还是作为"他者"的中国的自我辩白和精神胜利。豆瓣网4.6的评分已经说明问题，更有趣的是，很多给出负面评价的网友以"原作党"自居，也就是说，同胞的胜利并没有引起中国观众的共鸣，这是"他者"思维定式所自然引发的一种反感情绪。

（二）应突出本国民族文化特色

上述三部俄罗斯影视作品都广泛吸纳并有意凸显了本民族文化特色。民族性是文化的基本属性之一，民族性不仅保证了世界文化和而不同、百花齐放的多样性，更成为各国作品的亮点所在。《甄嬛传》在美国的风靡，《舌尖上的中国》前两季如潮的好评，正在于它们从内容到风格都浸透着中国文化独有的韵味。在陌生的文化土壤中，原本司空见惯的事物、情节和律则会变得新鲜起来。借助文化差异实现的"陌生化"手法可以提升观影感受，这是《他是龙》成功的"秘籍"之一，也是影视行业推陈出新的动力。借鉴、改编甚至翻拍已有的优秀作品都是尝试"陌生化"手法的可行之举，例如美国对英剧的翻拍、我国对日韩剧的翻拍等，但万变不离其宗，要突出真正意义上的本国民族文化特色，否则只是亦步亦趋、鹦鹉学舌，不但无益于国家形象的重塑，甚至会造成自我消损。此外，需要警惕因盲目追求"陌生化"而对民族文化的滥用，例如《西》和《他是龙》中的"伪斯拉夫美学"，以及中国电影《长城》中的——姑且称之为"伪华夏美学"。在中俄重建国家形象刻不容缓的当下，影视行业更应自觉肩负起"让世界睁眼看中国"的使命和责任，向世界呈现更为真实、立体、全面的中国。

(三) 应平衡意识形态性和艺术性

《西》被美国驳斥为具有意识形态性，这一事件本身也是颇为意识形态化的。影视作品对国家形象的构建所依托的正是意识形态性。但作为文化载体，影视作品同时具有自给自足的艺术性原则。意识形态性和艺术性绝不是互斥的，在一定范围内，二者可以形成互补和连动，如中国的《战狼》《红海行动》《湄公河行动》等电影，在完成主流意识形态宏大叙事的同时，兼顾娱乐化、类型化和商业化等市场运作模式，成功探索出一条"新主流大片"（或"新主旋律大片"）的发展道路。[①]可见，只有达到意识形态性和艺术性的平衡，才能实现构建国家形象的效益最大化。本节讨论的三部影视作品都避开了意识形态性可能牵涉的政治和社会矛盾，将国家形象尽可能地置于艺术性一侧。这实则放弃了影视行业对国家形象的塑造功能，即便观众从各种高度艺术化的细节中找到俄罗斯国家形象的蛛丝马迹，也无法与现实中的俄罗斯建立实质性的关联。

与俄罗斯不同，我国影视传媒行业面临的问题是，如何在保证意识形态性的同时，尽可能增强艺术性。值得反思的是 2019 年年初上映的国产电影《流浪地球》。这部电影掀开了中国科幻电影的新篇章，点燃了中国观众对中国电影的赤子之情。但电影上映不久就在豆瓣网引发了一场乱斗，给电影打分这样一件本是自发性的行为被上升到爱国与否的高度。《流浪地球》的意识形态性并非来自电影本身，而是由于电影的里程碑式意义和主演吴京的"战狼"形象被自发地意识形态化了，在中国观众的集体潜意识里与国家意志、国家形象建立了联系，这反映出我国影视产业的生态并不十分健康，意识形态性和艺术性没有得到明确的区分。一时的喧嚣会被时间的长河冲散，但这一怪象值得重视和反思。

近些年我国影视作品中的国家形象呈现出可喜的丰富样态，无论是

---

① 峻冰、杨伊：《主导文化与大众文化的缝合：新主旋律大片的艺术形态策略——以〈战狼2〉〈红海行动〉等为例》，《文化艺术研究》2018 年第 3 期。

以星辰大海为目标的"小白兔",还是"犯我中华者,虽远必诛"的"战狼";无论是"不是药神"的药神,还是力挽狂澜的林梅将军;无论是在舌尖上烹龙炮凤,还是在故宫修文物,都可以成为中国形象的一块拼图,这是当今世界大语境赋予中国影视行业的重要使命,也是艰巨挑战,在一定意义上更可以成为中国影视行业复兴乃至腾飞的契机。同时,借助影视作品构建中国的国家形象也是一把双刃剑,尤其在新闻摆拍、人设经营、危机公关等人为因素大行其道的当下,观众对于标杆式、宣传式的正面形象具有一定的警惕心和反感情绪,况且一些问题和偏见并非仅凭影视作品振臂一呼就可以改变。应该说,影视行业更多的是提供一个文化展现与交流的平台,行业的繁荣应该具有多样性、开放性,同时不失方向和重量。

第三章　当代俄罗斯文学中的国家意志

2014年2月7日，习近平主席在俄罗斯索契接受俄罗斯电视台专访时，谈起了自己的俄罗斯文学情结，而这已经不是他第一次在公开场合谈起自己对俄罗斯文学的看法。他读过很多俄罗斯作家的作品，如克雷洛夫、普希金、果戈理、莱蒙托夫、屠格涅夫、陀思妥耶夫斯基、涅克拉索夫、车尔尼雪夫斯基、托尔斯泰、契诃夫、肖洛霍夫等，在陀思妥耶夫斯基笔下看到了俄罗斯文学的深度，在托尔斯泰笔下看到了俄罗斯文学的幅度，在莱蒙托夫笔下遇见了那个时代的典型人物，在车尔尼雪夫斯基笔下苦行僧式的修行中得到艰苦奋斗的启示。作为世界文化遗产的一部分，俄罗斯文学在过去的两个世纪不但紧扣时代的脉搏，而且深刻地影响了人类文明的进程，这诚然是了不起的。普希金、陀思妥耶夫斯基、托尔斯泰等文学巨匠的作品，如同我国的诸子百家思想，哲学内涵时读时新。如今，当代俄罗斯文学在大众传媒和欧美大众文学等新现象的冲击下日渐边缘化。但曾经如此伟大的它不该淡出我们的视野，2014年的索契冬奥会和2015年的诺贝尔文学奖提醒我们，俄罗斯文学的精彩还在继续：在苏联解体后这样一个"二手时代"[①]，俄罗斯文学没有停止求索，它从远古走来，带着对国家和民族深沉的使命感，记录

---

① 二手时代（Время Сэконд‑Ханд）的说法源于阿列克谢耶维奇的作品《二手时间》，用来指苏联解体后意识形态由社会主义转向资本主义的时代，由于资本主义是俄罗斯在社会主义苏联之前经历过的历史阶段，因此阿列克谢耶维奇将俄罗斯重新进入资本主义的阶段，也就是1991年苏联解体后至今的历史时期称为二手时代。参见阿列克谢耶维奇《二手时间》，吕宁思译，中信出版社2016年版，第19页。

着俄罗斯的心理动向与行动逻辑，是俄罗斯国家重要决策和动向的智库，当代俄罗斯文学中的国家意志是值得且应当被持续关注的重要课题。

　　国家意志（State Will，Государственная воля）这一术语常见于国家机关的公文，它不是领导人个人政治意志的体现，而是人民集体意志的反映，此处的"人民"已经抽象为与国家、民族相关的政治形象。国家意志区别于国家意识、民族意识、帝国意识，因为意识作为人对客观世界的反映，与意愿相似，都是感知、思维等心理过程的指称。因此，国家意志与国家意愿不可等量齐观。国家意志是国家意愿和国家行动的合集，国家意愿是指国家在某些问题上的理念和决议，国家行动是指国家在某些问题上采取的具体措施和行动。① 国家意愿和国家行动是影响一国在国际政治范围内践行国家意志的两个根本因素，除此之外，我们还应当注意到其中蕴含的意志力的问题，因为，意志力的强弱是评估国家意愿与国家行动影响层级的重要因子，能够反映出一国在国际地位、国际权力等方面的诉求和对国际政治秩序的影响。在《英汉双解韦氏大学字典》中，意志（Will）有如下释义："wish or desire（愿望；欲望），purpose（意志；目的），determination（决心），choice（选择），intention（意向），request（要求），command（命令）or decree（法令），power coupled with desire or intention（意志力，与愿望或意志相配之力），power of choosing（选择力）。"② 基于以上释义，will 一词具有三个阐释维度。第一个维度是指主体的心理过程，也就是主体的诉求，即愿望、欲望、目的、决心、意向等；第二个维度是在以上心理过程的驱动下，主体采取具体行动，如选择、要求、命令、法令等；第三个维度是关于意志力的等级评定，也就是意志的强弱，通过心理外化为行动的过程及其形式体现出来，如口头行为是较弱的意志表现，具体行动则

---

① 参见夏光《论环境保护的国家意志》，《环境保护》2007 年第 6 期。
② 郭秉文、张世鎏主编：《英汉双解韦氏大学字典》，商务印书馆 1923 年版，第 1633 页。

是较强的意志彰显，武装斗争是最强层级的意志体现。《中国大百科全书》对意志的系统阐释就是围绕上述三个层面展开的："人有意识、有目的、有计划地调节和支配自己行动的心理过程……意志过程包括决定阶段和执行阶段：决定阶段，即确定行动的目的和选择达到目的的方法的阶段……执行阶段，即将行动计划付诸实施的过程。在执行阶段中，'意志'的品质表现为坚定地执行行动计划，努力克服主观上和客观上遇到的各种困难。"① 所谓"有志者，事竟成，破釜沉舟，百二秦关终属楚"，"意志"一词中隐藏着除了心理和行动以外的一种张力，也就是国家在志气的鼓舞下，为取"百二秦关"而"破釜沉舟"达到了"事竟成"的效应。国家意志是国家心理动向、执行意愿和意志品质的有机统一体。

编年体通史《往年纪事》是俄罗斯最早追溯罗斯国家起源的文献，编年史家在此使用了"Руская Земля"来指代11—12世纪的罗斯国家，同时，这一词组还表示罗斯人民，也就是国家组织统一起来的人民。② 现代俄语中的地缘政治意义上的"国家"（Государство）源自希腊文"πόλις"，它是《柏拉图对话集》中收录的《国家篇》（Πολιτεία，又译作《治国篇》《理想国》）的内涵来源，《国家篇》以对话的形式对立法公正、教育、艺术等问题进行了探讨，实质上勾勒出城邦治理的具体架构，因此，希腊文"Πολιτεία"与国家治理的艺术之间存在有效性关联。将俄语词"государство"的发生学路径置于构词学视域下观察，前缀"го-"与"город"（城市）有关，也就是西方国家最初的形式——城邦；词干"-суд-"（审判、法庭）有平衡各方势力、寻求公平正义的法律意味；"государь"是指国君、元首，也就是在城邦之内制衡各项事务的人；"государство"则意指国家的治理，国家治理的

---

① 《中国大百科全书》总编委会编：《中国大百科全书》第26卷，中国大百科全书出版社2009年版，第418页。

② 参见［俄］拉夫连季编《往年纪事：古罗斯第一部编年史》，朱寰等译，商务印书馆2011年版，第276页。

本质在于权力的制衡之术。此外，英语的"国家"（State）一词前缀"st-"有开始（Start）、建立（Start）、处于（Stay）等含义，因此，国家意志中的国家并不局限于"country""страна"等词的名称意义，而是包含了动宾结构"建立国家""治理城邦"的意义。发展到今天，"国家"是指"社会管理的一种基本政治组织，从而实现对经济和社会结构的保障"①，以一定范围内的人群所形成的利益共同体形式存在，并由合法权利维护此共同体的稳定与和谐。我们所要考察的国家意志，不能将其简单理解为一国政府的想法，而应当将国家权力机关及其核心智库在政治、经济、社会、文化、外交等方面的意愿纳入考量，并分析他们在此心理过程驱动下的行动，以及不同性质的行动中所透露出的意志的强弱。通俗而言，国家意志包含的意义集合就是"国家在想什么""国家要做什么""国家能量的辐射程度如何"。

俄罗斯文学自古以来既是记载国家历史的史官，又是反映社会舆论的言官，同时也是哲学思想的摇篮。"国家治理的智库"之称，俄罗斯文学当之无愧。2014年6月，俄罗斯政府将接下来的2015年定为"俄罗斯文学年"，俄罗斯总统普京在2015年1月28日的"俄罗斯文学年"开幕致辞中强调："相信我们的共同努力一定能够更好地保留俄罗斯文学的优秀传统，巩固其在世界上的权威与影响。"② 这表示，俄罗斯文学已经被纳入当代俄罗斯文化帝国建设的战略体系，必将成为俄罗斯获得国际地位提升的重要工具，以服务于其文化扩张的战略构想。当代俄罗斯文学呈现出一种杂糅性，小说创作题材十分丰富，问题性强，同一部小说中出现多个题材的表达和问题的探讨，这与苏联解体之后，俄罗斯社会各个方面都呈现出亟待重建的状态有关；同时，这也是俄罗斯文学在多个领域的相互观照中表达永恒主题的一种新尝试。当代俄罗斯的

---

① Ожегов С. И., Шведова Н. Ю. Толковый Словарь Русского Языка：80000 Слов и Фразеологических Выражений. М.：Изд. «А ТЕМП»，2010，с. 141.

② Путин В., Открытие Года Литературы. 28 января 2015 г, http：//www.kremlin.ru/events/president/news/47537，2018-12-03.

社会文化小说继承了黄金时代文学的政论性，观察视角丰富，探讨了与民族、语言生态保护和文化权力等相关的论题，具有典型的问题意识。以历史为题材的小说主要由家族历史、苏联历史以及俄罗斯信仰历史等方面组成，这些文学作品通过进入历史的方式进入俄罗斯社会生活领域和民族精神领域，对当代俄罗斯社会的发展进行观照和反思。当代俄罗斯战争文学对车臣战争、阿富汗战争等当代战争的思考，更多地关注了其中的文明冲突问题，并涌现出大量解构苏联英雄主义的作品，人道主义的视角由战时的灾难转向战后对人的关切。生态文学在某种程度上继承了俄罗斯乡村文学的传统，通过许多当代作家书写的可能世界，向人们发出生态破坏、道德沦丧的警示，并将自然生态、道德生态与提倡绿色治理的政治模式相关联，在呼吁环境保护、信仰回归的同时，提出了当代俄罗斯对善治政治模式的需要。在这一章，我们将从以上四个方面来分析当代俄罗斯文学中的国家意志，并将阿列克谢耶维奇（Алексеевич С. А.）的纪实文学纳入参考文献之列。虽然苏联解体后，作家的国籍身份发生了改变，但是她作为俄罗斯民族作家的角色并没有发生改变，依然关注着俄罗斯国家的发展动向，并且这种采访、回忆录、历史纪实的文学形式能够与国家官方媒体共同为我们提供事实性和史实性的论据。最后，我们还会将当代俄罗斯文学中主要的奖项设置作为考察对象，从当代文学活动中观察俄罗斯国家民族文化政策的根源，这也是体现俄罗斯国家意志的重要领域。

第一节　社会文化小说中的国家意志

俄罗斯文学自叶卡捷琳娜二世统治时期就已经具有典型的"共商国是"的传统，杰尔查文、拉吉舍夫，以及后来的普希金、陀思妥耶夫斯基、托尔斯泰等文学巨匠，他们书写的社会文化文本已经成为当代俄罗斯文化软实力建设的重要基石。而反映社会文化状况的文学传统在当代俄罗斯文学中得到了延续，老一辈爱国派作家拉斯普京（Распутин

В. Г.)、索尔仁尼琴（Солженицын А. И.）等人在苏联解体后的新创作中对俄罗斯的社会问题进行了政论性的思考；同时，也涌现出一批新生代作家，他们切中时代脉搏，将当代社会文化中所包含的具有时代特色的价值观念纳入写作范围，并展开了富于哲理的探讨。"社会文化是社会的价值观念系统，是由经济利益所决定的反映人们社会价值取向和历史选择特征的思想体系。"① 社会文化文本作为直接构成俄罗斯观念系统的重要元素，记录了其思想观念不断扬弃的过程，很大程度上反映了俄罗斯国家的价值取向和历史选择。十月革命和苏联解体是近代以来俄罗斯社会意识形态激变的两次标志性历史事件，以这两次历史事件为节点，俄罗斯社会文化经历了由资本主义文化到苏联社会主义文化，再到资本主义文化的一次百年文化回环，由此引发的关于民族问题、民族文化问题、文化外交问题的探讨，一方面反映了俄罗斯国家心理变化的进程，另一方面也折射出俄罗斯在国际政治格局和世界文明圈中的行动方向。

一　俄罗斯的民族问题与文化权力

"民族"（Нация）是一个具有多维意义的概念，与国家这个地缘政治概念相比，民族往往是风俗、文化认同等方面的精神标志，指某种特定文化中的人的总和。一个国家可以由许多不同的民族组成，被称为统一的多民族国家，比如俄罗斯，这里的民族更多强调种族的意义，这是相对于由单一民族构成的民族国家而言的概念。但是民族的意义并不局限于种族，例如，中华民族（Народ Китая）既包括人口占绝大多数的汉族，也包括另外55个少数民族。同理，当我们提到俄罗斯民族时，并不单一指代俄罗斯族，而是指俄罗斯联邦这个多民族国家国民（Народ России）的总和，包括生活在鞑靼斯坦共和国、楚瓦什共和国、车臣共和国等的其他民族群体。但是，俄罗斯民族的变化不能不考

---

① 李淮春主编：《马克思主义哲学全书》，中国人民大学出版社1996年版，第579页。

虑1991年以前近70年的国家历史。苏维埃社会主义共和国联盟是由15个权利平等的苏维埃社会主义共和国自愿组成的，其中包括今天的俄罗斯联邦、白俄罗斯、乌克兰、阿塞拜疆、亚美尼亚、格鲁吉亚、"中亚五国"等，也就是说，这些国家的人民曾以统一国家——苏联——的国民身份共同生活过。自从1991年苏联解体之后，苏联的国家意义遭到了政治上的切割，由一个统一的多民族社会主义共和国联盟分成多个政权独立的国家，同时被切割的还有文明的版图。基辅罗斯是当代俄罗斯、乌克兰、白俄罗斯三个东斯拉夫国家的前身，当时的维京人以基辅为中心建立并发展了东正教文明，因此，以上三个国家有着共同的历史、民族记忆，也有着共同的精神图腾——东正教文明。由于"在地理版图上存在一条隐匿的文明界线"①，国家界线与文明界线的出入成为导致民族矛盾的重要因素之一，车臣、克里米亚等地区的问题都是这一出入的最佳写照。并且，俄罗斯在收归国土方面通常会延续帝国的传统，表达十分强烈的国家意愿，并采取强硬的国家意愿执行措施——武装斗争，这与俄罗斯的民族性格是密不可分的。

普京在谈及俄罗斯民族问题时指出："鉴于语言、风俗、民族起源、文化的多样性，毫不夸张地说，民族问题是俄罗斯的一个根本性问题。"② 引发该问题的原因，我们需要根据俄罗斯历史的发生路径来探讨。

俄罗斯历史学家克柳切夫斯基（Ключевский В.О.）指出，"开拓疆土是俄国史中的主要事情"③。16世纪中期，俄罗斯统一的中央集权国家形成，越过乌拉尔山，征服广袤的东方被提上了伊凡四世沙皇的帝国日志。据考证，在俄罗斯兼并西伯利亚之前，这里生活着包括鞑靼民族在内的许多民族的人们，他们以萨满教和伊斯兰教（伊斯兰教由西伯

---

① 郑永旺：《文明的对撞：俄罗斯文学中的高加索主题》，《俄罗斯文艺》2014年第4期。
② ［俄］普京：《普京文集（2012—2014）》，《普京文集（2012—2014）》编委会编译，世界知识出版社、华东师范大学出版社2014年版，第12页。
③ ［俄］克柳切夫斯基：《俄国史》第一卷，张草纫、浦允楠译，商务印书馆2015年版，第22页。

利亚汗国首领引入，但未被广泛接受）等宗教信仰为主，除西伯利亚汗国等地外，大部分地区属于当时的封建国家中国，这里既没有斯拉夫人的踪迹，也没有东正教的信仰。后来的沙皇彼得大帝希望把不信上帝的伊斯兰教徒驱逐回荒漠和草原上去；叶卡婕琳娜二世女王在位期间夺得了克里米亚，取得了黑海的制海权；随着俄罗斯帝国的领土进一步扩大，那些被开拓之疆土上的原住民被逐渐纳入了当代俄罗斯民族的基本构成之中。

1922年12月30日，当时的俄罗斯苏维埃联邦社会主义共和国、白俄罗斯苏维埃社会主义共和国、乌克兰苏维埃社会主义共和国、外高加索苏维埃社会主义联邦共和国合并成苏维埃社会主义共和国联盟，至1991年12月25日解体。而后除了"波罗的海三国"以外，其他12个苏联国家包括俄罗斯在内组成独立国家联合体；土库曼斯坦和格鲁吉亚分别于2005年和2009年正式退出独联体；2014年3月，克里米亚脱乌入俄的公投事件促使乌克兰开启了退出独联体的程序。

俄罗斯历史上有过不同的国家形式，但是一脉相承的帝国意识使俄罗斯人四处树敌，因此，当代俄罗斯的民族问题究其根本是帝国意识扩张的副产品，绝不单纯是苏联解体的产物。这种观点在俄罗斯文学史上得到了证实。在列夫·托尔斯泰的历史短篇小说作品《叶尔马克》中，根据伊凡雷帝关于夺取西伯利亚汗国的旨意，"你们（指叶尔马克和他的哥萨克部族）要是有力量，就把库丘姆的土地夺（отберите）过来。不过可别把一大批人从俄国拐带（сманивайте）出去"①。отобрать 译为抢夺，这显示了沙皇以暴力征讨的方式将原归成吉思汗后裔库丘姆汗统治的土地划归自有；сманивать 译为诱拐、拐带，伊凡四世政权担心远征等人口迁徙方式可能引起人口流失，将西伯利亚地区视为臣服于俄罗斯欧洲部分的他者区域，表达了对其"远俄"地理位置，甚至是

---

① ［俄］列夫·托尔斯泰：《列夫·托尔斯泰文集》第十二卷，陈馥译，人民文学出版社1989年版，第91页。

"远俄"地位的厌弃,后来被流放至此的人也多为被政权抛弃之人。陀思妥耶夫斯基曾在信中请求哥哥帮忙周旋,脱离在西伯利亚这种非俄罗斯的困境:"能否在一两年后让我去高加索?——那里毕竟是俄罗斯,这是我的迫切愿望……"① 虽然,沙皇俄国的铁蹄已经踏上了西伯利亚的土地,但是直至19世纪,西伯利亚土地上的原住民依然没有获得真正的俄罗斯身份。契诃夫在1890年抵达远东地区时也曾感叹:"这里的生活距离俄国多么遥远……自然界,那也是独特的,非俄罗斯的……道德,在这里也有自己的一套,也不是我们俄国的。"② 通过对历史上一些俄罗斯文学作品的分析,我们不难看出,俄罗斯的"文化认同以保持俄罗斯文化主导地位为基础,俄罗斯文化的载体不仅是俄罗斯族人,还有不分民族出身都认同这一文化的所有人"③。俄罗斯坚持其文化的绝对主导地位,以致在苏联解体之后25年的时间里,俄罗斯有大量的民族主义者将国家发展的弊病推到高加索人、格鲁吉亚人、乌克兰人的身上,就像拉斯普京在小说《伊万的女儿,伊万的母亲》(Дочь Ивана, Мать Ивана,2004)中呼吁道德回归、精神重塑的同时,流露出明显的民族主义观点,将俄罗斯社会中的某些犯罪问题浓缩在一个强奸女性的高加索小伙子的身上表现出来。类似的行径使俄罗斯在与欧洲、北约争抢"东方伙伴"的博弈中处于下风,格鲁吉亚退出独联体,具有共同历史记忆和民族信仰的乌克兰也显示出加入北约的倾向……

2009年俄罗斯冈察洛夫奖获奖作品米哈伊尔·波波夫(Попов М. М.)的《莫斯科佬》(Москаль,2008)讲述了一个"由兄弟民族之间的冲突引发的悲剧刺痛很多人的心、带来很大伤痛的故事"④。

---

① [俄]陀思妥耶夫斯基:《陀思妥耶夫斯基全集》第二十一卷,白春仁等译,河北教育出版社2009年版,第136页。
② [俄]契诃夫:《萨哈林旅行记》,刁少华、姜长斌译,黑龙江人民出版社1980年版,第3页。
③ [俄]普京:《普京文集(2012—2014)》,《普京文集(2012—2014)》编委会编译,世界知识出版社、华东师范大学出版社2014年版,第17页。
④ [俄]米哈伊尔·波波夫:《莫斯科佬》,贝文力译,华东师范大学出版社2016年版,第1页。

克里米亚公投入俄之后，俄罗斯除了给予克里米亚更多的优惠政策以外，还通过出版有关克里米亚书写的作品巩固克里米亚的俄罗斯身份，先钦（Сенчин Р. В.）的《海盐》（Морская Соль，2015）就是这样一部作品。该短篇小说最初发表于2015年第4期的《乌拉尔》杂志上，并被收入短篇小说集《克里米亚，我爱你!》（Крым, Я люблю тебя!）中。教师伊琳娜·安东诺夫娜在课堂上通过与同学们的讨论，讲述了克里米亚与俄罗斯文学、俄罗斯思想之间的相互影响。题目"海盐"象征着"古老海洋的自然结晶的鲜活力量"①，成为整部作品的点睛之笔。古罗斯和乌克兰具有共同的历史和宗教根源。在克里米亚曾经生活着基里尔字母创始者之一的基里尔。普希金在南部流放时期写下了现实主义文学的第一部作品《叶夫盖尼·奥涅金》，并认为南方是他这部作品的摇篮。俄罗斯埃克斯莫出版社（Издательство Эксмо）出版的短篇小说集《克里米亚，我爱你!》应国家意愿而生，收录了包括《海盐》在内的以克里米亚为主题的作品共42篇，其中不乏比托夫（Битов А. Г.）、叶立扎洛夫（Елизаров М. Ю.）等当代俄罗斯名作家的作品。

俄罗斯与乌克兰之间的问题也是俄罗斯与邻国、后苏联空间国家关系的一个缩影，在《二手时间》（Время Секонд-Хэнд，2013）中，阿列克谢耶维奇记录了一次对玛格丽塔的采访，这是一个生长在巴库海边的亚美尼亚姑娘。苏联解体后，她拿着过境签证在莫斯科成了亚美尼亚难民，至今依然怀念巴库那片包容一切的海洋，以及许多人在院子里聚餐的场景："上面放满了格鲁吉亚的包子、亚美尼亚的熏肉和腊肠、俄罗斯的煎饼、鞑靼的馅饼、乌克兰的饺子、阿塞拜疆的烤肉……我们大口喝酒，喝亚美尼亚白兰地，还有阿塞拜疆白酒。大家唱着亚美尼亚和阿塞拜疆的歌曲，还有俄罗斯的《喀秋莎》……"② 对后苏联空间的人

---

① Сенчин Р. Морская Соль. Сост. Ирина Горюнова. Крым, я люблю тебя. М：Эксмо，2015，с. 66.
② ［白俄］阿列克谢耶维奇：《二手时间》，吕宁思译，中信出版社2016年版，第360页。

们而言，虽然他们现在国籍不同，但是历史上的共同记忆使他们之间的情谊难以割裂，然而，却在各国的政治博弈中不得不割舍血肉联系。事实上，俄罗斯拥有获得东正教文明圈以及后苏联空间内所有国家支持的可能："俄罗斯人民组成了国家，实际上是俄罗斯国家实体。俄罗斯人的伟大使命是联结和巩固我们的文明。按照费多尔·陀思妥耶夫斯基的定义，语言、文化和'国际责任心'将俄罗斯亚美尼亚人、俄罗斯阿塞拜疆人、俄罗斯日耳曼人、俄罗斯鞑靼人聚在一起，聚到这样一个国家文明中：没有哪个族的人区分自己人和其他人的原则是共同文化和共同价值观。"① 阿列克谢耶维奇指出，"俄罗斯过去是，现在是，将来也将作为一个帝国存在于世。我们不只是一个大国，我们还有特殊的俄罗斯文明，有自己的道路"②。文化需要作为一种软实力，而不是硬权力。后者不利于民族问题的解决，而前者有利于形成民族共同体的，甚至是命运共同体的认同。

二 双头鹰的"左顾"与"右盼"

自从俄罗斯接受了东正教信仰之后，便成了基督教国家的一员，与西方许多国家有着共同的宗教信仰。但是，作为基督教一支的东正教，其教义、礼仪、信仰内涵与西方基督教依旧存在些许差异，并由此引发了历史上的阿瓦库姆和尼康的宗教改革之争。俄罗斯一方面放不下"莫斯科是第三罗马"的身段；另一方面又想融入先进的西方世界，并获取民族文化地位和话语权。

皮耶楚赫（Пьецух Вяч. А.）在短篇小说《与歌德在一起的不眠之夜》（Ночные бдения с Иоганном Вольфгангом Гёте，1996）中，以隐喻的方式批判了俄罗斯对欧洲文明的盲从，作家认为，这种以牺牲本国民族文化尊严的方式习得欧洲文化的低姿态导致了俄罗斯民族文化的变

---

① ［俄］普京：《普京文集（2012—2014）》，《普京文集（2012—2014）》编委会编译，世界知识出版社、华东师范大学出版社2014年版，第17页。

② ［白俄］阿列克谢耶维奇：《二手时间》，吕宁思译，中信出版社2016年版，第344页。

异，不能为俄罗斯带来真正强大的力量。这种观点在 17 世纪以阿瓦库姆为代表的旧礼仪教派的思想中就已经有所体现，当代作家沙罗夫（Шаров В. А.）的长篇小说《像孩子一样》（Бутьте Как Дети，2008）论述了在俄罗斯有深厚土壤的旧礼仪教派对俄罗斯发展的影响。作家认为，俄罗斯社会的改革与发展并非得益于彼得大帝打开的那扇面向欧洲的窗口，而是得益于深藏于俄罗斯民族文化之中的纯净俄罗斯力量。在作品中，作家还通过情节的发展讲出了俄罗斯历史发展所因循的内在逻辑：阿瓦库姆的旧礼仪教派为俄罗斯民族文化内核注入了分裂的基因，一切俄罗斯历史上的革命都是这种基因导致的裂变。虽然俄罗斯接受了西方的基督教，但是东正教与基督教的教义不能够等量齐观，俄罗斯必须谛听的是真正俄罗斯的旨意，宗教和思想方面的主权意识使俄罗斯即使"亲近"西方，也不会以牺牲民族文化权力为代价。

到了苏联时期，由于意识形态领域的对立，俄罗斯与以美英为首的西方国家的关系更是遭遇了历史上的冰点。即使是苏联解体之后，俄罗斯与以美国为首的北约在国际上的政治博弈也没有停息，反而有愈演愈烈的态势，加剧了俄罗斯与西方国家的紧张关系。正如阿列克谢耶维奇在《二手时间》中提到的那样："国家付出了一切，成了西方的玩偶。我们按照他们的方式改革，会带来什么呢？我们都掉进泥坑里了！"①的确，俄罗斯认为，他们如今糟糕的社会问题是西方的革命思想为民族文化带来冲击导致的，那么，俄罗斯国家的外交重心显著移向亚洲也不足为奇。俄罗斯与中国的外交关系更加密切，在政治、经济、文化等领域展开了大规模的交流与合作，俄罗斯这一"向东看"的战略转向是有深刻历史和文化渊源的，越来越多的当代俄罗斯文学作品关注到中俄两国民族思想之间的握手。

早在 19 世纪的托尔斯泰日记中就已经记载了这位文学巨匠对中国古代哲学思想的兴趣，他翻译了部分孔孟和老子的书籍，并在其中找到

---

① ［白俄］阿列克谢耶维奇：《二手时间》，吕宁思译，中信出版社 2016 年版，第 353 页。

了与俄罗斯思想的共识。1891年10月25日，托尔斯泰在给出版商列捷尔列的信中列出了给他留下深刻印象的书单，托尔斯泰用"深刻的印象"（большое впечатление）、"非常深刻的印象"（очень ъольшое впечатление）以及"强烈的印象"（огромное впечатление）三个递进的层级评价他所读过的书籍，其中孔子和孟子的儒家学说给托尔斯泰留下了"非常深刻的印象"，老子的道家学说则给托尔斯泰留下了"强烈的印象"。① 并且，在托尔斯泰写给一个中国人的信件中，他认为中国思想中的善与东正教中的善之间存在相通之处。冈察洛夫也在中国之行中，看到了中国古代农耕文明的优点和中国人民勤劳的性格，并也因此找到了《奥勃洛莫夫》的创作灵感。当代俄罗斯对中国文化的认同已经不仅限于儒家思想和道家思想，在俄罗斯当代作家库切尔斯卡娅（Кучерская М. А.）的长篇小说《莫佳阿姨》（Тетя Мотя，2012）中，就出现了大量的墨家学说和中国古代诗词。擅长驾驭机器的男主人公科里亚对《墨子》表现出了浓厚的兴趣，尤其是中国古代木鸢的制作，虽然飞翔技术不成熟使木鸢不能长时间在空中翱翔，但是这种心思细巧的技艺已经构成了中国工匠精神的雏形。对于军事科学技术发达的俄罗斯而言，驾驭机器一直是许多俄罗斯人的爱好和特长，但是，当代俄罗斯在许多消费品制造行业的技术水平十分有限，更加需要技术创新和工匠精神，因为只有这样的民族文化才会成为国家安全和国民经济水平提高的保障。另外，科里亚还对墨家的哲学思想表现出特别的兴趣与钟爱，他坚信："中国哲学之妙就在于它是充满智慧之光的空灵之境……"② 科里亚在《墨子》中领略了"兼爱、非攻、尚贤"的智慧，并在现实生活的语境中理解这些思想，例如国家如何对待人才，兼相爱与基督博爱之间也存在某种隐秘的联系。此外，科里亚还在《墨子》

---

① Толстой Л. Н., Толстой Л. Н. – Ледерле М. М. 25 Октября 1891 г, http：//tolstoy-lit. ru/tolstoy/pisma/1891 – 1893/letter – 42. htm，2018 – 10 – 22.
② ［俄］库切尔斯卡娅：《莫佳阿姨》，郑永旺、宋红译，黑龙江少年儿童出版社2016年版，第111页。

中得到了极端性格难以适应现实生活的启示，间接参悟了道家"物极必反"的思想。无论是儒家、道家思想还是墨家思想，都源自中国农耕文明的深厚土壤，中华民族的文明在劳动、律己等方面的传统使今天的中国文化极具包容性，对其他文明和思想表现出最大限度的礼让和尊重。

在19世纪的俄罗斯贵族文学中不乏对以法国为代表的西欧文化的赞美和向往，中国形象大量出现在20世纪的俄罗斯作品中，但是不乏一些负面形象，还有对中国产品制造水平低下的评论。但是，在当代俄罗斯文学中已经出现越来越多的文明"向东看"倾向，"瞧人家中国人"① 这样的话语已经出现在俄罗斯普通人的谈话中，只要接受过真正教育的人都知道"中国是一个古老的民族。将近五千年了"②。在评论1991年苏联国家紧急状态委员会针对突发事件的反应时，阿列克谢耶维奇向街上的人们提出了如果苏联不解体会怎样的假设，其中就有人回答："看看人家中国啊，还是共产党掌权。中国已成为世界第二大经济体了……"③当代中国消费品制造业水平不断提高，俄中合作有了更多的可能，并且，中华民族文明的深厚和包容，使俄罗斯民族文化权力受到了极大的尊重，"向东看"绝非偶然，这将成为俄罗斯长期的战略选择。

斯塔罗斯京（Старостин В. С.）的小说《第三子》（Третий Сын, 2006）描写了一个中俄家庭的故事，是一本献给俄罗斯母亲的书。主人公李卫是中国父亲李方和俄罗斯母亲阿尼西娅的第三个儿子，与母亲失散多年的他已经定居中国，经过多年寻找，最终找到了生活困顿的阿尼西娅，并将她接到中国居住。小说之所以名为"第三子"，是因为当阿尼西娅的第三个儿子出生时，她才开始意识到生活中爱与幸福的意义，这个中国丈夫用他的勤劳和包容给了她最踏实的爱，而他那有一半中国血统的儿子将她接到哈尔滨之后，使她在异国的土地上也感受到了与俄

---

① ［俄］奇若娃：《女性时代》，薛冉冉译，译林出版社2013年版，第50页。
② ［俄］奇若娃：《女性时代》，薛冉冉译，译林出版社2013年版，第50页。
③ ［白俄］阿列克谢耶维奇：《二手时间》，吕宁思译，中信出版社2016年版，第15页。

罗斯文化相近的爱与善良。在阿尼西娅的房间，李卫没有按照他多年在中国生活的习惯选购和摆放家具，而是在屋角挂上了蒙着绣花毛巾的阿尔巴津圣母像。阿尼西娅的小孙女"一进门就招呼奶奶，而且是俄语，就好像从小到大都是在阿尼西娅的照看下长大的"①。这位俄罗斯母亲在失去亲人之时，在前往中国之前感到彷徨之时，无数次向上帝祈祷，祈求天父饶恕她的罪过，不要将惩罚降临到她的孩子头上，请天父给予他们爱与力量，生活中的种种苦难有时让阿尼西娅感受不到上帝的关照，然而，她却在中国感受到了天父的宽恕与降临在孩子们身上的爱与力量。

根据《礼记·大学》中的哲学思想，从中华民族精神内核到国家治理再到文明外交这一过程，遵循"正心、修身、齐家、治国、平天下"的路径，首先从人的内在品质、思想出发，端正心态以修养品德，将心灵深处的自觉作为发起这一路径的基础，而后向外生发，达到家族兴旺、国家昌盛、社会和谐、天下太平的目的。这一路径从发生到达到终极目的并非以权力为主要动力，而是将文化作为一种软实力，通过内部影响的逐步外化获得力量和尊重。而在俄罗斯民族文化语境下，人们通过圣母向上帝说情，祈求上帝恩赐获得生存的一切，并以基督受难之爱荡涤内心之恶，上帝以无上的权威和惩罪以罚的权力使人们臣服于他。可以说，俄罗斯的一切都来自他们心中上帝的权威，因此，具有与政治、军事、经济等硬实力相当的俄罗斯文化权力是有一定硬度的，文化权力的动摇无疑是对俄罗斯东正教文明和民族文化信仰的侵犯甚至侵略，在这种情况下，俄罗斯国家会表达强烈的国家意志，以战争等帝国意识膨胀的方式捍卫自己的文化权力。

亨廷顿的"文明冲突论"昭示了文化权力博弈可能造成的影响世界和平的恶果，如今，中国以"一带一路"倡议中包蕴的中华文明之智慧和"文明对话"的内涵为"文明冲突论"提出了更好的解决方案。

---

① ［俄］斯塔罗斯京：《第三子》，皮野译，译林出版社2016年版，第273页。

无论俄罗斯立足于历史，还是立足于信仰，都能够在与中华文明对话的过程中感受到自身文化权力得到的尊重。俄罗斯与西方之间的焦灼使其在"左顾"之余将目光投向了世界的东方，这里以最大的宽容让俄罗斯可以坚持自己的民族文化和精神信仰，走出俄罗斯自己的道路。

三 俄语与民族文化话语权

俄罗斯总统普京在 2012 年 1 月 23 日的《俄罗斯民族问题》讲话中强调了教育在文化认同中的重要作用，并指出："在教育过程中首先要强化俄语、俄罗斯文学、国家历史等课程的作用。"① 语言与民族文化在世界文化中的话语权有很大关系。俄语不仅仅是简单拼写在一起的字母，它更是一种符号，凝聚了俄罗斯人千百年来形成的宗教思想、思维逻辑和民族精神；它也是一种图腾，象征着俄罗斯民族文化在世界文明中的地位与权力。

据记载，早期的斯拉夫人使用象形文字。受希腊语和拉丁文的影响，逐渐形成了自己的字母文字。9 世纪，基里尔和梅福季简化了希腊字母，创立了古斯拉夫语的前身基里尔字母，为的是使东正教思想得以更加广泛地传播。俄罗斯的东正教文明是在俄语形成后，通过传播不断发展壮大的，俄语是上帝忠实的使徒，通过其布道将信徒们凝聚在一起。共同使用俄语的人们生活在一起。形成具有斯拉夫文明特征和东正教精神信仰的文明圈，因此，俄语表达的是俄罗斯民族的思想，是概念化的东斯拉夫、东正教世界，正如陀思妥耶夫斯基所说："语言是思想的形式，躯体的外壳……语言是肌体发展的最新的和最终的结果。"② 通过俄语，我们可以窥见其中包含的俄罗斯民族的全部思想，以及该思想驱动下的意愿、行动和其中寄托着的俄罗斯民族的期待，正如 19 世

---

① ［俄］普京：《普京文集（2012—2014）》，《普京文集（2012—2014）》编委会编译，世界知识出版社、华东师范大学出版社 2014 年版，第 17 页。

② ［俄］陀思妥耶夫斯基：《陀思妥耶夫斯基全集》第十九卷，白春仁等译，河北教育出版社 2009 年版，第 390 页。

纪著名批评家别林斯基所指出的那样,"文学必须是一个民族的内部生活的表现"①。

拉斯普京在《在故乡》(На Родине,1999)一文中赞颂了伟大俄罗斯语言的一语双关:"'铺砌'(вымощен),就是用木头铺路,而河湾的底部就是由沉没的森林铺就的。还有一个词叫'力量'(мощи),参天巨树那不朽的力量,两三百年后,总有一天,人们能从这些树木上读出一部公正的地方编年史。"② "мощь"(实力、力量)加上表示"源自……、从……中出来"的前缀"вы-"就是"вымостить"(铺砌道路),这一动词的短尾形式是"вымощен",拉斯普京通过在这两个词之间建立的联想机制,将民族精神的内核融入了俄罗斯大地,并告诉人们,民族文化的力量潜藏在伟大俄罗斯语言的各个角落,正如《圣经·旧约》的"太初有道"(word)一样,俄罗斯语言道出了俄罗斯民族的思维逻辑是支持他们走到当下的坚实根源。

我们还能够在当代俄罗斯文学的其他作品中阅读到反映俄语和民族思想、文化之间密切联系的内容。在《伊万的女儿,伊万的母亲》中,塔玛拉的儿子小伊万儿时就善于品咂俄语词型与语音之间的逻辑,也对词汇的内涵有着敏锐的洞察力,他能自然而然地感受到 Спасибо(谢谢)中暗含的拯救(спасти)和上帝(Бог)的意味。此外,在他的心里,俄语不应当是代表约定意义的刻板符号,而应当是一个向所有人开放的包罗万象的精神世界,在这个"神秘而有趣的世界"③ 里,人们能够实现自己对神的诉求,神会对人的行为有所启示和观照。最后,能够洞悉俄语之妙的小伊万成为该作品中最具积极象征意义的主人公,他对精神的救赎有自觉的意识,并自发投入保卫贝加尔湖和教堂重修的工作,将俄罗斯精神守护和重塑的事业推向更加深远的未来。拉斯普京的

---

① [俄]别林斯基:《文学的幻想》,满涛译,安徽文艺出版社 1996 年版,第 16 页。
② [俄]拉斯普京:《幻象——拉斯普京新作选》,任光宣、刘文飞译,人民文学出版社 2004 年版,第 375—376 页。
③ [俄]拉斯普京:《伊万的女儿,伊万的母亲》,石南征译,人民文学出版社 2005 年版,第 67 页。

此番设计将俄语视作小伊万精神自觉的深厚土壤,并强调俄语对强大俄罗斯力量的包蕴和对伟大俄罗斯文化的彰显。如此这般对俄语天然的亲近也体现在《莫佳阿姨》中的主人公莫佳身上,她是报刊编辑员,十分喜欢研究俄语词汇,她认为"词汇有会飞翔的声音躯体,还配备了前缀、后缀、词尾以及由这些东西生成的思想。思想的心脏因语言而跳动"①。作为一个编辑,她用心去体会读者来信中的家族历史,并将其中表达的思想传播给更多的读者。在莫佳心里,俄语是有生命的存在,它能够超越时间和死亡,将历史中活生生的人物和真实的生活栩栩如生地呈现在人们面前,坚定俄罗斯思想在俄罗斯人民心灵中的根系,与当代虚伪、浮躁的生活方式形成了鲜明的对比,为当代俄罗斯人生活的困境指出了方向。

俄语是俄罗斯作家、文学批评家表达思想的重要工具,果戈理在《论什么是语言》一文中谈道:"应诚实地对待语言。语言是上帝赐给人最崇高的礼物。"② 他强调,无论是经过作家包装的华丽辞藻还是直抒胸臆的潦草之词,都应当是作家毫不做作的诚实的写作,而这种"诚实"应当是语言与民族文化之间最大限度的契合。在当代俄罗斯文学中,许多作家都如拉斯普京一般有意无意地在作品中表达了对民族语言的热爱,但是也有很多人担忧诚实语言的危机,并为俄语受到大众传媒冲击的现状感到焦虑,类似的表达就反映在索尔仁尼琴晚年创作的短篇小说《杏子酱》(Абрикосовое Варенье,1993)中。索尔仁尼琴在给后方民兵费多尔的回信中,借助杏子酱的意象强调了俄罗斯民间语言在文学创作中的重要作用:"在水晶玻璃瓶里,每一颗杏子都像一个浓缩的太阳。樱桃酱也带有神秘的颜色,与红葡萄酒的颜色相差无几,——但无法与杏子酱的颜色相比。"③ 俄语在索尔仁尼琴心中的瑰丽和神秘是

---

① [俄]库切尔斯卡娅:《莫佳阿姨》,郑永旺、宋红译,黑龙江少年儿童出版社2016年版,第24页。
② [俄]果戈理:《与友人书简选》,任光宣译,安徽文艺出版社1999年版,第24页。
③ [俄]索尔仁尼琴:《杏子酱:索尔仁尼琴中短篇小说集》,李新梅译,译林出版社2015年版,第61页。

无可比拟的，这种伟大不在于辞藻是否如名家笔下的那样华丽、拗口，而在于它是源自真正现实的生活，是原生态的语言，甚至感慨在千年俄罗斯的历史上，鲜少有作家使用过这样真诚且晶莹剔透的语言，它未必多么贵重，但是神秘、瑰丽，凝聚的是超越地球，并与太阳之伟大相当的俄罗斯民族文化。正如皮萨列夫曾在《关于〈父与子〉》一文中提到的那样："请爱护我们的语言、我们的美丽的俄罗斯语言，这是一个瑰宝，是我们的前辈移赠给我们的一宗财产……你们要珍视这个有力的利器，它在行家手里能够造出奇迹来！"①

诺维科夫（Новиков В. И.）的小说《感伤的话语：语言的罗曼史》（Сентиментальный дискурс. Роман с Языком，2000）可以说是一部"以俄传俄"的小说，作家将俄语词汇的分析贯穿于主人公"我"的人生经历，语音、词缀、语法对词汇语义的影响都是"我"生活意义的来源。在作家看来，俄语不仅隐藏着"我"的浪漫故事，也蕴含着诸多与俄罗斯民族、俄罗斯文化相关的民族志。从小说的情节来看，这是一部以第一人称"我"写成的小说，而从小说的内部叙事结构来观察，使作家妙笔生花的俄语才是其中真正的主人公。2006年俄语布克奖得主斯拉夫尼科娃（Славникова О. А.）在她的代表作《2017》（2005）中，凭借自身的语言功底和对社会的领悟，用熟悉的俄语编织了层峦叠嶂般的喻文，在作品中开启了一个陌生而新奇的所指世界，使人们穿越到十月革命后一百年的2017年，在形而上的世界中重新理解那一重大历史时刻的意义。

当代俄罗斯作家接过了千年文学传统的接力棒，希望通过语言与文学的影响将俄罗斯打造成为以俄语为核心的精神家园，这种具有语言生态保护意味的活动是在全球化进程加快的形势下，应对英语对俄罗斯民族语言的"侵略"而自觉发起的。在国际政治领域，俄语是国际组织联合国的工作语言之一，这意味着在"二战"后国际政治格局

---

① ［俄］屠格涅夫：《回忆录》，蒋路译，人民文学出版社1983年版，第99页。

的织构中，俄罗斯及其民族文化享有相当高的国际地位。在国内政治领域，俄语不但是民族文化的象征，更是俄罗斯民族身份的重要标志，斯大林、普京等领导人一口标准、地道而具有感召力的俄语使他们成了俄罗斯民众心中的偶像。诚如上文所言，面对国际舞台，俄罗斯将俄语中包蕴的深厚的民族文化看成一项关键的国家软实力和大国形象的名片。

苏联解体之后，俄罗斯设立了许多奖励文学创作活动的奖项，以保护在大众传媒冲击下受到威胁的传统文学创作。在当代俄罗斯的文学奖项中，分为国家奖和非国家奖，国家奖约20项，非国家奖逾70项。其中，由总统亲自授奖的俄罗斯联邦国家奖（Государственная Премия Российской Федерации，设于1992年）是国家奖中的最高荣誉，国家畅销书奖（Национальный бестселлер，设立于2001年）、国家文学奖"大书奖"（Национальная Литературная Премия "Большая Книга"，设立于2005年）等也颇具影响力；而苏联解体之后以及21世纪俄罗斯文学界重要的非国家奖项主要包括俄语布克奖（Русский Букер，设立于1992年）、处女作奖（Премия Дебют，设立于2000年）等。一方面，俄罗斯希望通过这些奖项的资助，改善传统作家创作在大众文学冲击中的生存境遇，传承俄罗斯文学传统；另一方面，许多当代俄罗斯作品因为在上述奖项中脱颖而出得到了世界的关注。近几年，有大量获奖作品已经被译成汉语在中国出版，并被纳入"21世纪最佳外国小说"之列。本章的许多参考文献来源于上述奖项的获奖作品，这些作品在为其他国家研究俄罗斯问题提供参考文献的同时，也成为俄罗斯文化宣传战略中十分称职的使者。

另外，我们还应当关注到苏联解体以来俄罗斯文学奖项中的获奖作品出现了新的类别，那就是以作家为传主的人物传记。奥西波夫（Осипов В. О.）的《肖洛霍夫传》（Шолохов，2010）获得了2010年的俄罗斯国家奖，贝科夫（Быков Д. Л.）的《帕斯捷尔纳克传》（Борис Пастернак，2005）获得了2005—2006年度的"大书奖"一等奖，瓦尔拉莫夫（Варламов А. Н.）的《阿列克谢·托尔斯泰传》（Алексей Толстой，2006）获得了 2006—2007 年度的"大书奖"二等奖，萨拉斯金娜（Сараскина Л. И.）的《索尔仁尼琴传》（Александр Солженицын，2008）获得了 2007—2008 年度的"大书奖"二等奖，卡巴科夫（Кабаков А. А.）与叶夫盖尼·波波夫的（Попов Е. Г.）合著的传记作品《阿克肖诺夫》（Аксёнов，2011）获得了 2011—2012 年度的"大书奖"二等奖。这些奖项的授予对象不仅仅是书写传记的当代作家，更是那些历史上为俄罗斯做出杰出贡献的作家传主，他们无论在顺境还是逆境都坚持做俄罗斯思想的喉舌，将毕生的心力倾注在文学创作的事业上。肖洛霍夫作品中的人道主义思想直到今天仍然具有旺盛的生命力，帕斯捷尔纳克优美而富有哲理的语言以宇宙般宏大的视角展现了俄罗斯民族的特色，"他在战争期间所感受的'俄罗斯精神'与'苏维埃精神'之间的继承性；他还想说，俄罗斯，一个真正无私的基督教国家，其功绩就在于牺牲精神，而决定俄罗斯未来的今天，也只能取决于这种精神。……形式上回归于古典的质朴，标志着在内容上对同样的质朴之怀恋。应当回到自然的本质"①。而索尔仁尼琴终其一生都在文学的书写中探索"怎样让俄罗斯意识向生活回归，怎样复兴它？……怎样才能把明确的和精神的国家存在感归还给我国②人民"③。因为在俄罗斯，作家们"占据了从 Л. Н. 托尔斯泰去世后一直空缺的位置，这个位置高于任何的国家职位：这样的位置在俄罗斯只留给作家们"④。当然，这些奖项也是为了嘉奖当代作家，他们以进入作家传主生平、创作经历和文学批评的方式进入历史，在撰写传记的过程中发表了当代俄罗斯对历史的思考。作家传记就像俄罗斯的文化名片，是国家在世界范

---

① ［俄］贝科夫：《帕斯捷尔纳克传》，王嘎译，人民文学出版社 2016 年版，第 739 页。
② 这里的"我国"指俄罗斯。
③ ［俄］萨拉斯金娜：《索尔仁尼琴传》，任光宣译，人民文学出版社 2013 年版，第 995 页。
④ ［俄］萨拉斯金娜：《索尔仁尼琴传》，任光宣译，人民文学出版社 2013 年版，第 1003 页。

围内宣传民族文化的利器；同时，文学大奖频繁授予作家传记，也反映了俄罗斯重视语言、文学、历史的民族文化政策，希望将作家形象作为新的民族偶像屹立于世。

  普希金规范了现代俄语标准语，使他在那个年代被人们顶礼膜拜，上至沙皇、贵族，下至普通民众；叶卡捷琳娜二世女王之所以能够从德国没落贵族公主成长为书写俄罗斯历史的女沙皇，关键在于她熟练掌握了这个民族的语言，并在皈依东正教的仪式上用俄语背出了教义。对于俄罗斯民族来说，俄语不仅是达到交际目的的工具，也是承托信仰的图腾，更是文化自信、民族认同的源泉。普希金笔下的俄语是情感的载体，屠格涅夫将"伟大、有力、公正与自由的俄罗斯语言"[①] 视为精神的依靠、支柱和国家历史的目击者。在思想家利哈乔夫的视域里，俄语"在其概念的潜在形式中——是整个民族文化的化身"[②]。因此，在俄罗斯的历史文化语境中，俄语除了是交流的工具、思想的载体，更具有形而上的意味，并以此为核心形成了一种语言生态——东斯拉夫文明、东正教文明，也是俄罗斯国家获得强大聚合力量的途径，更是践行帝国意志的重要手段。

第二节　历史小说中的国家意志

  俄罗斯历史小说是历史事实在当代俄罗斯民族意识中投射出的映象，既是作家对前时代的记忆，也是对未来时代的预判。俄罗斯历史小说与历史事实之间一定存在着某种可以认知的关系：历史事实可以被提高，构成超越时代局限的哲学话语，表达俄罗斯民族的共同心理；同时，历史事实也可以被戏仿，通过论据合理的假设与虚构建立拟真的"诗意历史"，达到借古讽今或想象未来之路的目的。正如文学源于生

[①] 《屠格涅夫全集》第十卷，朱宪生等译，刘硕良主编，河北教育出版社2000年版，第375页。

[②] ［俄］利哈乔夫：《解读俄罗斯》，吴晓都等译，北京大学出版社2003年版，第380页。

活又高于生活的逻辑，历史小说的建构基于历史事实，但诗意的书写使其最终的表达效果高于历史，文学中的现实是形而上的现实，文学中的历史是形而上的历史。每一个国家和民族的历史都有其一般规律性和特殊性。2012年是"俄罗斯历史年"，俄罗斯总统普京在这一年的国情咨文中总结了历史在俄罗斯民族复兴事业中的重要地位："要复兴民族意识，我们必须将各个历史时期合为一体，要澄清一个最朴素的真理，俄罗斯历史既不始于1917年，更不始于1991年，我们有连贯一致的千年历史，只有依托这个历史，我们才能获得力量，理解国家发展的内涵。"[①] 在当代俄罗斯历史小说中，主要有三类各具象征意义的历史文本：苏联历史文本、家庭历史文本和信仰历史文本，分别采取了不同的观照视角，表达了各具特色的历史观，对俄罗斯国家的发展内涵、民族复兴和未来之路也有着不尽相同的理解。

一 苏联历史的思省

距离当代俄罗斯最近的前时代是1917—1991年的苏联时代，这是俄罗斯国家历史上的一次勇敢尝试，直至今日，学界对这段历史的评价依旧褒贬不一。1917年的十月革命带来了一个标新立异者——苏维埃社会主义联盟，虽然很多俄罗斯人无法用苏维埃共产主义理想的乌托邦代替深藏民族心灵深处的宗教信仰，但是在第二次世界大战的灾难面前我们还是看到了一个空前凝聚的苏联。我们难以用近代或是现代这样颇富争议的时间概念来定义这段历史，它仿佛一个遗世独立的时空体镶嵌在俄罗斯历史和世界历史的链条上，"建立"和"解体"甚至不能够诠释它在这一链条上的开始与结束。当下的俄罗斯正在经历后苏联时代，文学尝试以新现实主义的态度，从多个维度重新观照苏联历史。奇若娃（Чижова Е. В.）的《女性时代》（Время Женщин，2009）、阿列克谢

---

① 《普京文集（2012—2014）》，《普京文集（2012—2014）》编委会编译，世界知识出版社、华东师范大学出版社2014年版，第263页。

耶维奇的《二手时间》以及卜克莎（Букша К. С.）的《"自由"工厂》（Завод "Свобода", 2013）都以"自白纪实"的形式诠释了当代俄罗斯对苏联历史选择的见解，并探讨了苏联历史在俄罗斯千年历史链条中的地位和作用。

阿列克谢耶维奇的《二手时间》具有典型的纪实文学特征，其中记载了许多个体对历史事件的亲历和回忆，语料多来源于采访，但是这有别于纯粹的报告文学和回忆录，因为在作品的创作过程中，作者"我"参与了采访中每一个个体的经历，并经常以自白的形式与这些个体经历进行对话或发表评论。作品中复调的声音来自历史事件中不同身份的参与者，有厨房里聊天的普通人，有军人、大学生，也有音乐家、作家；有耄耋之年的老者，也有涉世未深的少年……作者视角的移动将一帧帧断裂的历史图像连接成整个历史事件，并通过"我"的自白讲述对某一历史事件多向度的记忆。一些"我"厌恶苏联的政治，却喜欢苏联的领袖斯大林，这位典型的俄罗斯领袖总比苏联政治让"我"觉得亲近得多。另一些"我"说："实际上我们当中谁都没有生活在苏联，每个人都生活在自己的圈子里，旅游圈、登山圈……"① 也就是说，俄罗斯人没有因为社会体制的激变而发生根本变化，苏联时代里一定包含了俄罗斯民族真切的生活，因此，俄罗斯历史没有因为意识形态的急转弯而发生彻底的断代，虽然苏联政治历史与前后两个时代不同，但苏联历史依然是俄罗斯民族历史不可分割的一部分。根据作者"我"的自白，历史是对事实的关注，往往忽视人的情感，然而正是这些深入历史肌理的细腻的情感影响了众多事实，正如作家自己所说："以前我更感兴趣的，对我影响更多的是社会思想，是人类无法支配的天然力量，比如战争和切尔诺贝利。今天，我最感兴趣的是人类的孤独的灵魂空间中发生着什么。在我看来，世界正是由此而转变的。"② 阿列克谢

---

① ［白俄］阿列克谢耶维奇：《二手时间》，吕宁思译，中信出版社2016年版，第174页。
② ［白俄］阿列克谢耶维奇：《二手时间》，吕宁思译，中信出版社2016年版，第568页。

耶维奇笔下的苏联生活是真实的，人物的情感也是真实的，这些留存于人记忆深处的历史映象经过岁月的风化，或表达追忆，或流露惋惜，或心怀希冀，或催人前行……自白纪实所展现的历史画面来自作家择取的个体，每一个个体都代表了曾经在苏联生活过的一类人，每一类人的经历都被拼贴到作者的记忆场中，作者的历史记忆脉络贯穿于复调书写的始终，最终连接成完整的历史画面，成为苏联到当代俄罗斯演变进程中的民族心灵史。

虽然《女性时代》和《"自由"工厂》没有纪实文学的显性特征，但这两部作品都是关于苏联历史的复调书写，并且，随着作者在众多第一人称之间的切换，岁月在娓娓动听的自白声中流淌至今，讲述了不同镜头下苏联时代的纪实。第一次翻阅《女性时代》的读者甚至难以辨别其中无数的"我"到底是哑女秀赞娜，还是母亲安东尼娜，抑或是老太太叶夫多基娅、阿里阿德娜和格利克里亚。事实上，正如"女性时代"这个标题一样，这是一本描写苏联时期三代女性历史的书，作家将现实生活中自己、母亲、祖母对两次世界大战、战后苏联货币改革等历史事件的了解注入以上五位女性的生活，这种自传式的真诚语言引起了当代俄罗斯对那个时代的共鸣：在每一个当代俄罗斯人身边何尝没有这些女性？这样的女性又何尝不是俄罗斯民族的象征？当代俄罗斯就是从苏联时代走来的坚强"女性"，再艰难的时代、再严苛的政治环境也没能扼杀安东尼娜肚子里的秀赞娜，苏联的解体也并不意味着俄罗斯民族精神的覆灭，年轻的秀赞娜承载了曾经两代人的历史记忆，她是苏联甚至是更前时代历史使命的化身，虽然带有残缺和一些难以摆脱的窠臼，但她终将坚强前行。在《女性时代》的自白纪实中，作家的历史记忆全程在场，语言能够记录历史，但是，历史记忆经过心灵工厂的发酵，比记录更多了一分对历史的回味与品咂。回望苏联历史，就像秀赞娜回忆起为母亲送葬时候的心情，充满了挂念、担忧和惊慌："后来这些都消散而去，惊慌却留了下来，就像从记忆中擦拭掉的孩提时代那样，曾有过某种可怕的东西，我却已无法记起……"① 当奇若娃的历史记忆与历史事件再次相遇时，虽然依旧彷徨，却发现那些俄罗斯传统中的珍馐并未在苏联时代彻底倾覆，依旧保持着旺盛的生命力，流淌在俄罗斯民族的血脉里，让俄罗斯人民看到了民族复兴、精神重塑的希望。另外，"Время Женщин"（女性时代）和"Время Секонд‐Хэнд"（二手时间）都以"время"（译为时间、时代）加后置定语的形式作为标题，时代是定量，诠释的是两个时间节点或事件节点之间的历史；而时间是变量，讲述的是难以追究始末的动态历史；因此，《女性时代》和《二手时间》通过对历史事实的记录定格了苏联时代的底色，又通过自白纪实将苏联时代带入俄罗斯时间，并希望俄罗斯能够在完整的千年历史中承担属于自己的当代使命。

如果说《女性时代》和《二手时间》是对苏联历史最好的时间隐喻，那么没有哪部作品中的空间隐喻比"百慕大三角"更加适合转折时期的苏联/俄罗斯。邦达列夫（Бондарев Ю. В.）在长篇小说《百慕大三角》（Бермудский Треугольник，1999）中意在表现俄罗斯这片土地如百慕大三角一般神秘莫测，有着许多难以按照正常思维逻辑解释的超常现象，并隐藏着走向死亡的危机。作家选取世界上著名的地理形象"百慕大三角"作为标题，是为了警示俄罗斯自毁前途的危机，因为小说的史实原型十月革命给俄罗斯带来的变革充满了未知，唯一可以确定的就是那一历史时刻的动荡感。这类现象在邦达列夫看来是激烈而不合常理的，但是没有历史沉淀的"当下"之所以给人以不安的情绪，是因为在现象与认知之间还没有建立起禁得住推敲的桥梁，历史是每一个国家真正的法庭，走向死亡还是复活，只有在其后更长的时间经历中才能显现出答案。

《"自由"工厂》也是通过空间隐喻进入苏联/俄罗斯转折时期历史的，与《百慕大三角》相比，作家卜克莎对苏联历史的态度并不完全

---

① ［俄］奇若娃：《女性时代》，薛冉冉译，译林出版社 2013 年版，第 1 页。

是悲观的。当代俄罗斯著名文学批评家贝科夫（Быков Д. Л.）在刊印于这部小说的文首短评中指出："这也许是第一部诠释苏联工业乌托邦的书。犀利而不挖苦，饱含深情而不袒护。"① 工厂是从事生产活动的空间，为工厂冠以"свобода"（自由）的名称使这一生产空间充满了乌托邦的意味，"自由"工厂是苏联时期列宁格勒（今圣彼得堡）的一家军工厂，是形形色色的苏联普通人辛勤劳动的地方，他们希望在这里供养家庭、实现梦想、获得千百年来一代代俄罗斯人追寻过的自由。因此，"自由"工厂既是当时工业状况的缩影，又是苏联共产主义乌托邦的具象空间。后来，军工厂转为民用，苏联也解体了，在资本主义的当代俄罗斯工厂获得了自决权，它自由了，可是人们并不享受这种"梦想实现"带来的乐趣，他们迷茫、怀念，真正自由的工厂反而成了人们存放苏联历史记忆的空间。在苏联共产主义的乌托邦里，自由生产无从谈起，工人们必须按照国家订制进行生产；苏联解体后，工厂恢复自由，历史转折关头的混乱导致了人们生活水平的下降，人们被怀旧情绪套上了枷锁，在崇尚自由民主的新俄罗斯里备受禁锢。"自由"工厂成为悖论的象征，逝去的未必全然美好，迎来的也未必无可挑剔，苏联/俄罗斯就像解体前后的"自由"工厂，哪种国家体制也没能让人们实现真正的自由。文末，作家以哀伤的调子给出了解悖的答案："活成被需要的样子总是好的，你几乎不会改变，就像到现在也没有改变一样……"②除了感慨过往，还寄托了作家的期望：无论是在社会主义苏联还是在当代俄罗斯，适应时代的生活才是最好的选择，不会改变的也不应当改变的是俄罗斯民族精神的内核和向往真正自由民主的理想。俄罗斯人生存的空间没有改变，由此决定的社会关系也没有改变，改变的是不断流动的时间，将属于过去那个时代的东西定格在历史时刻里。小说由三十多个工厂员工的自白组成，没有具象化贯穿全文主线的人

---

① Букша К. С.，"Завод 'Свобода'"，Новый мир，No. 8，2013，с. 8.
② Букша К. С.，"Завод 'Свобода'"，Новый мир，No. 8，2013，с. 69.

物。作家有意模糊历史长河中渺小的个人，为的是突出《"自由"工厂》中真正的主人公——众多普通人内心感受汇聚成的心灵史，每一个人的声音都参与了从 20 世纪 50 年代到 21 世纪初这段俄罗斯历史的建构，"自由"工厂的空间在他们记忆里的不同样子是对苏联历史多维度的观照，为的是使俄罗斯民族骨子里千百年来不变的那些东西从这段历史中显现出来，并永远流传下去。

《女性时代》《二手时间》以及《"自由"工厂》这类自白纪实从多个角度向读者呈现了真实的苏联历史。21 世纪初以苏联历史思省为主题的小说较上一个十年相比，观点显然更加客观，并增添了更多乐观的成分。这些对苏联历史的思省在经历了 20 世纪 90 年代的彷徨、思忖阶段后，已经逐渐打起精神，敢于直面历史，并承担起历史的使命，在通向未来的道路上探索和前行，虽然依旧有些迟疑，但已经充满希望，就像索尔仁尼琴在短篇小说《转折关头》（На Изломах，1996）中所表达的那样，新俄罗斯要肯定来自苏联历史的加速度，过去的苏联时代会在不断到来的俄罗斯时间里书写新的历史，虽然对未来的探索"还需要很多年才明白，整个国家是如何从斯大林那里获得了奔向未来的加速度的。战争还在继续的感觉将会消失——但加速度将继续存在，而且只有凭借它我们才能完成不可能完成的事"[①]。时间越久，当代俄罗斯越是会感受到苏联历史的重要与意义深远，正如当代作家斯拉夫尼科娃在接受中国学者采访时说的那样："大国——这不仅是幅员辽阔，而且还是'时代的列车'：愈是向远方行驶，愈是能深入了解过去。"[②] 而越是深入了解过去，当代俄罗斯才越是能将苏联历史置于整个国家千年历史长河中进行观照，并意识到民族复兴的国家使命。

---

① ［俄］索尔仁尼琴：《杏子酱：索尔仁尼琴中短篇小说集》，李新梅译，译林出版社 2015 年版，第 169 页。

② 张晓强：《2006 年俄语布克奖得主斯拉夫尼科娃访谈录》，《外国文学动态》2007 年第 1 期。

二 家族历史的观照

当代俄罗斯小说不乏对俄罗斯家族历史的追溯。作家们通过这一历史书写的方式打破时代的局限，以家族兴衰为支点，在连贯的时间脉络中追寻俄罗斯历史发展的动态轨迹，并通过家族历史进入当代俄罗斯社会的历史，观察俄罗斯民族性格的常量与变量。在19世纪的俄罗斯文学中就已经有以家族历史为主要题材的文学作品，阿克萨柯夫（Аксаков С. Т.，亦有阿克萨科夫的译名）在长篇小说《家庭纪事》（Семейная Хроника，1856）中以第一人称的形式记叙了祖父、父母亲的故事，这是一部关于农奴制俄国地主宗法制家庭的历史。宗法制家庭的本质是父系权力与血缘层级的统一，是沙皇俄国时期典型的家族构成。透过家庭琐事、爱情故事、婆媳姑嫂间的关系，我们还能够在这部作品中看到残暴各异的地主形象、纯朴善良的农民形象以及19世纪的巴什基尔民族史和庄园生活的风俗史，一切的关系都是通过阿克萨柯夫与家庭成员之间的关系串联起来的，成为当时社会生活的微缩。另外，作家还在作品中描写了狩猎活动与广袤辽阔的俄罗斯自然风光，家庭在自然中的历史就是尘世在神的目光中的演变，对于俄罗斯家庭而言，没有信仰是不可想象的。在以家族历史为题材的文学作品中，对人物及人物关系的直接描写构成了起情节推动作用的明线。家庭是俄罗斯社会最小的关系单位，却是神的无限权威和既定秩序的象征，有些贵族宗法制家族甚至将这种权威和秩序以思想内涵的形式注入家族徽志及图章。屠格涅夫笔下的19世纪的贵族家族都有这个习惯，比如《前夜》中的斯塔霍夫家族，叶琳娜的父亲将家庭的秩序和安宁奉为圭臬，视自己为家族中的权威；还有《贵族之家》中的拉夫列茨基家族，在他们的家族纹章下还有用拉丁语书写的题词"守法即是美德"[①]……家族历史的书

[①] ［俄］屠格涅夫：《屠格涅夫全集》第二卷，朱宪生等译，刘硕良主编，河北教育出版社2000年版，第185页。

写有助于我们更深入地了解俄罗斯的伦理道德世界和社会发展特征。

以家族历史为题材的小说所陈述的史实往往以"家族树"的形式展现，这种记录家族历史的形式广泛存在于西方国家，与中国的家谱有异曲同工之处。这种家族树式的历史呈现方式将俄罗斯人的生活按照祖辈、父辈再到子辈、孙辈的顺序描述出来，并建立家族史和社会变革史之间的映射。当代作家巴津（Бакин Д. Г.）的短篇小说《树之子》（Сын Дерева，1998）又赋予了"家族树"更多的宗教内涵。在作品里，树是无数俄罗斯家庭的隐喻，也是无数个俄罗斯的"我"的隐喻，"我"们都是树的子女，枝干相连的血缘关系将我们凝聚在一起；树又是木的来源，它建造了俄罗斯家庭的具象空间——дом（房子），这是家庭的空间形象。дом流行于19世纪以前的俄罗斯贵族阶层，除了血缘关系以外，还表示各成员之间的经济关系、隶属关系和道德关系等，也就是生活在同一屋檐下的人的总体。就俄罗斯传统家庭而言，家族树应当如《树之子》中描述的那样深深扎根于俄罗斯大地，从大地母亲那里汲取营养，并输送给每一个新发的枝丫，这才有了世代延续的春华秋实，俄罗斯民族精神之魂对每一个人的供养与"润泽大地的母亲"（Мать – Сыра Земля）是相同的逻辑。并且，每一片树叶、每一个枝丫都归于树干，逝于泥土，既保持了生命个性的独立，又达到了完满的统一。千千万万的俄罗斯人、俄罗斯家族之所以繁茂不衰，是因为他们拥有深厚坚实的根系、粗壮的枝干，将无数的叶子凝聚在家族的大树上，组成欣欣向荣的俄罗斯森林。在伟大卫国战争结束之后，苏联又出现了一种新型的家庭构成——"共厨家庭"。由于战后俄罗斯男性人口比例锐减，几乎每一个家庭都有牺牲的男性，变得支离破碎，人们在这样的困境下相互帮助，最后成为彼此没有血缘关系的亲人。《女性时代》中的家庭模式就是战争遗留的家庭残片的重组，主人公们都住在圣彼得堡市的一栋公寓里，每个房间约有十平方米，每层的几个房间共用一个厨房、洗手间；同时，厨房又作为人们聊天的公共场所，形形色色的人在这里进行日常交流，有时也有思想的交锋。厨房作为一个空间形象，成为家庭碎片、思想碎片再次找到存在意义的场域。单亲妈妈、哑女儿和三位在战争中失去亲人的孤寡老太太生活在一起，彼此支持走过了战后最艰难的日子。这种共厨家庭分享有限的生产生活资料，是苏联时期特殊的家庭关系，也是当时社会经济状况的反映。普京总统在《电影〈第二次罗斯受洗〉访谈》中讲道："国家与教会间我们有很多合作方向，包括在精神道德上教育人……还包括维持家庭结构、教育儿童、关心需要特殊帮助和支持的人。"① 以宗教的方式进入家庭中的道德伦理关系，对于当代俄罗斯而言有助于家庭关系和社会关系的稳定。在表示家的含义时，俄语中的 семья 和 дом 是同义词。семья 侧重于对家庭的伦理学意义的诠释，由"семь"（七）和"я"（我）两个部分组成，"семь"在"семья"中的植入绝非偶然。上帝创造世界用了七天，这个时间周期在俄罗斯东正教语境中象征着上帝定下的秩序，圣父、圣子、圣灵三位一体在由东西南北四个向度构成的尘世降临，构成了形而上的立体空间，因此，七又象征着神对世俗世界的观照，包含万物统一的思想。对于"семья"中的"я"而言，家是秩序的象征，是我与其他神所造之物之间的统一，正如教会被认为是基督的逻各斯之妻，"夫与妻的关系，从其最完满的方面说，是在保持了全部现实差别的情况下的生命的完整统一：是既不被二重性所分解，也不被统一性所吞没的两者统一"②。所以，东正教思想中的家庭是"я"（尘世的人）与天父、基督、基督之爱之间的统一，家作为人在尘世中关系的具象，赋予了"я"存在于世界的意义。

当代作品《伊万的女儿，伊万的母亲》描写的是当代俄罗斯西伯利亚一个普通家族的历史，标题中的两个"伊万"并不是同一个人，

---

① ［俄］普京：《普京文集（2012—2014）》，《普京文集（2012—2014）》编委会编译，世界知识出版社、华东师范大学出版社 2014 年版，第 373 页。
② ［俄］布尔加科夫：《东正教——教会学说概要》，徐凤林译，商务印书馆 2005 年版，第 2 页。

老伊万是女主人公塔玛拉的父亲，小伊万则是她的儿子，两位伊万在作品中的关系是东正教教义三位一体的写照。老伊万多年生活在安加拉河畔的村庄，对万物中的神保持着天然的亲近与尊敬；小伊万对俄罗斯语言的悟性和他参与保卫贝加尔湖、重建破败教堂的行为，都证明了他继承了外祖父伊万对神的敬仰，"圣灵是圣父给予圣子的生命"①。爱在老伊万和小伊万两位男性之间的传递，向人们显示了象征基督之爱的圣灵的在场，象征着俄罗斯家族得以在神的观照下世代延续。而既是母亲又是女儿的塔玛拉则违反了神的旨意，远离了灵性的自然，在喧嚣的城市中为报女儿被强奸之仇杀了人，经历了种种苦难之后，在父伊万与子伊万营造的爱的空间里得到了救赎。当代俄罗斯文学中家族历史的呈现实际上是为了树立俄罗斯信仰在社会关系中不可挑战的地位和作用。

家族在历史中以其秩序的象征，表达了宗教思想在俄罗斯社会的投射。此外，家族历史还会自觉地与宗教历史、民族历史、国家历史、自然人文风貌等相照应，构成小说表达思想内涵的暗线。

库切尔斯卡娅在其长篇小说《莫佳阿姨》中，将关于家庭历史的书写嵌入了对当代俄罗斯社会生活的描写中。小说情节的明线是莫佳、科里亚和他们的孩子焦普雷组成的三口之家的日常生活：莫佳出身知识分子家庭，工作在杂志社；科里亚则是一个电脑维修员，每天为维修工作疲于奔波；看似并不门当户对的他们组成了年轻的当代俄罗斯家庭，育有一个天真烂漫的孩子。鸡毛蒜皮的与日俱增、日常生活的琐碎、外界的诱惑以及家庭成员间的观念差异造成了这段婚姻的危机，然而最终随着子夜新生命的降临，莫佳和科里亚身上增添了更多成长的痕迹，翻开了生活的新篇章。历史书写是通过莫佳的工作植入的，莫佳工作的杂志社推出了《家族相册》的策划案，读者谢尔盖·戈卢

---

① ［俄］布尔加科夫：《东正教——教会学说概要》，徐凤林译，商务印书馆2005年版，第3页。

别夫一封封来信的内容构成了这部小说的支线剧情。这些信件是对一张老照片中人物生平的记述，以"家族树"的形式反映了19世纪中期以来的俄罗斯历史。照片摄于1902年，上面的人物是伊利亚神父及其长子费佳、次子米佳、第三子格利沙、女儿伊丽莎，还有伊利亚神父的妹妹安娜，也就是谢尔盖·戈卢别夫的母亲，这张照片就是这位母亲在临终前交给儿子的。从伊利亚神父出生的1856年起至1988年，这张照片上的家族历史完成了132年的跨越，写信者谢尔盖·戈卢别夫所在的当代俄罗斯是这132年历史的续篇，也正是通过他，历史家族与当代家族能够自然而然地衔接。通过家族历史的呈现，俄罗斯历史上的农奴制改革、十月革命、卫国战争等重大事件以人物经历的形式跃然纸上，国家的历史选择与特定人物形象的性格相关联，并穿插了中俄早期茶叶贸易的历史。作家一边描写当代生活，一边书写历史；一边描写俄罗斯的家族志，一边将其与世界历史联系起来，小说为俄罗斯历史提供了与不同时间、空间的世界相照应的场域，描绘的是更广阔的俄罗斯图景。

通过对当代俄罗斯家族历史题材小说的分析，我们能够发现，家族这一关系单位在俄罗斯的历史文化语境中主要是神对世界统治的化身，其主要功能并不在于使生命得以延续，而在于使上帝权威得以彰显。俄罗斯希望通过家族这一基本社会关系单位，实现国家对人民的精神统治；并希望通过家族链条的延续，将这种精神统治不断接续下去，实现民族和国家的空前凝聚。另外，艺术化地追溯家族历史这种进入历史的诗学形式能够从侧面反映国家和社会的发展史，对人物经历细节的描述使历史事件以更加生动的面貌展现在读者面前。

三　信仰历史的启示

宗教生活是俄罗斯国民生活不可或缺的一部分，家族历史的书写已经印证了这一点，要想了解俄罗斯的民族心理、人文精神，宗教信仰是无论如何也不能避开的研究领域。俄罗斯的东正教信徒超过全世界东正教信徒总数的三分之一，占国民总数的一半以上。自988年弗拉基米尔大公接受东罗马帝国的基督教为国教时起，东正教已经伴随这个地跨欧亚大陆的帝国一千多年了，其信仰已经深入俄罗斯历史的各个角落，在民族精神内核中凝聚成一股强大的力量，影响着俄罗斯国家意愿的生成和执行。

曾经的苏联政权在法律上宣布了国家与教会的分离，用共产主义的无神论填补国民宗教信仰的空缺，使东正教会遭受了前所未有的打击。然而，绝大多数人难以接受共产主义使基督之爱在他们心中被迫离场的现实，对于拥有千年东正教历史信仰的国家，这种基督离场造成的失落感就像有人偷走了俄罗斯民族精神中那块最珍贵的奶酪一样，使越来越多的俄罗斯人无法找到自己心灵的归宿，最终从上帝的子民沦为精神上的难民。虽然世界历史上的宗教信仰之争造成了无数的流血和争端，但是对于俄罗斯国家而言，有精神依托总好过颠覆上帝所造之世界的苏联乌托邦。苏联解体后的俄罗斯更加需要东正教去凝聚涣散的民族心灵，俄罗斯正在恢复布尔加科夫所阐释的那种教会和国家之间的联系："以教会力量对国家性进行基督教改造，这个理想即便在教会与'法制'国家分离的时代，仍然完全有效地存在着，丝毫没有受损，因为国家与教会的分离仅仅是外在的分离，而不是内在的分离。在这种情况下，教会影响国家的方式发生了改变，教会不是从外部，从上层，而是从内部，从下层，从人民和通过人民来影响国家。"[①] 这种改造方式反映在当代俄罗斯的国家意愿之中，引申出当代俄罗斯与教会之间的合作机制："在精神道德方面……教会是政府天然的伙伴。在俄罗斯国内教会还发挥着一种非常重要的作用——为宗教间、民族间、种族间的和平与和谐创造条件。在这个意义上，教会的意义甚至超出了今天俄罗斯联邦的国界。教会帮助我们与其他国家的人民建立良好的关系，首先当然是

---

① [俄] 布尔加科夫：《东正教——教会学说概要》，徐凤林译，商务印书馆2005年版，第202页。

后苏联空间的人民。上文提到，乌克兰、俄罗斯和白俄罗斯这三个民族有共同的历史精神根源。本质上，我们拥有相同的宗教、相同的精神源头、相同的命运。毫无疑问，教会对于其他独联体国家以及友好国家的人民发挥着建设性的、积极的作用。"① 俄罗斯希望通过东正教的力量解决国家发展道路上的关键问题，首先是重新凝聚国民涣散的精神，使东正教重新在教育、犯罪等领域发挥作用；其次是借助东正教在世界上的影响力，团结以自己为核心的东正教文明圈中的国家，在地缘政治中取得优势地位。但是，从苏联乌托邦到源自虚空的宗教乌托邦，无非是从一种虚空性到另一种虚空性的转换，这种精神带来的无力感难以扼制地渗透到俄罗斯的政治、经济、文化等领域，使"俄罗斯梦"成为用来向往之梦幻，而非用来实现之梦想。在当代俄罗斯历史小说中，越来越多的当代作家希望从神那里得到关于未来之路的启示，他们通过重走信仰之路，领悟神的指引，为俄罗斯未来的发展提出可能的重塑方案。

在当代俄罗斯，有相当一部分人将20世纪90年代以来俄罗斯宗教生活的恢复看成俄罗斯的第二次受洗。这种观点反映在当代俄罗斯以信仰重塑为题材的小说中，多为虔诚的信徒重走信仰之路，重走获得真经之路，最终获得精神上的成长和蜕变，沃洛斯（Волос А. Г.）的《回到潘日鲁德》（Возвращение в Панджруд，2013）就是这样一部"关于行走的书"。这部长篇小说的主人公是塔吉克—波斯古典文学始祖阿卜·阿卜杜拉·贾法尔·本·穆罕默德·鲁达基，作家通过贾法尔从布哈拉返回潘日鲁德之路重构了约1150年前中亚民族的历史。我们之所以使用"重构"一词，是因为就连作家自己也承认，小说中史实细节的准确性有待商榷，创作过程没有遵从严谨的史学原则；而是强调他所遵从的是文学的"现实性原则——一种最为宽泛意义上的现实性，即我

---

① ［俄］普京：《普京文集（2012—2014）》，《普京文集（2012—2014）》编委会编译，世界知识出版社、华东师范大学出版社2014年版，第373页。

以为，人类主要的情感、愿望、风尚在多少个世纪的历史长河中是始终不变的"①。也正是这种现实性原则使小说突破了时间和空间的限制，甚至超越了个别宗教的局限，上升为永恒的终极真理。

贾法尔信仰伊斯兰教，挖去双眼后被驱逐出都城布哈拉，开启了返回故乡潘日鲁德的旅途，陪在他身边的是一个名叫舍拉夫坎的少年。虽然贾法尔的眼睛失明了，但是他依然能够用他的心去感受那些至善至美的东西，即使如今他沦为一无所有的阶下囚，走在艰苦的流放之路上，他对世界的认知也使他有限的生命显得尤其伟岸、光辉闪耀。青年舍拉夫坎的形象在小说的伊始与贾法尔形成了鲜明的对比，他拥有一双可以去观察世界的眼睛，但是浅薄的他却无法透过世间的混沌认识宇宙的真理。起初，他嫌弃失明而苍老的贾法尔；最终，却在这位伟大贤哲的影响下走向成熟。苏联之前的俄国就已经拥有一千多年的东正教文化积淀，由一个年轻的信徒成长为智者；俄罗斯期待苏联之后的自己能像舍拉夫坎，带着贤哲的智慧，走上新的成熟之路，实现信仰的回归。沃洛斯"以一种进入历史的方式同时在进入现实，特别是进入当代人的情感现实，这是作家由当代社会情感所引发的以历史故事切入的思考"②。中世纪中亚伊斯兰教的信仰史可以成为当代俄罗斯信仰回归的启示，无论是真主还是上帝都象征着一种真正的本源，所以从这个意义上讲，俄罗斯信仰在苏联时期经历了一次"出走"，现在，新时期的俄罗斯人都期待能够找到并返回那个真正的本源。显然，沃洛斯对这一点是抱有信心的：虽然智者贾法尔传奇的一生经历了诸多磨难，但他"终于回来了……这里的一切都与从前一样。年轻的群山依然积雪覆盖，洁白耀眼。他已经成了一个老人，可它们依然年轻……他走的时候也是一个年轻人。他曾经年轻，纯洁得像张白纸：透明澄澈、

---

① [俄]沃洛斯：《回到潘日鲁德》，张建华、王宗琥译，人民文学出版社2015年版，第529页。
② 张建华：《"行走"、族群、历史叙事——评安德烈·沃洛斯的长篇小说〈重返潘日鲁德〉》，《外国文学动态研究》2015年第1期。

坚韧刚强,如同山里的水晶。但是,生活远比他要坚强。生活要比世上的一切都坚强:坚于石英,坚于宝石……甚至刚于钻石"①。沃洛斯相信,宗教内化在人灵魂深处的东西与自然界一样长生不息,这便是俄罗斯一直追求的信仰和极力想要回归的本源,它甚至超越了时空的演变、具体的宗教信仰,作为一种形而上的最高实体指引俄罗斯民族发展的方向。

就这一方面而言,俄罗斯信仰的发展历程并不会在政治事件的破坏下发生实质性的断裂,无论是受到苏联政权迫害的东征教会,还是分裂运动中一度不被国家承认的旧礼仪教派,都含有在历史长河的冲刷中保留下来的精髓,成为俄罗斯信仰本源的一部分。当代俄罗斯作家沙罗夫试图在旧礼仪教派的信仰中寻找这种真正的本源。沙罗夫在作品《像孩子一样》中一如往常地塑造着具有作家独特风格的宗教世界图景,我们将这部作品定性为"历史小说"并不是根据作品中出现的一系列精确的历史时间、历史事件和历史人物,而是基于"历史"与"小说"结合而引发的意义的扩张:沙罗夫的历史小说是虚实结合的世界图景的绘制,是文学对历史的诗意书写。他在作品中想极力推崇的是以阿瓦库姆为代表的旧礼仪教派的思想——主张俄国固有的宗教传统,通过节制欲望的苦修得到上帝的宠爱,反对西方世界对俄罗斯宗教的不洁影响;无论是对"莫斯科是第三罗马"使命的维护,还是当代新俄罗斯国家的建立,都要通过俄罗斯自己的方式来实现,这才是真正"独特俄罗斯"的宗教史、思想史,或者说是能够成为新世界历史记忆的俄罗斯历史。《像孩子一样》中的女主人公伊琳娜的女儿萨申卡三个月大的时候得麻疹夭折了,此后伊琳娜开始酗酒,变得行为放荡,勾引男人,破坏了十几个家庭,最终却在流放的路上与自己的女儿重逢。根据《圣经·马可福音》,"夫妻二人结合成为一体,是神的旨意将二者配合,不可分开,休妻另娶和弃夫另嫁都是犯了奸淫之罪"②。伊琳娜的确罪孽深重,她

---

① [俄]沃洛斯:《回到潘日鲁德》,张建华、王宗琥译,人民文学出版社2015年版,第520页。

② 《圣经·马可福音》第10章第6—12节。

违背上帝的旨意，与不同的男人上床，摧残自己的肉身，麻痹自己的精神，但是她的目的只有一个，那就是创造新的生命——孩子，弥补她失去萨申卡的遗憾。根据《圣经·马可福音》，耶稣不让门徒拦住来见他的孩子，并说："神的国度属于这些孩子一样的人们，一个人如果不能像小孩子一样接受神的国度，那么他永远都无法进入神的国度。"① 通往神圣的路是需要经历苦修的，人们从出生时起，不断经历尘世的苦难，才能成长为能够进入神之国度的"孩子"，正如沙罗夫在《像孩子一样》中所说的那样："信仰不是某种现成的东西，而是像用黏土捏出人一样，是逐渐地、一步一步地塑造。路，不平坦，断断续续，是难走的道路，路上的一切都是必需的，一切都是不可避免的。只有从起点走到终点才可以指望得救……向耶路撒冷的运动是对我们内在的自我修正缓慢的、于民族而言显见的反映。在基督第二次显身之前，我们应当重走信仰走向我们的路，自己回到圣地。"② 沙罗夫的作品看起来到处都是历史的碎片，却书写了完整的宗教历史，讲述了尘世的人从出生、犯罪、受难到升入天堂的路径。苦难是人们必然经历的过程，却不是毫无出路的过程，人们必然能够通过自身的苦修，归于伊始的纯净，回到得救之后的圣地。

笔者认为，沙罗夫于2013年创作的长篇历史小说《回埃及记》（Возвращение в Египет，2013）是作家以宗教探源为主题思想创作的更加优秀的作品。这部小说的标题呼应了《圣经·旧约·出埃及记》中摩西回埃及的故事，通过阅读我们不难发现，作家想要把这部作品打造成再现20世纪俄罗斯寻找乐土的历史小说。作品的主人公名叫果戈理二世，虽然作家的目的并非续写《死魂灵》，但是他的确从文学史、宗教史的角度探讨了俄罗斯向何处去的问题。在果戈理的《死魂灵》中，乞嗇鬼泼留希金和乞乞科夫是逻辑上两个可能出现在复活

---

① 《圣经·马可福音》第10章第13—16节。
② ［俄］沙罗夫：《像孩子一样》，赵桂莲译，北京大学出版社2015年版，第188页。

之路上的人物，因为所有的地主形象中，每个人都在剥削俄罗斯大地上的财富，只有最吝啬的泼留希金为乞乞科夫拿出了差强人意的红酒，并且二人都是对俄罗斯图景有所认识的人，泼留希金家里挂着的俄罗斯的油画和乞乞科夫的行走都是对走上救赎之路的影射。在《回埃及记》中，果戈理二世希望接过历史的使命，摆脱现世的苦难，重新勾勒了乞乞科夫行走的路线——他不再是一个买卖魂灵的投机倒把者，而是旧礼仪教派的牧师，带领俄罗斯人民寻找真正的乐土，但是最后，信仰的缺失却使他选择了出逃。沙罗夫在《回埃及记》中想要表达的是，在俄罗斯信仰回归之路上同时存在着希望和危机两个辩证统一的方面，在逃离埃及——20世纪俄罗斯历史困境——的路上，如果俄罗斯选择了坚持本源的信仰，那么就可以找到通往乐土的未来之路；但是，如果在苦修的道路上没有能够坚持自己的信仰，那么就有重新被埃及奴役的危险，在历史的困境和西方的阴影中断送俄罗斯的未来。在沙罗夫的许多作品中都有对旧礼仪教派思想的反映，可以说，这位作家是当代俄罗斯斯拉夫派的代表作家，并通过作品发声，强调俄罗斯宗教本源在新时代俄罗斯发展中的重要地位。在作家的世界观中，真正的俄罗斯传统和精神是无论如何也不能够被抛弃的。从彼得大帝时期起，西欧思想不断进入沙皇俄国，斯拉夫派和西欧派之争从那时起就逐渐进入激烈的状态，社会主义苏联的解体宣告了俄罗斯与西欧思想联合的彻底失败，所以，以沙罗夫为代表的诸多当代作家开始回顾东正教本源，回顾俄罗斯文学经典，期待从中寻找到适合当代俄罗斯的未来之路。

《像孩子一样》《回埃及记》与1993年沙罗夫创作的长篇小说《此前与此刻》（До и во Время，1993）共同织构了作家完整的俄罗斯信仰图景。就《此前与此刻》的行文脉络而言，"此前"是主人公"我"进入精神病院前的生活，"此刻"是他由于失忆进入精神病院生活中的各种奇遇。此外，这部作品通过斯塔尔夫人历经俄罗斯19—20世纪历史变迁的三生三世，将个人、国家、宗教三者有机地联系在一起。"此前"与"此刻"的关系暗示了这些重大历史事件之间前世今生的联系,"此刻"俄罗斯正在经历的第二次洪水,即俄罗斯的困境,与"此前"一切事件带来的影响都有关联。在"此刻"之后就是对于未来救赎之路的探讨,便有了《像孩子一样》中的基督第二次显现和《回埃及记》中的摆脱西方、追寻乐土。沙罗夫通过历史小说的书写,对俄罗斯信仰进行了思考,他希望人们回到本源,为人们描绘了曾经的罪、现世的苦和未来美好的愿景,但是正如当代俄罗斯所处的历史阶段一样,结局是开放的,是否能够找到这个本源并获得它的力量依然是未知的。

当代作家利丘金(Личутин В. В.)的长篇历史小说《分裂教派》(Раскол,1990—1997)、科利亚金娜(Колядина Е. В.)的长篇小说《鲜花十字架》(Цветочный Крест,2009)以及克鲁平(Крупин В. Н.)的《我们不是人,我们是维亚特卡马》(Мы не Люди, Мы Вятские,1997)等作品也都是通过进入历史的方式进入了俄罗斯信仰重塑、民族复兴的主题。进入21世纪第二个10年以来,在俄语布克奖和"大书奖"的获奖名单中,共有9部是与历史题材相关的作品,包括我们上文提到过的《女性时代》《二手时间》《回到潘日鲁德》《鲜花十字架》《回埃及记》等,还有普里列平(Прилепин З.)的《修道院》(Обитель,2014)、扎洛图哈(Залотуха В.)的《蜡烛》(Свечка,2014)和斯涅吉廖夫(Снегирёв А.)的《信仰》(Вера,2015)等。并且,旧礼仪教的某些信仰以及它所在的西伯利亚土壤越来越多地走进了作家和读者的视野。无论是其中的旧礼仪教徒形象、圣愚形象还是东正教虔诚信徒的形象,他们的成长史、蜕变史都是作家眼中俄罗斯从当代困境走向光明未来的启示,同时,俄罗斯对这类文学创作的重视也显示了国家在信仰回归、精神重塑等民族复兴目标方面的强烈意愿,以及提高俄罗斯宗教文化影响力、国家文化软实力的愿望。

当代俄罗斯人"都记得共产主义建设者的道德法典是什么样的。本质上,这完全是所有传统和现代宗教道德原则的简单化呈现。当这种原则的简化形式不存在时,就出现了大范围的道德'真空',只有一样东西可以填补这种'真空',即回归真正的、本源的价值。这些价值只可能是具有宗教性质的价值"①。但是,真正的、本源的、宗教性质的价值存在于形而上的理式（Идея）中,而这种理式自柏拉图时代起就只能被形而下的实体无限接近,无法带来存在感和获得感。用宗教去填充道德原则的缺位无异于用虚空去填补真空,虽然这种虚空的确起到了抚慰俄罗斯民族伤痛的作用,并且凝聚了某种带领俄罗斯摆脱现实泥潭的力量,但是它也可能难以成为真正的挪亚方舟,承托俄罗斯驶向未来的彼岸。

苏联、家庭和信仰的主题是当代俄罗斯历史小说中极其重要的三个部分,通过对时代、生活、民族精神历史的回溯,思考当代俄罗斯的发展历程,并从多个向度揭示了"俄罗斯梦"的内涵。首先,它与"美国梦"迥然不同,"美国梦"追求金钱至上、资本之上,其中的实用主义和利己主义无论如何也无法引起俄罗斯民族的兴奋,"俄罗斯不能没有基督。俄罗斯人的幸福从来就与金钱无关。这就是'俄罗斯梦'和'美国梦'的不同之处"②。俄罗斯民族追求幸福与爱,虽然这种和谐的愿景在"中国梦"之中也有所体现,但是中华文明和东正教文明追梦的方式又不尽相同:"中国梦"是用来实现的,并且重在"实现"这一动词上;而"俄罗斯梦"是用来虔诚地追寻的信仰,它否定苏联的简化原则,不以最具有生命延续功能的家庭为主要承托,而是以自己订立秩序的无上权力使人们匍匐在它的脚下顶礼膜拜。所以,当代俄罗斯作家通过对历史的思省,在宗教信仰的观照和启示下提出的美好"俄罗斯梦"的愿景,虽然很大程度上凝聚了具有驱动力的意志品质,但是在意愿的执行、意志的实现方面依然留有亟待填补的"真空",这种虚空性

---

① ［俄］普京:《普京文集（2012—2014）》,《普京文集（2012—2014）》编委会编译,世界知识出版社、华东师范大学出版社2014年版,第371页。
② ［白俄］阿列克谢耶维奇:《二手时间》,吕宁思译,中信出版社2016年版,第343页。

甚至不来自苏联，而来自俄罗斯真正的、本源的宗教信仰，然而，这种虚空性也恰恰是俄罗斯信仰中一直追寻的本源。

第三节 战争小说中的国家意志

人类文明的进步总是伴随着东征西讨，作为东斯拉夫文明回响的俄罗斯文学讲述了一段又一段的战争历史。古罗斯的《伊戈尔远征记》《往年纪事》等作品记述了包括公国战争、西伯利亚战争在内的诸多战事，就这些作品的文学功能而言，时空的建构、叙事的设计等诗学形式的考究在展现激烈战争场面的同时，又描绘了富于宗教色彩的艺术图景，塑造了古代俄罗斯战争中的民族英雄形象和国家形象，最终达到了俄罗斯帝国意识策源的国家战略目标。19世纪黄金时代的俄罗斯文学既有对历史上战争的审视，又有对时下战争的思考。列夫·托尔斯泰在其作品《叶尔马克》中一方面将征伐西伯利亚的叶尔马克视作民族英雄，另一方面又难以真正接受西伯利亚为俄罗斯的领土，这种悖谬逻辑折射出战争在俄罗斯思想中的地位——实现帝国意志的工具；普希金等人的"高加索俘虏"主题反映了自古以来高加索地区与俄罗斯国家政权之间的冲突，其民族冲突的表征已经成为近当代"文明冲突论"的前逻辑；《战争与和平》以历史长卷的形式展现了1812年卫国战争时期的社会生活，社会化的人物形象在战争时空中得到了成长和发展，传达出超越历史时空的哲理性意义。包括《一个人的遭遇》《静静的顿河》等作品在内的顿河战争文学无疑是20世纪战争文学中的瑰宝，肖洛霍夫描写了从第一次世界大战到苏联国内战争时期顿河哥萨克人的生活和国家政权的变化。战争一定是国家有目的的行为，没有人仅仅为了夺取对方的生命而发动战争，俄罗斯战争文学题材的多元化反映了这一特点，战争问题杂糅着对哲学问题、民族问题、生态问题、民生问题的探讨。在当代俄罗斯文学中，更多当代作家选择将战争以文本的形式植入作品，引发人们对俄罗斯社会问题、战后之路探索和民族自信重建的思考。

世界反法西斯战争胜利虽已70年有余,却没有终结世界版图上的烽火狼烟。阿富汗战争、两次车臣战争、俄格战争、俄乌战争等无疑是俄罗斯在与欧美政治博弈过程中向对手强力施压的武装表现,以此表达提升国际地位的国家意愿和志在必得的决心。较声明、谴责、经济制裁或封锁等非武力行为而言,战争是国家意志强硬最典型的表现。在苏联解体之后的当代俄罗斯战争文学中,卫国战争、阿富汗战争和两次车臣战争是常见于诸多作家笔端的三大主题。

一 战争的文明冲突转向

由于历史文化语境的变化,当代俄罗斯战争文学与古罗斯时期、沙皇俄国时期以及苏联时期相比,既有对传统的继承,又呈现出新的特征。首先,抛弃社会主义苏联意识形态的俄罗斯已经不再是冷战对抗时期资本主义世界的公敌,但是,作为东正教文明的核心国家,那种对自身文化优越性和普遍性的自信又使其成为西方基督教世界和伊斯兰教世界的外人,历史上的民族问题裹挟着文明冲突的因子,在世界热战和两极冷战之后成为当代俄罗斯军事行动的主要动因,以阿富汗战争和两次车臣战争为题材的当代俄罗斯文学作品在不同程度上反映了当代俄罗斯战争的文明冲突转向。第二,由于第二次世界大战和阿富汗战争发生在苏联历史时期,即一个以英雄主义为重的时代,苏联解体后的当代俄罗斯战争文学表达了新的看法,其中缺省了对英雄主义的歌颂,取而代之的是人性尊严、生命意义和战争之恶三大母题,表现为对苏联英雄主义的思省和解构,俄罗斯的反战意识使英雄主义不足以成为发动战争的理由,而帝国意识传统和民族复兴使命则成为俄罗斯以战争形式表达强烈国家意志的新旗号;第三,第二次世界大战以后,世界进入了总体和平、局部冲突此起彼伏的时期,越来越多的作家在这一相对和平的时期将笔锋从对战争场面的描写转移到对战争伦理的哲学思考,在后战争时代,作家们将战争置于民族文化的语境和人道主义的语境进行观察,寻找引发战争悲剧的起火点,以达到避免战争的目的。

西方、俄罗斯、中亚、西亚地区之间的冲突除了受国家政治因素影响以外,宗教历史原因更不可忽视。十字军骑士为基督教的布道开启了世界上不同宗教文明之间十几个世纪的较量,伊斯兰教世界的圣战思维自第二次世界大战结束以来成为当代许多战争的导火索。美国学者塞缪尔·亨廷顿将1979—1989年的苏联和阿富汗战争(下文简称"阿富汗战争")视作第一场文明之间的战争。① 这不仅是国家与国家之间的对抗,更是以伊斯兰文明为向心力而团结起来的伊斯兰世界与社会主义苏联、东正教俄罗斯之间的战争。

叶尔马科夫(Ермаков О. Н.)是以阿富汗战争为题材从事小说创作的行家里手,著有短篇小说《最后一篇战争小说》(*Последний Рассказ о Войне*,1995)、中篇小说《返回坎大哈》(*Возвращение в Кандагар*,2004)等,他的长篇小说《野兽的标记》(*Знак Зверя*,1992)就探讨了以东正教文明为民族思想核心的俄罗斯在阿富汗战争中体现出的帝国性和文化排他性。在《野兽的标记》中,作家用对比的手法描写了卡里亚哈玛达被炮轰前后伊斯兰教徒们的日常生活,这是一个曾在1839—1919年英国和阿富汗战争中几度沦陷的村庄,没有战火时,当地的伊斯兰教徒做着礼拜,生活一片安宁、祥和;而战后,清真寺被炸毁,面目全非,众多成了难民的伊斯兰教徒居无定所。叶尔马科夫并没有单纯站在俄罗斯民族的立场上观察阿富汗战争,而是在阿富汗战争的历史语境下探讨战争引发的死亡问题和人性之恶,作家在《野兽的标记》中谈道:"让你蒙受不白之冤——这是其一,其二是强求一致,其三是可汗说了算,这三个重砣压得俄罗斯不能迈进世界之林。"② "蒙受不白之冤"和"强求一致"在表面上是对苏联国家军队管理的控

---

① 参见 [美] 塞缪尔·亨廷顿《文明的冲突与世界秩序的重建》,周琪等译,新华出版社1998年版,第275页。
② [俄] 叶尔马科夫:《野兽的标记》,刘宪平、王加兴译,人民文学出版社2015年版,第28—29页。

诉，却反映了俄罗斯民族文化的排他性；"可汗说了算"意在强调当代俄罗斯从蒙古的统治中继承了严苛的阶级分野，而从本质上说明了苏联对阿富汗的进军是民族性格中的帝国意识和将其他民族视为他者的侵略行为。当时的苏联视自己为世界的权威，是世界上最先进文明的代表，这使得即使在苏联解体后，俄罗斯与伊斯兰世界之间的僵局也没有被打破。而事实上，在不同文明之间，除了冲突还有一条对话的路可以走，东正教文明与穆斯林文明之间的相互仇视不仅无法达到俄罗斯文明称霸世界的预期，反而给希望在东正教文明中安然度日的信徒们带来灾难。

马卡宁（Маканин В. С.）、普罗汉诺夫（Проханов А. А.）、巴布琴科（Бабченко А. А.）等作家分别著有多部以两次车臣战争为题材的作品，如马卡宁的《高加索的俘虏》（Кавказский Иленный，1995）、《阿桑》（Асан，2008），普罗汉诺夫的《车臣布鲁斯》（Чеченский Блюз，1998）、《黑炸药先生》（Господин Гексоген，2002），巴布琴科的《战争十记》（Десять Серий о Войне，2001）、《阿尔汉－尤尔特》（Архан－Юрт，2002）、《阿尔共》（Аргун，2006）、《取得小胜利的战争》（Маленькая Победоносная Война，2009）等。马卡宁创作于20世纪90年代第一次车臣战争前夕的短篇小说《高加索的俘虏》，借助普希金的名作《高加索的俘虏》将战争的悖谬性置于跨越几个世纪的时间长河中进行观察，具有普适性意义。《阿桑》是该作家另一部以车臣战争为题材的长篇佳作，其中的主人公——阿桑——与历史、神话人物之间建立了互文性。普罗汉诺夫和马卡宁等人的作品更富哲理性，将车臣战争置于历史语境下来审视。车臣战争究竟为何而起？车臣共和国所处的俄罗斯北高加索地区，西邻亚速海和黑海，东接里海，苏联解体以后，南接格鲁吉亚、亚美尼亚、阿塞拜疆所处的南高加索地区，战略位置十分重要。此外，北高加索以丘陵、低地和平原地形为主，拥有丰富的油气资源、矿产资源和农业资源，是俄罗斯国家发展不可多得的后勤资源部。福兮祸所伏，诚然是因为地理位置和经济价值的优越使得高加索地区在历史上成为战事频发之地。1993年，随着美国学者塞缪尔·

亨廷顿《文明的冲突》一文的问世，世界上对"文明冲突论"的探讨急剧升温，而车臣战争又何尝不是伊斯兰世界与基督教（东正教）世界的一场关于文明的较量呢？如果按照世界各地的文明来绘制地图，东正教的俄罗斯和伊斯兰教的车臣之间必然"存在一条隐匿的文明界线"①。第一次车臣战争爆发之时，东正教国家格鲁吉亚、亚美尼亚以及北奥塞梯共和国站在了俄罗斯的阵营，而车臣共和国所代表的伊斯兰世界则吸引了俄罗斯国内的众多伊斯兰教徒，还包括土耳其、伊朗，以及曾在战争中攻击过俄罗斯军队的印古什共和国和达吉斯坦共和国。在战争文学中，作家们用"俄军""我们"和"车独分子""他们"来区分这两种文明在某种意义上的对立，一边是受上帝的派遣、圣母的庇佑，将敌军视为魔鬼的东正教军队；另一边是真主保佑、高举"圣战"旗号，将死亡视作天堂之梯的伊斯兰教徒军队。可事实上，就连阿列克谢耶维奇采访的小孩子都知道，1961年4月12日，曾有一位名叫加加林的人去到了上帝和真主所在的"天国"，他谁都没遇见，只看到了浩瀚的宇宙和美丽的地球。宗教粉饰的政治宏愿就好像皇帝的新衣，实质却是赤裸裸的丑陋。

马卡宁的短篇小说《高加索的俘虏》无疑提出了涅克拉索夫式的问题：谁在战争中能过好日子？这部作品创作于1994年6—9月，正值俄罗斯第一次车臣战争一触即发的时期（1994年年末，第一次车臣战争正式打响）。两次世界大战结束后，以民族、宗教、恐怖主义问题为导火索的局部战争在世界各地层出不穷，其中包括两次车臣战争。作家马卡宁以《白痴》中的言说"美拯救世界"开篇："士兵们多半以前不知道美能拯救世界，但什么是美，一般来说，他们是知道的。群山之间他们十分清晰地感觉到美（地形美）——这种美使他们既感到突然，又感到几分畏惧。"②在作品的最后，作家又以群山的围困作为尾声：

---

① 郑永旺：《文明的对撞：俄罗斯文学中的高加索主题》，《俄罗斯文艺》2014年第4期。
② ［俄］马卡宁：《高加索的俘房》，胡谷明译，《俄罗斯文艺》1997年第3期。

"这些山把他围困在这儿,不放他走。鲁巴欣服满了自己的兵役期。每次当他准备让一切滚蛋的时候(打算永远回家,回到顿河之滨的草原上时),他总是急忙地收拾好满满的一箱子……可总是留下来了。"① 在自古以来战事频繁的高加索地区:俄罗斯人攻打高加索人,同时以提供军械换取高加索人的粮草补给;高加索人用得到的军械与俄罗斯人抗衡,无论是俄罗斯军队还是高加索山民都陷入了这场充满悖谬的缠斗;所有人都成为俘虏,可以说没有人能在战争中过好日子。然而,在战争面前,或者说在膨胀的帝国意识面前,通过战争行为来表达强烈的国家意志是国家"拯救世界"旗号下必然无法回避的选择,战争是苦难的,但是支持战争这一行为的目标却是如愿景一般美好的,即解决地区冲突,化解民族隔阂,维护国家主体的安全与稳定,为人民带来和平。然而,现实却使俄罗斯不断卷入战争。群山威严而美丽,可士兵们和俄罗斯国家政府却深陷群山的囹圄,本应美好的愿景,反而成了可怕的桎梏——成为英雄的理想、拯救世界的宏愿都仅仅是吹弹即破的乌托邦之梦。所有卷入车臣战争的人就像高加索群山间的回声一样来来回回、跌跌撞撞,找不到突围的出口。

马卡宁的另一部长篇小说《阿桑》也是一部以车臣战争为题材的作品。因为战争中成千上万的死伤者早已将那些在战火中闪现过的士兵湮没,所以在俄罗斯战争文学中罕有名、父称、姓俱全的主人公形象,但《阿桑》的主人公却是一个姓名具体的形象,并且是典型的俄罗斯传统的人物形象。小说主人公是一个名叫亚历山大·谢尔盖耶维奇·日林(Александр Сергеевич Жилин)的俄军士兵,马卡宁有意通过主人公姓名的设置来揭示小说的题旨。主人公登场时最先出现的是他的姓氏"日林"(Жилин),"Жилин"是由"жить"(生,生活)一词的过去式复数形式"жили"加"н"构成的,类似俄语的形容词短尾词型,这个姓氏象征着那些在战争中真实活过并且一直活在人们心中的士兵形

---

① [俄] 马卡宁:《高加索的俘虏》,《俄罗斯文艺》1997 年第 3 期。

象,马卡宁将这些人置于同样的俄罗斯"家族",用一个完整、具体而传统的俄罗斯姓名来代替他们。此外,就名字"Александр"而言,作家择取"Асан"这四个字母作为主人公日林的代号也并非任性而为,其中蕴含了多维度的象征意义。首先,在激烈战斗的环境下,当"Александр"出现在俄罗斯士兵的呼语中时,我们能够听清楚的往往只是音节"А"和"– сан –",字母和音节上的精简就像是从人物到形象最终蜕变为符号的过程,这既是战争声音和场面的象征,也是俄罗斯传统文化族群的象征。此外,就"Александр"的文化语义而言,在世界历史文化语境中,亚历山大是指战无不胜的马其顿战神亚历山大大帝。在俄罗斯文化语境中,也有一位名叫亚历山大的战神,他就是古罗斯骁勇善战的民族英雄涅瓦王亚历山大·涅夫斯基（Александр Невский）。1240年,他在涅瓦河会战中将入侵的瑞典人赶出海外；而后又战胜了日耳曼人,保护了祖国的西部边界；在位期间还削弱了鞑靼蒙古的统治。苏联卫国战争时期,斯大林以他的名字设立了勋章,因此,马卡宁笔下的"Асан"是战神的象征。另外,在小说中还有一个有趣的姓名,那就是阿利克·叶夫斯基（Алик Евский）,化用了"涅瓦王"亚历山大·涅夫斯基（Александр Невский）的名字。小说的末尾,日林被阿利克·叶夫斯基开枪打死,这就好像所向披靡的马其顿亚历山大战神死于俄罗斯民族英雄涅夫斯基之手,揭示了在战争中没有真正赢家的残酷现实,揭示了当代战争行为本身就是世界文明范围内冲突的写照,同时这种冲突带来的灾难不仅仅是对于东正教文明和伊斯兰教文明,更是对世界文明的残害。

以阿富汗战争、车臣战争为代表的文明战争虽然结束了其"真正"战争的生涯,却以恐怖主义、秘密行动等斗争形式潜藏于俄罗斯国家内部,这便是亨廷顿所定义的"准战争",这实质上是伊斯兰教世界与东正教世界之间的战火对平民的恐吓和威胁,文明冲突战争对世界人民造成的危害是巨大的。根据阿列克谢耶维奇的采访,2004年2月6日,莫斯科地铁2号线发生自杀式恐怖袭击,车臣恐怖组织宣称对这起爆炸案负责。此次事件共造成 39 人死亡，120 余人受伤。据说引爆身上炸弹的男孩来自车臣，是来复仇的，在两次车臣战争的炮火中长大，眼见兄弟被打死，他曾经也是个纯洁善良的人，喜欢读书，读托尔斯泰。喀赛尼亚·佐洛托娃是一名大学生，爆炸事件发生时，她正在地铁上，因爆炸而失去听力，她的母亲对此感到又痛心又愤怒："你们可以去打仗，可以进山里去，在战场上开枪射击对方，但为什么对我开战？为什么对我女儿开战？他们杀死和平生活中的我们……我有时候想要杀死他们所有人，又为这个想法而恐惧。"① 文明冲突的战争留给俄罗斯国民和士兵们更多的是缠斗不休的梦魇，它不像卫国战争，能够让人们回忆起彼此扶持的时光，流露出一丝含泪的微笑，这里没有功与名，只有猝不及防的死伤。

对于俄罗斯而言，不断思考战争的文明冲突根源及其危害，有助于防范当代俄罗斯社会中潜在的恐怖主义威胁，同时，这也会成为俄罗斯走向和平的智库。在阿列克谢耶维奇的《锌皮娃娃兵》（Цинсковые Мальчики，1989）中，一位受访的炮兵披露了文明冲突之战的讽刺："我们以为，在太空飞行的时代再去信神，是可笑的、荒谬的！我们把一位阿富汗小伙子送上了太空……我们的想法是，你们瞧，他已经到了你们真主所在的地方。可是突然……文明动摇不了伊斯兰宗教……是啊，'我们以为'又有何用？"② 这在某种意义上说明了文明之间的冲突与国家行为是密切相关的，平民信徒以及士兵之间的仇恨是在文明冲突国家的煽动下产生的，是为了满足国家在战略上的需求，这使得平民和士兵在战争中表现出极大的无力感；同时，也反映了文明冲突已经被国家利用，借以达到文化扩张的目的。

东正教文明是襄助国家民族复兴事业的文明，而伊斯兰教文明是"教国合一"的文明，并且大部分伊斯兰教国家处于西方基督教文明和

---

① ［白俄］阿列克谢耶维奇：《二手时间》，吕宁思译，中信出版社 2016 年版，第 417 页。
② ［白俄］阿列克谢耶维奇：《锌皮娃娃兵》，高莽译，九州出版社 2014 年版，第 250 页。

东正教文明的磨盘之间，文明界限与地缘政治界限之间的纠葛是导致文明冲突的主要原因。此外，帝国意志的传统使俄罗斯的东正教文明在世界上显现出不可一世的姿态，这必然导致"国治而后天下平"的政治愿望的生成，强制的臣服必然导致激烈的反抗，只有开启文明的对话，相互尊重，才是解决文明冲突之战的唯一途径。

二 英雄主义的解构

在俄罗斯战争文学史上，英雄主义经历了四次文学浪潮。第一次浪潮是从《伊戈尔远征记》到《战争与和平》的民族英雄主义浪潮，是20世纪英雄主义思想的前逻辑；第二次浪潮是社会主义现实主义创作中的英雄主义浪潮，开启了从歌颂民族英雄主义到歌颂苏联英雄主义的转向，强调人在战争中的主观能动性；第三次浪潮是"战壕真实派"的英雄主义解构浪潮，主要描写战争中的小人物，旨在揭露战争的反人道，以战争是永恒悲剧的思想替代对苏联英雄主义的讴歌；第四次浪潮是人道主义转向浪潮，允许普通人进入英雄名单，重新审视苏联意识形态下英雄的功名与过失，对战争的思考趋于理性和客观。

从988年的罗斯受洗到1917年十月革命这段时期，东正教是俄罗斯帝国意识形态的精神支撑；而到了苏联社会主义时期，东正教会遭到了前所未有的破坏，苏联英雄主义在某种程度上代替了神，成为人民世界观的引领，伟大卫国战争的胜利更是赋予斯大林、朱可夫、卓娅等英雄人物以救世基督和使徒的身份。当"герой"（英雄）与后缀"-изм"相结合时，便具有某种信仰层面的意义，成为战争中对于国家和人民具有强大的激励作用的民族兴奋剂，达到爱国主义之"燃"点。但是，进入20世纪90年代，随着苏联的解体和东正教生活的回归，作为意识形态的英雄主义遭遇了解构的命运，俄罗斯开始思考历次战争中付出的无数生命和国家财产等巨大代价，审视战争为给俄罗斯民族、国家带来的罪与罚。

阿斯塔菲耶夫（Астафьев В. П.）的长篇小说《被诅咒的与被杀害

的》(Прокляты и Убиты，1992，1994) 谴责了以斯大林为首的卫国战争领导者、指挥官枉顾普通士兵生命的指挥行为，与以往的战争小说相比，作家另辟蹊径，从人性尊严的角度看待战争。小说一经出版，便在俄罗斯学术界引发了争议。然而，1995 年，阿斯塔菲耶夫凭借这部长篇小说获得了俄罗斯联邦国家奖，这意味着当代俄罗斯在重新审视战争行为时，将苏联英雄主义的信仰置于次要地位，取而代之的是尊重人性的人道主义思想。

2012 年，类似的主题在格拉宁（Гранин Д. А.）的中篇小说《我的中尉》(Мой Лейтенант，2012) 中得到了发展。格拉宁以科技题材见长，然而战争小说《我的中尉》却是作家一生中最满意的作品。就小说的"二战"主题和"我的中尉"这一标题而言，我们很容易将其定性为歌颂爱国主义和英雄主义的作品，居于核心地位的主人公可能是列宁格勒保卫战中集英勇、智慧于一身的苏联中尉。然而，这绝非格拉宁的创作初衷，作家在小说中强调："我们需要的系列片不是'著名人士的生活'，而是'无名人士的著名生活'。"① 现实主义的手法将战争场面的残酷、恐怖以及对人性本真的恫吓展露无遗，并为其脱下了似乎不太合身的神圣英雄主义外套。关于这部小说，作家说："这是我从未写过的战争，这是'二战'史上唯一一场两年半都在战壕中进行的战争。在被围困的九百天里，我们在战壕中生存、战斗，亲手埋葬同胞们的尸体，度过了最艰难的生活。"② 所以，格拉宁的"中尉"并不是苏联战争史中的英雄，而是战争极端环境中分离出的另一个"我"。一方面，"我"和"我的中尉"之间的对话达到了心理分析的效果，将战争对国家、民族、人民的刺痛以深入心灵的方式呈现出来；另一方面，这种复调书写的形式将"一个人的遭遇"扩大为千千万万普通士兵的遭遇，揭示了战争只有国殇、没有英雄主义的一面。小说中的"我"只

---

① ［俄］格拉宁：《我的中尉》，王立业译，人民文学出版社 2013 年版，第 194 页。
② ［俄］格拉宁：《我的中尉》，王立业译，人民文学出版社 2013 年版，第 1 页。

是一个战争参与者，而"我的中尉"是一个天真、英雄主义爆棚的小指挥官。战争参与者的愿望是保住性命，快点结束战争，没有人在到处是死亡的枪林弹雨中还想着要成为英雄；而小有身份的指挥官则更在意自己的形象，打一场胜仗来获得晋升是他们在战争中考虑得更多的事情，所以，成为英雄是指挥官们的梦想。分离出的"我的中尉"以及委于"我"心中的灵魂之伤化成了解构战争神圣面貌的力量。何为战争之英雄？在格拉宁看来，那些一直以来被歌颂的所谓领导才干和政治图谋，以及看起来践行了"绝不后退一步"指令的爱国主义壮举，都是反人性的行径，或许爱国主义、英雄主义的确在某种程度上激发了士兵的斗志，但是，小说却展现了更多普通士兵在战争中的真实样子：他们都是曾经觉得打仗有趣的男孩子，想教训教训猖狂的德国法西斯，却在战场上为了点儿面包香动过投降的念头；他们在休战时会换洗内裤，虽然没有我们现在使用的纸浆，却也妥善地解决了拉撒的问题；一个叫波德列佐夫的士兵在死前的几分钟笔挺地站在战壕中不停地射击，愚蠢地成为敌人的靶子，但很多人都不知道真正的原因是波德列佐夫厌弃了撤退和战争中毫无尊严的自己，最终选择了与敌人进行自杀式的决斗，以此作为还有些许尊严的了结……然而，正是这些看似平凡的普通士兵保住了他们的祖国，英雄主义的退场使读者更加相信无数普通士兵才是真正在那个战火纷飞年代活过的人。

上述当代战争小说都是以战争的残酷来消解英雄主义，阿列克谢耶夫（Алексеев М. Н.）的长篇小说《我的斯大林格勒》（Мой Сталинград，1993，1998）虽然同样是以作家的战争经历为创作原型的作品，但代替英雄主义歌颂的不是血淋淋的战争场面，而是战士们浴血奋战过程中结下的深厚友情。在这部作品中，作家讲述了亲历的斯大林格勒保卫战，没有在苏联解体以后一边倒地否定苏联红军的历史功绩，而是本着战地纪实的客观态度，中肯地描写了苏联红军面对法西斯侵略时的爱国情怀，既没有个人英雄主义的歌颂，也没有对指挥官功绩的赞歌；尤其是发表于1998年的小说第二部分，从人性本真出发，刻画了战争中人与人之间真挚的情感，以描写战争中散发正能量的一面来代替英雄主义的小说绝对是当代俄罗斯战争文学中的一股清流。

在当代俄罗斯战争文学中，伟大卫国战争似乎是最能够与英雄主义发生关系的一场战争，与之相比，车臣战争、阿富汗战争既没有承载拯救世界的历史使命，也没有民族精神的空前兴奋，国内战争、民族战争甚至是侵略战争的性质，这使士兵们对自己参战的行为更加否定，英雄主义已经从这些当代战争小说中彻底退场了。《山地步兵旅》是巴布琴科车臣战争系列小说《战争十记》中的第一个短篇，巴布琴科在这里叙述了一段自己亲身经历的十分讽刺的情节：阿尔卡季和战友希希金与车臣狙击手在相互距离很近的监视哨瞭望，但彼此都未开枪。在车独分子离开后，俄军发现对方没有开枪竟是因为俄罗斯劣质的火箭筒出了故障。随后阿尔卡季和希希金在车臣的监视哨缴获了一个十分像样的战利品——炉子，甚至因此惊动了车独分子的警报，他们在枪林弹雨中狂笑着逃跑，冒死也未抛下这个战利品。在战争的艰苦条件下，任何能使俄罗斯士兵哪怕稍微过上一点儿正常人生活的东西仿佛都值得冒死追寻，这卑微的需求暂时成了高于生命的信仰，对于这时的这些士兵来说，英雄主义荡然无存。就像一次爆炸后，极度疲惫与恐惧的"我"吸了一支烟，可是却被我帽檐下渗出的一滴汗水熄灭了。车臣战争与卫国战争不同，它在俄罗斯所燃起的士气就像那支能被汗水熄灭的香烟一样，国家虽然采取了意志最强烈的表现形式——战争——去解决问题，但是在车臣战争中，俄罗斯的国家意志却是薄弱的，甚至是混乱的，仿佛遁入了无法走出的迷途。战士们为了填饱肚子杀死了为他们提供奶汁的牛，也杀死了选择和他们共同作战的狗，在这里毫无英雄可言，士兵简直就是屠夫。在《山地步兵旅》的最后一节，巴布琴科曾写到他在格罗兹尼"有"一套房子，但事实上这套房子并不是他的，他发现它时，门锁上挂着钥匙，里面一应俱全，没有被战争洗劫，在这里他得到了短暂的休憩，甚至回忆起了和平时期的生活、温柔的妻子……这套房子对于他来说更像是储存那些远离战争的美好回忆的虚无空间。在巴布琴科的战争文学作品中，和平的美好不是他们作战的动力，而是梦里的一场虚无。士兵们不知道该用什么说服战争中残忍、狼狈的自己，如果不是为了成为祖国的英雄，如果只是麻木地屠杀同胞与生灵，他们无法再在战火中找到实实在在的坚强的力量，他们需要理解和安慰，需道出潜藏于他们内心的关于战争的真实理解："'兄弟，我知道你去过哪里。我知道战争是什么。我知道你为什么而战。'知道为什么——这很重要。"①

为什么而战？绝大多数的普通士兵在战争的最初都是为了活着回家而战，但是随着人在战争中的不断异化，这些士兵越来越厌弃战争中的一切，这时，战争变成了某种疯狂情绪的宣泄。在以另一场当代战争为主题的作品《野兽的标记》中就反映了这一思想，这部长篇小说是叶尔马科夫对阿富汗战争思考的续写，主要着眼于战争给人们带来的不幸。小说开始于阿富汗战争中的俄罗斯军队，在炮声打响之时，四伙"等级"次第降低的士兵的反应各不相同："第一伙人仍在被窝里一动不动地躺着；第二伙人伸了伸懒腰；第三伙人在床上坐了起来；第四伙人穿起了裤子。"② 这第一伙人是军队中的"大爷"，第二伙人被称为"野鸡"，第三伙人是"黄雀"，最后一伙是等级最低的新兵"儿子"。到了"大爷"复员的日子，新兵"儿子"就要到来了，每一伙人都依次"晋升"。可是那些被允许退役和远离战争的人却学会了吸食毒品、偷盗和抢劫，即使在战场上保全了性命，在军队的黑暗里舍弃尊严来求得生存，也不可能从战争中全身而退，他们的人性已经被战争带来的恶所异化。在当代俄罗斯战争小说中，贯穿始终的悲剧没有给英雄主义留下一丝的存在空间。

一个国家能否在战争结束后走得更远，要看他们是否能够站在客观的角度、人道主义的角度思考战争给人类带来的灾难。战争必然带来了流血、牺牲以及更久远的民族心理创伤，这些心理创伤的康复需要在几

---

① Бабченко А., Маленькая Победоносная Война. Новый Мир, No. 1, 2009, с. 8.
② ［俄］叶尔马科夫：《野兽的标记》，刘宪平、王加兴译，人民文学出版社2015年版，第4页。

第三章　当代俄罗斯文学中的国家意志

倍于战争岁月的和平年代慢慢完成，我们不能因为战争的流血牺牲而否定在战火纷飞年代里的爱国情怀，同样，我们也不能为了追求英雄主义去歌颂一场战争的伟大。战争中士兵的伟大不在于英雄的称号，而在于他们是否在残酷的现实斗争和激烈的心理斗争中存活下来，保住了祖国。

三　战争后遗症的国家关切

2015 年 5 月 9 日，俄罗斯隆重纪念伟大的卫国战争胜利 70 周年，俄罗斯总统普京在克里姆林宫举行的庆典上发言："我们要向你们的勇敢和尊严、你们对真理和公平的信仰表达敬意，正是这些支持你们在战争年代和战后的时代里活下来，你们重建了我们的国家，你们认真工作，你们彼此友好、相爱，你们抚育孩子们成长，你们珍视生命并乐观对之……你们一定能够把这些传统和这爱国主义的情感传给自己的子孙后代。这世代相传的亲族关系中有我们的俄罗斯力量，有我们的民族财富和坚不可摧的精神支柱。"① 战争的恐怖除了战斗场面的残酷以外，还有给俄罗斯留下的那些深刻创伤需要在更长远的和平年代慢慢抚平，那些从战火中走来的人们，即使在和平时期也饱受心理上的折磨。虽然硝烟已经消散，但是俄罗斯与战争之恶之间还有一场十分艰难的战斗。在卫国战争中，苏联伤亡逾 2600 万人，这是"二战"中规模最庞大、战况最激烈、伤亡最惨重的战场，与其说"伟大的卫国战争"（Великая Отечественная Война）之所以伟大是因为苏联人民用鲜血守护了祖国和世界的和平，不如说是因为他们用更强的耐力挨过了战争年代，用更久的时间消化了战争的影响。要知道，几乎每一个苏联家庭都有在战火中死去的亲人，许多战区的妇女都参与过挖战壕、铺路架线等重体力工作，战后的老兵一边饱受精神上的折磨，一边忍受生活的窘迫。2013 年 7 月 12 日，俄罗斯总统普京在会见伟大卫国战争中库尔斯

---

① Торжественный Приём по Случаю Дня Победы, Москва, Кремль, 9 мая 2015 г, http：//www.kremlin.ru/catalog/keywords/117/events/49440，2016 - 04 - 05.

克弧形地会战的参加者时,了解了他们的生活现状:卫国战争的大多数参加者都及时得到了住房,但是配套的基础设施十分欠缺,很难使老兵们有尊严地度过余生;那些在战争后方默默奉献、保障前线的妇女,如今连半数的退休金也拿不到;战时的孩子们如今都已是老者,除了成长过程中的孤独与无助,今天政府微薄的抚恤金也使他们的生活十分穷困。普京总统十分肯定地承诺他们会认真考虑改善"战争人"战后生活状况的问题,并提出一些方案。这些来自战争年代的人的生活也引起了当代俄罗斯战争文学的关注。

索尔仁尼琴的《热里亚堡新村》(Желябугские Выселки,1999)是两部式的短篇小说作品,作家索尔仁尼琴本人参加过卫国战争,同时他的长寿使他有机会见证俄罗斯历史近一个世纪的跨越,这部短篇小说中的前后两部就是以战时与战后50年的热里亚堡新村的对比进行呈现的。小说第一部通过"我"与士兵们的对话刻画了库尔斯克弧形地会战的情况,轰鸣的战斗机、枪林弹雨的激战无不展现了战争的紧张与残酷,布置中心电话站是胜败的关键,却因布置工作很难在隐蔽的遮挡下进行而十分危险。安德烈申就在毫无遮蔽的情况下遇到了炮击,整个人被打成了筛子。士兵们过着有今天没有明天的日子,连生日都得提前过,因为谁也不知道自己明天会不会还有生的机会。半个世纪以后的1995年,"我"再一次来到热里亚堡新村,走过安德烈申牺牲的地方,并在此遇见了曾经把自己藏在地窖中躲过一劫的依思吉杰娅,然而她帮助过太多像"我"这样的士兵了,已经忘记了曾经给予"我"的帮助,她向陪同"我"的政府官员说起,现在一无所有的村庄生活十分艰难,希望能从政府那里获得帮助。但是"和以前的所作所为相比,现在我们能为人们做的,一点儿也不多……想帮助他们——但是一个接一个的,又帮不过来。整个国家的秩序都需要整顿"①。可是,更加悲剧的是,

---

① [俄]索尔仁尼琴:《杏子酱:索尔仁尼琴中短篇小说集》,李新梅译,译林出版社2015年版,第255页。

在索尔仁尼琴看来，在俄罗斯能做这样的事情的人却一个都没有。

在俄罗斯战争小说家阿斯塔菲耶夫的《真想活下去》（Так Хочется Жить，1996）中，男主人公科里亚年仅18岁，但处于人生最好年华的他经历的全是战争的可怕，活下去是当时最大的愿望。后来，卫国战争结束了，但是生命中的梦魇却没有结束，活下去依然是人们的愿望。科里亚带着妻子一同返乡，到处是拥挤和混乱，求生之路充满了未知和彷徨。小说关注的是人在战时和战后的生存状态，人们都很想脱离战争的窘境，但是它所带来的不仅是战场上瞬间死亡的危险，还有战后很长一段时间里能否经受住考验的问题。在另一部作品《快乐的士兵》（Весёлый Солдат，1998）中，作家描写了主人公"我"在战时和战后的心理状况。这部小说以"1944年9月14日，我在战争中杀了一个人，德国人，法西斯主义者"① 开篇，又以"1944年9月14日，我杀了一个人。在波兰的土豆地里。当我扣下扳机的时候，我的手指还是完好无损的，我那年轻的心渴望热血沸腾，并且充满希望"② 为结尾，大部分笔墨都在描写战争中"我"杀了人之后的事情，其中既包括战争中也包括战争后。在战争中杀掉敌人立功应当是很快乐的事情，但"我"却充满了罪恶感，以至于在后来成为作家之后，将战争中杀人的经历发表在报纸上，以忏悔录的形式告解灵魂深处的愧疚。士兵与战争的关系注定了主人公无法轻松愉快，题目"快乐的士兵"是对给人们造成极大伤害的战争的讽刺。

格拉宁在《我的中尉》中以一半的笔墨描写了主人公在战后的生活状况，战后的生活完全遵循着另外的规矩，以更加复杂和艰巨的程度考验着从战争中走来的人们："这里不是你们前线，没有你们那些蠢规矩，动不动就是'再远远不过前线，再厉害厉害不过子弹'。在我们这

---

① Астафьев В. П.，Весёлый Солдат，http：//booksonline.com.ua/view.php?book＝165570& page＝1，2018－10－22.

② Астафьев В. П.，Весёлый Солдат，http：//booksonline.com.ua/view.php?book＝165570& page＝62，2018－10－22.

儿既有比前线远的地方,也有些东西,会让你宁愿吃颗枪子。"① 拿到抚恤金的战士们的家里也见不到一件像样的家具,因为抚恤金抚慰不了他们在战争中所受的心理创伤,也因如此,在物质资料无比匮乏的战后,他们却将珍贵的抚恤金换了伏特加,战争后遗症的苦远比现实的饥饿难挨得多,救赎之地就是比前线还要远的地方,在某种程度上,吃枪子比战后的蹂躏来得痛快。从战争中走来的那些士兵仗着打胜仗的功勋,用酗酒和浪荡去挥霍战后的时光,后方的那些女人和供给线上没打过枪的人们对这种行为的包容似乎是理所应当的报偿。但事实上,战士们在前线的功勋已经不能够为琐碎的生活带来任何有益的东西,战争后遗症已经从他们的内心蔓延到整个社会,工程师不像工程师,妻子被丈夫当成了娼妇。战场上和公民生活中的勇敢是两回事儿:"这是不同的心理状态。战场上要求的是一种勇敢,而公民生活——是另外一种。"②

弗拉基莫夫(Владимов Г. Н.)的长篇小说《将军和他的部队》(Генерал и Его Армия,1994)虽然没有直接描写战后人的生存状态,但是他以人道主义视角重新审视战争的写作活动,表现了他对国家反战政策导向的关切。正如弗拉基莫夫所言:"战争在道义上已经输掉了——就在那一刻,当不是俄罗斯总统,而是有权力和有责任抵抗的少数民族领袖号召自己的部队制止战争时。但如果迈出高尚的、回应性的一步,毕竟可以保存比总统职位更多的东西,而对某些人来说,是保存比生命还重要的东西——人格。我们生活在这样一个国家里:这里的忏悔之声总是迟到,却永远不会是多余的。"③ 胜利不应该以牺牲人的生命为代价,如果战争不在乎牺牲,那么胜利的意义在哪里呢?它终究会让整个俄罗斯付出生命。连生命都不能被保全,国家的意义又何在?近几年,世界各国都在反思战争中人的尊严问题,在电影《敦刻尔克大撤

---

① [俄]格拉宁:《我的中尉》,王立业译,人民文学出版社2013年版,第202页。
② [俄]格拉宁:《我的中尉》,王立业译,人民文学出版社2013年版,第246页。
③ [俄]弗拉基莫夫:《将军和他的部队》,谢波、张兰芬译,漓江出版社2003年版,第467页。

退》中,"逃回"英国本土的战士们无颜面对祖国人民,觉得自己是逃兵很丢人,但事实上,正是这些得以保全的生命成为英国取得胜利的主力,并且,这种胜利是生命的胜利,是国家在战争中为公民争取生存权利的胜利。《将军和他的部队》获得了1995年的俄语布克奖,这一颇具争议的作品的获奖,证明了俄罗斯正在以人道主义的视角重新审视卫国战争中的功与名。虽然弗拉基莫夫对历史人物大胆的颠覆与想象引起了学术界的诸多争议,但是在苏联英雄主义解构之后的当代,以人道主义的视角重估生命于战争中的尊严与价值是俄罗斯战争文学的新转向,也是战后俄罗斯反战宣传的新导向。

对"战争人"生存问题的探讨和人道主义视角的转向,体现了俄罗斯反战的国家意志,表达了人民对于国家在解决民生问题上的行动的迫切需求。在民族性格强势的历史传统和经济结构单一的现实因素等多方面因素的作用下,"国胜而后天下平"无疑是更加适合俄罗斯政治语境的概括。俄罗斯想通过战争,尤其是胜利的战争来匹配他们"第三罗马"的历史使命,这是帝国意识的体现,也是国家意志最强烈的表现形式。然而,经过世界大战、国内战争、文明战争的硝烟之后,俄罗斯也在重新思考:国胜真的能天下平吗?通过对上述战争文本的剖析,我们不难给出否定的答案。源自战地笔记和纪实的当代俄罗斯战争文本,以其不容置疑的真实性反映了解构英雄主义、呼唤和平、尊重生命、反对战争的愿望,驳斥了"国胜而后天下平"的帝国战争论。帝国"自上而下"的治国逻辑使在"上"的国家意愿和国家意志品质拥有强大的力量,却没能切合俄罗斯国情将上述意愿和意志品质输送到在"下"的意愿执行,如果俄罗斯能够秉承"自下而上"的治国理念,将国家意愿的执行落到实处,那么"战争人"和更多的当代普通人都能够"身修而后家齐,家齐而后国治,国治而后天下平"。

战争是十分残酷的,阿列克谢耶维奇说过,"我再也不想写战争了",格拉宁也说过不想写战争,但是许多从战场上活着回来的人还是选择将战争记忆以文学作品的形式呈现给广大读者。"战争人"们终将逝去，他们会将所有关于战争的记忆带进坟墓，但是俄罗斯民族需要战争的历史、战争的记忆，并以此对青年人，也就是"后战争人"进行爱国主义教育。这些战争文学作品中包含了俄罗斯对战争认识的主要观点，同时也有存在争论的主观看法，对于青年人而言，这些是最翔实、全面的国家战争史料，他们可以通过文学批评的方式进入对国家历史的认知过程，战争文学作为"战争人"和"后战争人"之间的时间纽带，将会在青年人的爱国主义教育方面发挥不可替代的作用。"战争人"的战后生活问题折射出了俄罗斯国家一个持续的并将长期存在的社会问题。除了不再参与战争和推行人道主义的关怀之外，政府更应该做的是在战后调动国家生产活动的积极性。消费品生产落后是俄罗斯长期以来存在的国情，大量的农产品和消费品依靠进口，国家财政增长的主要途径是能源出口，这些都是造成民生问题的原因。此外，劳动力的紧缺也是战争留给俄罗斯的十分严重的后果。因此，调动一切可调动的人力物力投入国民生产、经济活动，同时，加强基础设施建设和公共资源的投放量，才能够从根本上解决以老兵战后生活困境为代表的民生问题。否则，越来越多的人加入保障需求的队伍，一味地提供经济上的优惠会导致政府服务能力减弱，国家的关注和关怀总有一天会心有余而力不足。

第四节 生态小说中的国家意志

"生态（eco -）源于希腊语 οἶκος，最初用来指'栖息地、房屋、住所、家园'……指生物体在自然界中栖息的状态"[1]，在 21 世纪的历史文化语境下，生态依然保留了它最初的含义，指生物体生命延续的样态及他们/它们所在生存空间的状态。生态的主体是生物体，包

---

[1] 宋羽竹：《生态女性主义视野下的〈伊万的女儿，伊万的母亲〉》，《东北亚外语研究》2016 年第 4 期。

括本应在自然界中平等共生的人类与其他物种，体现为对人类中心主义的否定。然而，工业革命以来科学技术的发展使人类越来越有能力攀升至食物链的上层，在自然界中获取更多资源以满足自身的生存和繁衍需求，使人类以外的自然沦为他者，最终导致物种灭绝、环境破坏、灾害频发等诸多自然生态问题。自然生态问题只是生态问题的一个方面，当自然生态进入人类创造的第二自然即社会时，便获得了伦理学的意义，引申为由自然资源稀缺引发的空间权利危机问题，在此基础上产生了人与人的矛盾，以及自然生态对人类的"反抗"，即人与自然的矛盾。这种伦理学意义上的问题发生路径已经引起了人类关于道德、价值观的思考，反映的是道德生态问题。因此，自然生态和道德生态之间存在紧密联系，并且是文学生态母题中的两个基本且十分重要的方面。

在俄罗斯文学史上，以生态为母题的作品占有十分重要的地位，普里什文、帕乌斯托夫斯基、艾特马可夫、阿斯塔菲耶夫、拉斯普京以及当代作家先钦都是以生态为母题进行过优秀创作的作家。这些文学大师都从审美角度对大自然的美进行过细致的描摹，也以神话视角表达过对自然之力的赞颂，对人与自然之间关系的探讨在俄罗斯生态文学作品中已经成为一种传统。由于苏联时期对开发自然的赞颂主要源自国家对文学的要求，苏联解体之后，作家们一边倒地将生态破坏归咎于苏联时期的开发与改造，并认为这是导致普通人生活状况愈发恶劣的重要原因，这使得苏联解体后生态文本的象征意义发生了从关注意识形态向关注民生的转变。当代俄罗斯生态文学除了延续对传统自然生态问题的探讨以外，还更加关注道德生态问题中人与自然的矛盾，以及由此引发的人与人之间、人与现代化建设之间的矛盾，从而开启了对于以生态伦理为基础的政治模式的探讨。另外，关于生态问题的探讨也见诸以历史、战争等为题材的小说中，将社会的历史形态、战争行径的反人道与生态问题联系在一起。这类切中民生的文本由独具特色的语言符号构成，与国家政策、治理模式息息相关，作家将生态批评理念寓于作品之中，在警示世人的同时提出可能的解决方案，为国家寻求发展之路出谋划策。

一　空间性与社会关系

在俄罗斯的众多地区中，莫斯科、圣彼得堡、西伯利亚、高加索、克里米亚等都是独具特色的地理空间，其中，西伯利亚、高加索、克里米亚等地理空间已经成为与生态息息相关的、极具象征意义的地理空间文本，当代俄罗斯文学在继承它们的传统象征意义之余，也在不断为其注入新的内涵。

就自然地理条件而言，欧亚大陆是一个完整的自然生态体系，俄罗斯的大部分国土处于温带和寒带地区，也就是欧亚大陆的北方，南部城市顿河-罗斯托夫所在的纬度与我国东北冰城哈尔滨所在纬度相近，莫斯科、圣彼得堡、叶卡捷琳堡等大城市所在纬度更是远高于我国极北的漠河，这决定了俄罗斯气候相对寒冷，有更多难以探寻的密林地带和冰原地带，农作物生长期远低于美国、中国、印度等大范围处于温带、亚热带的国家。因此，俄罗斯的社会关系必然带有独属于北部寒冷空间的特质，这是戴维·哈维（Harvey D.）所诠释的社会对自然空间的"嵌入"关系："社会存在物不可能逃避他们在自然世界的嵌入性……"[①] 对于人类而言，生态所强调的生物体在自然界中的栖息状态正是社会关系对自然空间的"嵌入"状态，俄罗斯的社会关系一定在某种程度上是被空间化了的。比如，俄罗斯地广人稀、物产多样、空间资源丰富，俄罗斯人民因此具有高度的民族自信，这在文学作品中表现为对生态现状的满足与享受，以审美的视角赞颂自然，获得心灵的满足。同时，俄罗斯又是气候严寒、地形复杂、空间资源利用率低的国家，引发了俄罗斯人在空间统治问题上的焦虑，这在文学作品中表现为对可能出现的生

[①] [美] 戴维·哈维：《正义、自然和差异地理学》，胡大平译，上海人民出版社2015年版，第29页。

态后果的预测，从哲学的维度提出问题：我们怎么办？通过对反乌托邦图景的描绘，以哲理小说的形式寻求启示录的答案。就人文地理而言，欧洲与亚洲有各具特色的文化生态体系，俄罗斯国土横亘欧亚两洲，其中一小部分处于欧洲的东部边缘，其余的大部分位于欧亚大陆东部的亚洲部分。历史上的俄罗斯人从他们的西方接受了拜占庭文化，又从他们的东方接受了蒙古文化，作为一个文化杂糅的空间，希腊血统的东正教文明国家俄罗斯与罗马血统的基督教文明的西方国家之间既有认同又有区别。历史上闯入的鞑靼人由于对斯拉夫人在多神教信仰方面的认同，保留了西伯利亚许多地区的多神教和来自俄国欧洲部分的东正教信仰；但另一方面，鞑靼人也为俄罗斯带来了伊斯兰教的踪迹。虽然，当代俄罗斯自诩为继"第一罗马"罗马帝国、"第二罗马"拜占庭帝国之后的"第三罗马"——一个以东正教（希腊）文化为主的多民族国家，但是，其思想中的自然—超自然逻辑、世俗观念为它打上了东方性的烙印。因此，当代俄罗斯生态文学作品所记录的既是诗意的环境史，又是深刻的社会史。

塔尔科夫斯基（Тарковский М. А.）的短篇小说《冰冻时光》（Замороженное Время，2009）记录了独属于西伯利亚冬季的慢幸福，时间就像流淌的河水，仿佛在零下四五十度的天气里被冻住了，使我们在慢放的镜头中，更加清晰地看到晴朗高远的天，白雪覆盖的密林，感受到脚下坚实的冰道，以及独属于此的安宁与纯净。"冰冻时光"就好像在切水果游戏里吃到了冰香蕉的道具，时间变慢，有了切到更多水果的机会，在人们心中激起强烈的获得感。这里任意两个地方的距离都很远，有着"车马很慢，一生只够爱一人"的美感，这里的人们一辈子都专注于与自然相处，在大自然的怀抱里循规蹈矩。因为天气寒冷，人情才显得更暖；因为生活或多或少的艰难，才显得幸福更加饱满。在俄罗斯的西伯利亚地区，自然力的强大极易使人们对它肃然起敬，在这里的密林、大河以及神秘莫测的贝加尔湖面前，人类显得尤其渺小，只能通过适应自然的方式嵌入大自然，没有被过度开发的西伯利亚原始生态对社会关系拥有很大程度的决定权。

在另一部以西伯利亚自然地理空间为背景的作品《祖列依哈睁开了眼睛》（Зулейха Открывает Глаза, 2014）中，作家雅辛娜（Яхина Г. Ш.）通过女主人公祖列依哈所属生态空间的逐渐扩大描写了她从原始生活状态走向新生活的历程。当祖列依哈第一次睁开眼睛时，她的"四周漆黑一片，好像是身处地窖之中"①，这时，祖列依哈的全部生活依赖于与丈夫、婆婆共同生活的木屋，她的世界只有油灯照亮的大小，丈夫和婆婆就是她社会关系的全部。当祖列依哈第二次睁开眼睛时，丈夫已经在集体化运动中被打死，她被带往喀山的监狱，在做好准备从喀山前往西伯利亚之时获得了从监狱走向自由世界的机会。由于久居黑暗，她与大家一样像鼹鼠一样眯起眼睛，而后，祖列依哈的"眼睛很快便适应了白天的明媚的阳光，于是，祖列依哈开始观察周围"②，就像柏拉图洞穴说里久居黑暗中的人一样，在莱贝医生那里祖列依哈了解到从未见过的世界从现在开始就要在她眼前慢慢出现，小说中人所在的生态空间由木屋逐渐向广袤的西伯利亚自然空间扩展。在乘船顺着叶尼塞河前往劳动村的时候，神秘的西伯利亚大自然在她眼前逐渐显现，这是她第三次睁开眼，"周围笼罩在黎明时分玫瑰色的烟霭之中，所有东西都显得模糊而缥缈"③，已经脱离原有社会关系的祖列依哈在警备长伊格纳托夫的押送下，加入了由莱贝医生、诗人、画家以及各民族人共同组成的新的社会关系——流放西伯利亚的富农分子——之中，未来她要生活的地方充满了未知，等待她的一切都还是朦胧、缥缈的，就像叶尼塞河两旁笼罩在烟雾中的神秘树林一样。祖列依哈第四次睁开时，是她由于翻船而落入安加拉河之时，"眼角受

---

① ［俄］雅辛娜：《祖列依哈睁开了眼睛》，张杰、谢云才译，人民文学出版社2017年版，第3页。
② ［俄］雅辛娜：《祖列依哈睁开了眼睛》，张杰、谢云才译，人民文学出版社2017年版，第151页。
③ ［俄］雅辛娜：《祖列依哈睁开了眼睛》，张杰、谢云才译，人民文学出版社2017年版，第213页。

到一丝湛蓝天空光亮的刺激"①,她在跌入水底黑暗之后再次看见阳光,曾经愚昧无知的祖列依哈获得了新生,果然,在随后与幸存者在西伯利亚密林求生的时候她生下了儿子优素福,迎来了旧生活结束后的新生命。当祖列依哈第五次睁开眼睛时,她看见了笼罩在阳光里的她的孩子优素福,生活已经在西伯利亚有了新的开始。小说中最后一次出现"祖列依哈睁开了眼睛"时,主人公感受到的是"阳光强烈而刺眼,让人头晕目眩。四周阳光闪耀,金光灿灿,几乎分辨不出树木的轮廓"②,她对周围世界的印象已经不局限于眼睛所看到的一切,她已经老了,眼神也不太好了,但是,内心世界的壮阔令她感受到了这片广袤大地上的力量与激情。祖列依哈从油灯大小的世界,穿越苏联广阔的疆土,来到新世界,农业集体化运动没能彻底实现私有经济向集体经济的转变,但是,适应西伯利亚自然环境的过程却使祖列依哈一行人实现了"集体经济"。他们必须通过共同劳动、共享生活生产资料、互相扶持以求得生存,并在流落安加拉河岸的第七天,完成了新家园的建设。这是以渔猎经济和农耕经济为基础的新家园,流放人员的身份构成了民族多元性的特征,聚族而居、协同耕种的生活生产方式使新家园具有东方农耕文明的特征,与游牧文明相比,更适宜营造稳定的栖居环境。也是在这样的环境里,祖列依哈觉得自然界对于她而言比真主来得更亲切,因为林中除了神秘以外还有野果能填饱她孩子的肚子。祖列依哈逐渐改变了对针叶密林里的阴森、恐怖的恐惧,接受了密林对她的善意,西伯利亚的自然环境使多神教信仰在祖列依哈的思想中萌芽,这是她在自然生态的影响下接近俄罗斯民族精神内核的第一步,也是她从古老世界奔向新世界并在此过程中获得新生的最好证明。同样,也是原始森林教会了祖列依哈在生态系统的整体中观察人

---

① [俄]雅辛娜:《祖列依哈睁开了眼睛》,张杰、谢云才译,人民文学出版社2017年版,第221页。
② [俄]雅辛娜:《祖列依哈睁开了眼睛》,张杰、谢云才译,人民文学出版社2017年版,第491页。

类这一物种，人与许多动物一样，都处在完整的食物链当中，求生与死亡权利的平等使她理解了生与死紧密相连的永恒主题。因此，《祖列依哈睁开了眼睛》既是人类在西伯利亚自然生态中求得生存的历史，也是 20 世纪 30—50 年代的苏联社会演变史，同时也是俄罗斯人的心灵蜕变史。另外，《祖列依哈睁开了眼睛》通过流放人员的迁徙，将西欧、圣彼得堡等文化空间元素带入西伯利亚的生态环境中，这就是扎米亚京（Д. Н. Замятин）所论述的移民、旅行等迁徙活动对地理形象产生的影响。在祖列依哈一行人的迁徙过程中，原来人所处的生态空间被带入了西伯利亚的新生态空间，从而形成了包含多种文化构成的家园，人们也必然在新的家园中建立与此相称的社会关系和治理模式，并在后来的时间里形成独具特色的新地理形象。

鞑靼女作家雅辛娜凭借这部长篇小说《祖列依哈睁开了眼睛》获得了 2014—2015 年度俄罗斯"大书奖"一等奖，这部作品与该年度三等奖的获奖作品先钦（Сенчин Р. В.）的《淹没地带》（Зона Затопления，2015）都是西伯利亚文本在当代俄罗斯文学中的新书写。一方面，在拉斯普京逝世当年将两个奖项授予西伯利亚文学作品，反映了国家对西伯利亚生态问题的关注；另一方面，也证明了国家战略开始向俄罗斯的东方转向，希望在亚洲部分的土地上找到当代俄罗斯发展的新思路。

二 可能生态空间的警示

"在许多反乌托邦小说中，都存在一个与当下现实对应的可能的世界……"[①] 这个可能世界与现实世界之间的对应关系在作家的文本世界中以认知、否定、愿望、期待等方式建立起来。当代俄罗斯生态文学中建立起的每一个可能世界的模态，都是在虚构一种可能的生态空

---

① 郑永旺：《自然不存，人之安在——论生态伦理观照下〈夜猎〉中的反乌托邦世界图景》，《东北亚外语研究》2016 年第 4 期。

间，而不是确凿的生态空间，即基于现实生态空间进行合理的推断，以此分析这种可能生态空间造成的后果，警示和劝诫人类停止自毁前程的破坏生态的行为。创世之初，人类所在的生态空间中只有一种可能世界存在，那就是上帝允许的可能世界，它以无上的权威覆灭了人类认知、否定、愿望、期待的权利，唯一的生存状态就是可有可无的肋骨夏娃在亚当的统治下快乐地生活。但是，随着人类社会的发展，人们对世界的改造能力已经可以使上帝允许的唯一可能世界有更多的模态，生态空间被改变之后必然引起原本社会关系的变化，即夏娃可能脱离亚当的统治，甚至在蛇的引诱下走出原本的生态空间，为世界带来极大的灾难。

科兹洛夫（Козлов Ю. В.）的《夜猎》（Ночная Охота，1995）与托尔斯泰娅（Толстая Т. Н.）的《野猫精》（Кысь，2000）都以未来时间的设置明确了文本世界中塑造的生态空间具有"可能"的属性，并且以当下生态空间覆灭的假设开启了可能世界的大门。《夜猎》的文本世界已经抢先来到了 2200 年，现有的国家和民族已经不存在，取而代之的是极度自由的国度，作家虚构未来可能的生态空间是基于对当下生态空间发展的假设：人类追寻自由、用主观能动性改造物质世界的理想在二百年后可能会将地球（人类当下所在的生态空间）变成核废墟，在历史上切尔诺贝利核电站爆炸的悲剧之后，《夜猎》中核废墟上的新生态空间生成的可能性更大了。《野猫精》的新王国也是在毁灭当下生态空间的基础上生成的，即核战争结束后，莫斯科发生了大爆炸，这化用了科学上普遍认同的宇宙起源——宇宙大爆炸，以及俄罗斯文化中"莫斯科是第三罗马"的宗教意识，意味着宇宙形成以来的物质世界和"第三罗马"的精神世界已经覆灭。但是，我们还应该意识到核爆炸与普通的爆炸之间的区别。普通的爆炸仅仅毁灭世界，物质结构虽然被毁坏，但其作为有机物的存在依然会为新生命的产生创造条件；而核爆炸却会带来"核效应"，也就是异化因子，因此，在核爆炸之后，统治新世界的是一个异化的上帝形象——野猫精。在《夜猎》和《野猫精》

的可能世界中，作家意在向读者介绍一个生态悲剧降临之后的世界，在自然生态空间遭到灭顶之灾的时候，道德生态空间的大厦也会倾覆，异化会成为人类最终的归宿，没有人能够在当下生态空间被破坏的情况下安然度日，这是作家在这一生态主题中想要给读者们提出的警示。在《夜猎》中的核废墟上，无数像安东一样的人内心的"杀戮欲望"① 会越过道德的底线，原本只可以将动物作为对象的狩猎活动，如今也可以将瞄准器对准人类自己。在这里成为废墟的除了人类生存的生态世界，还有上帝观照的道德世界，这预示着终有一天，人类也会在这样的生态空间内化为废墟。在没有上帝观照的"自由"国度里，原本的道德伦理在人们的心里解绑，《夜猎》《野猫精》所要反映的矛盾不仅是人与自然之间的矛盾，还有这种矛盾导致的社会关系中的矛盾，即人与科学进步之间的矛盾、人与社会发展之间的矛盾，以及人与人之间的矛盾，在生态破坏与道德沦丧之间建立了有效性联系。虽然作品的文学性和反乌托邦的虚构性使所要表达的主题思想与当下的现实拉开了一定距离，但是这种反乌托邦世界图景的虚构反映的形而上的警示是能够被当代人所普遍接受的。在以上两部作品的文本世界中，作家根据对当下世界的认知和对未来世界的推测建立了可能生态空间，让读者预先看到了二百年后可能的人类社会，如果人们继续任意妄为，那么小说中的虚构终有一天会变成现实。

同样是建立可能生态空间，瓦尔拉莫夫作品中的可能世界与现实的距离较小，通过文学对现实诗意的虚构，以进入历史的方式进入可能存在过的适宜人类生存的生态空间。在《沉没的方舟》（Затонувший Ковчег，1997）中，作家根据自己对生态空间的期望建立了一个伊甸园式的可能世界——布哈拉。这是一个拯救了18世纪分裂教派的神秘村庄，它为俄罗斯的旧礼仪信仰留下了最后的生存空间，自此，人们与世隔绝，恪守传统，在上帝派来的这叶方舟上安然

---

① [俄]科兹洛夫：《夜猎》，郑永旺、傅星寰译，昆仑出版社1999年版，第149页。

度日。在作家看来，人们本应珍惜这叶在教派濒临灭绝之时伸出援手的方舟，但由于村民们信仰的不坚定，给了柳博邪教思想乘虚而入的机会，这叶方舟上原本纯净的道德生态在邪教之恶的大浪中被玷污了。最终，长老火烧了布哈拉，教徒们自焚殉教，只有玛莎和伊利亚幸免于难。从此以后，再也没有人能够找到布哈拉，"依照地图那个应该坐落着布哈拉这个神秘名字的小村庄再也不存在了。只有普斯塔河翻滚着浑浊的河水，流过浅浅的、淹过的河岸，而河口旁有一片摇摆的空旷地。没有一条路通向那里，仿佛从来没有人在那里居住过"①。与《夜猎》和《野猫精》这类反乌托邦小说不同的是，瓦尔拉莫夫通过神话叙事方式建立的可能世界是人类道德生态空间的象征：若上帝在场，人们信仰虔诚，即使濒临死亡也能绝处逢生；如若上帝离场，人们信仰缺失，魔鬼就会立刻占领最后的乐土，人们再也等不到上帝派来的方舟拯救自己于水火之中。布哈拉与核废墟上的未来国度不同，未来国度是异化的人和动物栖居的生态空间，而布哈拉是人类精神栖居的美好生态空间，作家通过文末布哈拉的消失为这一生态空间增添了神秘色彩，证明这是一个趋于完美的理念空间，它的存在与消失取决于圣灵是否会以爱或善的形式降临苦难的世界。作家狠心让上帝赐予的这方乐土离开人类，是为了让人们看清道德生态被破坏后充满灾难的世界，以警示人们保护自己心中信仰的纯净，因为这是圣灵和上帝恩赐得以降临乐土的重要条件。

在瓦尔拉莫夫的另外两部作品《乡间的房子》（Дом в деревне，1997）和《库帕夫纳》（Купавна，2000）中，毁灭原有生态空间的既不是核爆炸也不是末世大火，而是苏联时期的现代化建设。在《乡间的房子》中，"我"来到了乡下，购买了这座属于我的房子，但是难以融入的环境却久久没让"我"觉得自己属于这个叫帕德切瓦雷的乡村，直到我遇见了令"我"内心安宁的秋诺泽罗湖，它在身边的许

---

① ［俄］瓦尔拉莫夫：《沉没的方舟》，苗澍译，中国青年出版社2003年版，第238页。

多老者出生之前就已经在那里了,洞悉了很久以来世间万物的变化。然而,苏联现代化建设的一声令下却使它即将遭受灭顶之灾,没有了秋诺泽罗湖,这里的房子于"我"就仅仅是房子,而不是心灵可以栖居的地方。库帕夫纳对于主人公克留尼亚而言也是这样的地方,克留尼亚从小就生活在乡间,这里景色优美,生活惬意,祖母经常为他做可口的菜肴。是神奇的大自然供养着生活在库帕夫纳的所有人,也是大自然的美好使这里的人拥有虔诚的信仰和前行的力量。但是苏联现代化建设使这一切都不一样了,秋诺泽罗湖和库帕夫纳都在科学家们推进的项目中沦为科技发展的牺牲品,乡村里开进了火车,建起了电站,原来的田野和树林被改造成城市里别墅区的样子。几近干涸的秋诺泽罗湖和库帕夫纳破败的教堂是人们精神力量不复存在的象征,虽然苏联解体在一定程度上使许多地方美好的大自然幸免于难,但是,传统文化、精神信仰的破坏对社会带来了十分深远的影响。今天俄罗斯国家所提倡的修复传统、精神重塑、信仰回归,事实上都是针对苏联历史对人们信仰造成的真空状态提出的。瓦尔拉莫夫在作品中建立的可能世界让人们认识到,自然生态破坏的表象是可怕的,然而人们远远没有认识到它给人类生存状态带来的深层影响,如果"置身乐土和找到故乡的感觉消失了"①,人类必然成为生活无所寄托的难民。苏联的建设和解体作为历史上的偶然事件对生态的影响可能是十分深远的,作家以创作中可能世界的悲剧,警示当代俄罗斯要将现代化建设的行为置于人类生存空间演变的整个过程进行观察,甚至是在宇宙发展规律中反复推敲,物质的进步绝不能以精神的退步为代价,这必然会在某一天引起文明的倒退。叶尔马科夫在其作品《河》(Река,1999)中就提出过这样具有思辨意味的追问:为什么人类在创造现实的同时又在毁灭现实?人们究竟是建立了"更好"的生态还是创造了

---

① [俄] 瓦尔拉莫夫:《生——瓦尔拉莫夫小说集》,余一中译,外国文学出版社 2002 年版,第 174 页。

"更坏"的未来？大自然那美好的一草一木被人们夺取了生命，建成了一栋栋房屋，创造了更好的生存空间，但是由此引发的难以扑灭的森林大火却威胁着人类的生存，这时生存空间的"更好"在生命可能覆灭危机的对比下却变成了"更坏"。"我"明明是一个维护森林安全的护林人，肩负着保护生态环境的使命，但是在森林大火面前，"我"却无能为力，只能选择逃离。人类用生态破坏的代价创造了自己的文明，但是，在这中间产生的恶又毁灭了人类自己一手创造的文明，形成了自食恶果的怪圈。在叶尔马科夫的可能世界里总有一些令主人公着魔的力量，大自然的善和人类的恶仿佛是对准主人公的两个磁极，"我"一边被大自然的美好吸引，一边又在人类的恶中无法挣脱，所以，对于人类而言，更好的生态与更好的物质有着本质的区别，更好的生态是物质生存条件和精神生存条件在自然界中的和谐统一，更好的生态是可持续的，不会在今天为未来埋下"更坏"的隐患。

在拉斯普京笔下，现代化建设带来的城市化进程已经埋下了使俄罗斯未来生态空间变得更坏的种子。与上述作品不同的是，《伊万的女儿，伊万的母亲》中可能世界的时空设置在当代俄罗斯的城市。该作品以女主人公塔玛拉一家在城市中遭遇的悲剧为主线，其间插入了塔玛拉儿时乡村生活的叙述，使亲近自然和远离自然的生态空间形成鲜明对比。曾经的乡村，安加拉河的水清如明镜，"不断带走旧的生活，不断带来新的命运，在河水奔流不息的岁月，它讲述了那么让人惊讶的宝石的故事"①，人们在村庄里快乐地生活，彼此之间的关系也十分和睦融洽。但是现在，"被布拉茨克水电站拦截的安加拉河水的汹涌之势到这里已经是强弩之末……展宽的河岸变得荒芜而稀松，沙子被水藻覆盖，本地鱼种——茴鱼和细鳞鱼灭绝了……安加拉河不再奔涌向

---

① [俄] 拉斯普京：《伊万的女儿，伊万的母亲》，石南征译，人民文学出版社2005年版，第49页。

前，它变老了"①，人们不得不离开迟暮的村庄，去城市里讨生活，塔玛拉就是其中之一。塔玛拉在城市里与男人们一起辛苦地劳动，家庭关系也很淡漠，女儿被强奸，城市里的人唯利是图，司法不公，塔玛拉为了报仇走上杀人的道路……拉斯普京用日益衰败的乡村和喧嚣浮躁的城市共同构建了他笔下的可能世界，这是当代俄罗斯人病态栖居的缩影，或许已经有读者正在这样的空间中煎熬地生存着。造成生态空间"患病"的原因是人们不再亲近自然，在城市的虚无中追求罪恶的利益。早在14世纪的俄罗斯文化中就已经存在"自然无罪"的观念了："原生的大自然是没有罪过的，是由上帝掌管的，使愿望与完美相一致。"②在拉斯普京笔下，亲近自然的乡村具有荡涤人类心灵的作用，"在寻找赖以自救的坚强的过程中，塔玛拉·伊万诺夫娜越来越频繁地回忆起安加拉河边的家乡"③。而在城市，人们遵守的是市场的规则，在资本至上的规则下，资源稀缺的城市空间能够驱使人们不择手段地攫取利益，物欲像恶魔一样难以扼制地膨胀。"在城里的住家拧开水龙头，那因久置而变陈的冲力十足的水流，犹如找不到出口的困兽，从地狱般的水管中喷涌而出时……哪里有什么镜子？哪里有什么保护、救治？……身体的病来自食品和水。"④这部作品中乡村和城市的两个可能世界分别象征着上帝在场的道德空间和上帝离场的地狱空间，通过这一鲜明的对比向人们发出"请回"上帝的警示。拉斯普京认为，对于当代俄罗斯而言，这是解决生态问题中一切矛盾的最根本的方法，也是唯一的出路。

比托夫（Битов А. Г.）的作品《被宣读了的名字》（Оглашенные,

---

① ［俄］拉斯普京：《伊万的女儿，伊万的母亲》，石南征译，人民文学出版社2005年版，第33页。
② ［俄］利哈乔夫：《解读俄罗斯》，吴晓都等译，北京大学出版社2003年版，第387页。
③ ［俄］拉斯普京：《伊万的女儿，伊万的母亲》，石南征译，人民文学出版社2005年版，第48页。
④ ［俄］拉斯普京：《伊万的女儿，伊万的母亲》，石南征译，人民文学出版社2005年版，第50页。

1969—1995）被视作俄罗斯后现代主义生态文学的代表作，是其长篇小说《四维帝国》①（Империя в Четырёх Измерениях，1960—1995）的终结篇——末世帝国的生态之维。《被宣读了的名字》由三个部分组成："鸟，或者基督教义初学者"（Птицы, или Оглашение Человека）、"风景中的人"（Человек в Пейзаже）和"等待猴子"（Ожидание Обезьян），比托夫通过这三个部分的描写对原有的生态观和道德观进行了解构，作家从三个角度重新定义人类在生态空间中的位置。首先是从世界万物的角度，然后是从造物主的角度，最后是从人类文明内部的角度来观察。在世界万物的观察视角中，大自然中一切生命是平等的，每一个生物体在自然界中的栖息状态都是相互联系的，这不仅是作家以万物平等原则建立的可能世界，而且是哲学意义上的理念（Идеальный）生态空间，其实质是对人类中心主义思想的解构。在造物主的观察视角，人类的主观能动性超出了造物主的规定，人类的存在应当是以嵌入风景的方式而不是创造风景的方式，创造是造物主无法被超越的权力，人应当在"被造"世界中规行矩步。在人类文明内部的观察视角中，人类宣称自己是文明的缔造者，所以将自己视为地球生态系统中最尊贵的物种。但是，作家通过对苏联现代化建设的描写，反映了人类文明对自身自由的剥夺使得"尊贵"的人类活得比意识中地位低下的猴子还要卑微，人类自己制造了生存空间中的一切恐怖与悲剧。当末世来临时，等待人类的那个可能世界或许还不如当下人们眼中猴子所在的蛮荒，最起码那里还有自由，可人类却通过创造自然的行为为自己制造了牢笼。比托夫在他的生态帝国中重构了当代俄罗斯的生态观，警示人们切勿将自己与其他物种分离、与自然分离，这类破坏生态有机性和整体性的行为必然将人类文明置于十分危险的境地。

---

① 《四维帝国》由《药剂之岛》（Аптекарский Остров）、《普希金之家》（Пушкинский Дом）、《从俄罗斯出发的旅行记》（Путешествие из России）和《被宣读了的名字》（Оглашенные）四部作品组成。

三　生态—善治理念

英国学者格瑞格·格拉德（Garrard G.）指出："就像女性主义和马克思主义那样，生态批评也是一种明确的政治分析模式。生态批评者通常将他们的文化分析明确地与一种'绿色的'道德和政治议题联系在一起。从这点来说，生态批评与哲学和政治理论中以环境为方向的发展紧密相连。"① 这反映在当代俄罗斯生态文学中就是对自然生态与道德生态内在联系的探讨，无论是对人与自然和谐的歌颂，还是对人与人在自然界和平相处的倡议，抑或是对生态批评理念的反思，都折射出人类社会活动对于空间的某种统治方式。俄罗斯生态文学中的道德生态主题集中反映了人类对空间进行暴君式的统治所引起的道德伦理问题，俄罗斯作家通过这种生态批评思想表达了对国家政治运作模式的看法，提倡以善治的理念达到生态和谐的国家战略目标。

善治（Good Governance）是对源起于20世纪80年代末的西方治理（Governance）理论的完善，本质上是追求一种更加完善的民主统治方式，为的是"确保所有人在任何时候都有尊严地生活"②。拉斯普京曾在自己的诸多文学作品中描绘了一幅幅末世图景。在《告别马焦拉》里的乡村，水源和物种在苏联社会主义建设的过程中遭遇了灭顶之灾，甚至俄罗斯人祖祖辈辈生息繁衍的村庄在为改革让路的过程中毁灭，那里的教堂也逐渐被遗弃。在《伊万的女儿，伊万的母亲》中，越来越多的人为了生计被迫来到城市，但是，没有了故乡的人们在城市里也不得安生，市场经济的弊端、社会制度的不公使普通人如蝼蚁一般蜷缩在城市不见天日的角落，他们的生活是在粗暴统治中寻

---

① Greg Garrard：*Ecocriticism*，转引自路程《列斐伏尔的空间理论研究》，博士学位论文，复旦大学，2014年，第116页。
② ［印］哈斯·曼德、穆罕默德·阿斯夫编著：《善治：以民众为中心的治理》，国际行动援助中国办公室编译，知识产权出版社2007年版，第126页。

找生存的机会,拥有尊严实在是奢侈的愿望。在《下葬》(*В ту же Землю*,1995)一文中,女主人公巴舒达的母亲去世了,然而为这片土地的建设奉献了一生劳动的巴舒达却无法在政府的庇护下好好安葬母亲,反而因为社会变革时期的混乱不得不偷偷摸摸地将母亲埋进树林。在这种政治运作模式下,无处安放的除了自然、生命还有死后的灵魂。表面上,拉斯普京的生态批评路径通常是政府的改革破坏了自然生态,进而引起了自然对人类的反噬。自然遭到人类的破坏,意味着人类在自然定下的规律中跨越了边界,而这种规律通常以至高无上的神的形式存在于俄罗斯人的意识中,违背了神的旨意就是犯罪,即道德生态被异化必将受到神的惩罚,这实质上是自然规律对道德生态的反噬。

失衡与不公究其根本是人类活动的越界造成的,无论是在西方还是在东方,客观规律不可违是人类得以有尊严地生活的重要前提。在西方,规律就是神,这是万物的本源;在东方,规律是"道",无形无限之气力是维持自然秩序的本源;在俄罗斯,上帝以"圣灵"(Святой Дух)的方式存在,以爱体现自己的无形无限,以善体现自己的权威,俄罗斯东正教信仰中上帝的气场与"道"、客观规律不可违有异曲同工之处。"道法自然"语出老子《道德经》第二十五章,原文是"人法地,地法天,天法道,道法自然",魏晋时期的哲学家王弼为此文做了详尽的注解:"法,谓法则也,人不违地,乃得全安,法地也。地不违天,乃得全载,法天也。天不违道,乃得全覆,法道也。道不违自然,乃得其性,(法自然也)。法自然者,在方而法方,在圆而法圆,于自然无所违也。"① 因此,"道法自然"强调世间万物各有其因循之秩序,即形而上之客观规律不可违。俄罗斯人心中的神与中国古代哲学中老子"道法自然"的哲学思想不谋而合,都强调了遵守客观规律是人得以在自然界安身立命的前提。

---

① (曹魏)王弼:《老子道德经注》,中华书局2011年版,第66页。

拉斯普京在作品中提倡的"首先尊重人与自然尊严"的国家治理理念在中国古代哲学中已经被论及。源于长江流域文化圈的道家思想中就已经有对"善治"的阐释，在老子《道德经》第八章卷首记载了"上善若水"的传世名句，同时老子也是在这一章中使用了"善治"一词："居善地，心善渊，与善仁，言善信，正善治，事善能，动善时。"① 我国古代思想家王弼对"正善治"做了如下注释："为政之善，无秽无偏，如水之治，至清至平。"② 换言之，老子的"善治"是一种"为政之善"，也就是"良好的统治"，虽然"统治"一词距离今天我们所说的"治理"依旧有一定差距，但是由其引申出的"如水之治"的理念已经能够被看作西方善治理念的前逻辑。"如水之治"寻求国家治理柔性的平衡：无孔而不入，顺势而为，清明且公平，君主使王公大臣与平民百姓、农民与商贾等各方得到公平公正的待遇。汉语用老子的"善治"去对译西方的"good governance"的理论并非毫无根据，二者都是人对空间的治理模式提出的管理方案，并且，在当代俄罗斯文学中也能够找到类似"如水之治"的话语。

在许多当代俄罗斯生态文学作品中都有水的形象，例如，在瓦尔拉莫夫（Варламов А. Н.）的《乡间的房子》（Дом в Деревне，1997）中，作家发现了一个与自己心灵十分贴近的自然景观——秋诺泽罗湖，秋诺泽罗湖于主人公就好像瓦尔登湖于梭罗，"地球上还没有任何一个地方像秋诺泽罗湖一样合我的心意，它好像是人类命运的见证人，对于在我们出世之前好多世纪就在这个大坑里产生，而在许多世纪之后才会消失的永恒的秋诺泽罗湖的湖水而言，不用说我这一辈子的几十年，就连帕德切瓦雷村存在的数百年时间，也只是短暂的一瞬"③。这一汪湖水的生息象征着自然之伟大，人类于斯实在太过渺小。"我"买的乡间

---

① 本文出自老子《道德经》的文献引证皆出自王弼注述的版本《老子道德经注》，为方便读者查阅，均以章节标记，王弼所做注释以页码标记。
② （曹魏）王弼：《老子道德经注》，中华书局2011年版，第22页。
③ ［俄］瓦尔拉莫夫：《生——瓦尔拉莫夫小说集》，余一中译，外国文学出版社2002年版，第150页。

的房子就在一个叫帕德切瓦雷的地方，然而，融入乡间生活的过程并不顺利，物质上的匮乏以及精神上的隔阂都成了"我"适应这里新生活的障碍。但是，在发现秋诺泽罗湖之后，对其中道理的感悟使"我"心情平静，是秋诺泽罗湖使"我"的生活摆脱了不尽如人意的现实，得到了一分淡然与超脱。其实，湖水本身仅仅是湖水而已，却能与"我"心灵相通，根据"我"的心意化为与之相宜的道理，生活中的坎坷与困境在这一汪湖水的荡涤下一扫而空。同样，在拉斯普京的生态图景中，水的形象也占据了十分重要的地位。流淌着的安加拉河是具有自然性和神性的"活水"，象征着神和上帝的旨意，能够给人以精神上的观照。对于作家来说，好的治理应该像自然的安加拉河水一样，平等对待这里的生灵，无论是人类、动物，还是村庄、森林，都能够得到同样的滋养；而不是像水库里圈进的水一样，时而使河床干涸，生态受损，时而如洪水猛兽，殃及生活在这里的人们。因此，在俄罗斯的文化语境中，如水之治体现为对俄罗斯人心灵的影响，精神上的安慰是他们有尊严地生活的前提，水中的神能够为生活中的一切不公和灾难找到合理的解释和出口，这样的治理也能够达到缓和社会矛盾、治理好国家的目的。所以，俄罗斯当代作家呼吁的善治理念是东西方哲学在俄罗斯文学中的显现，为的是追求人与大自然、乡村与城市、内心与现实、传统与革新之间的平衡。

当代俄罗斯生态文学重新审视了苏联改造时期对生态造成的破坏，以及由此引起的人道德的异化、社会关系的混乱，提倡政府能够在俄罗斯推行善治的理念，使每个人都能够有尊严地生活，在自然界中安然地栖居。然而，这种人本意义上的理念或多或少忽视了科学技术在国家发展中的重要作用。2005年，20世纪80年代停建的博古恰内水电站建设项目重新开启，并于拉斯普京逝世那一年的6月建成。经过多次科学实验和论证的水电站建设项目在节约能源方面是具有建设性意义的，国家有责任也有义务评估能源过度消耗带来的损失和水电站建设为村庄带来的灾难孰重孰轻。在城市化进程逐渐加快的当下，俄罗斯政府真正的善治未必是为村民们留下最后的世外桃源,而应该是凭借科学技术的革新促使社会进步,改善现有的乡村和城市空间,使之成为更加适宜俄罗斯人生存、更有助于保全俄罗斯民族精神的生态空间。生态—善治的理念是追求自然生态和道德生态的双和谐,描写末世图景不是为了让人类在与自然的玉石俱焚中含恨而终,而是为了得到有助于生态问题解决的启示。当代俄罗斯作家先钦的长篇小说《淹没地带》是一部向乡村散文艺术家拉斯普京致敬的作品,被誉为"马焦拉的回声",其中同样上演了溃坝引发的末世洪水,但是作家有意识地设置了这样的情节:人们在准备庆祝复活节的时候,村庄里迎来了的新生命。面对改革带来的冲击,"我们需要勇气,以期在绝望的境地能够看到希望"①。这部小说获得了2014—2015年度"大书奖"的三等奖,这证明,生态观照下的国家治理问题依然是当代俄罗斯关注的重点,尤其是近些年,新的生态地区——北极的开发逐渐成为北极各国的关注重点。2017年3月29—30日,主题为"人在北极"的第四届国际北极论坛全体会议在俄罗斯阿尔汉格尔斯克召开,俄罗斯总统普京就北极地区的生活问题、生态问题、经济发展问题以及国际合作发表了讲话,与美国、加拿大、挪威等国一样,新时代的俄罗斯更加需要在生态问题上的先进经验和技术配合来实现对这一自然空间的良好治理,当代俄罗斯生态文学对自然生态问题、道德生态问题以及与之相关的绿色治理问题的思考无疑会成为国家战略的智库。

第五节 当代俄罗斯文学是为国家意志布道的使者

无论是当代俄罗斯文学,还是当代俄罗斯的国家意志,我们都不能在宗教信仰视角被遮蔽的情况下去观察二者,正如俄罗斯著名文化

---

① Грицаенко Д. Эхо с Матеры. Знамя, 2016, №. 3, с. 216.

学者利哈乔夫所强调的那样："俄罗斯文化在道德力量的基础上，通过俄罗斯文学发声，将不同民族的文化联合在一起。俄罗斯文学的使命也正在于这种联合。我们应当谛听俄罗斯文学的声音。"①就国家意志的内部构成而言，它是俄罗斯国家意愿、行动、意志力的有机统一，当代俄罗斯文学从社会文化、外交、民族信仰、战争、生态保护、国家治理等多个方面反映了当代俄罗斯国家意愿的方向，并从哲学、文化学、伦理学、管理学等维度为国家行动的具体内容提出了建议。此外，在国家意志力的调动方面，当代俄罗斯文学继承了优秀的传统，以道德为基础，为提升民族凝聚力做出了贡献。当代俄罗斯国家意志的形成基于冷战之后、苏联解体之后国际政治格局多极化的现状，虽然俄罗斯在世界上仍处于大国地位，但与"莫斯科是第三罗马"的理念地位有所出入，随着世界大战热兵器时代的远去，当代国际地位的争取越来越依靠经济实力和国家文化软实力。依靠能源出口的俄罗斯经济很难在世界上取得不可动摇的地位，但是，国家文化软实力却有可能成为其在21世纪继续践行其帝国意识传统的重要手段，对俄语生态保护的提倡、对民族历史记忆的关注、对宗教信仰（尤其是旧礼仪信仰）回归的呼吁、对战争及战后的人道主义关切、对道德生态建设的重视，都反映了俄罗斯在国家文化软实力上下了大功夫，并通过俄罗斯思想的喉舌——文学传达给俄罗斯人民甚至是世界。一方面，俄罗斯希望通过纯粹本民族的力量提升自己的国家文化软实力；另一方面，俄罗斯希望国家文化软实力的增强能够在地缘政治博弈中为自己扬长避短。自20世纪70年代起，俄罗斯文学开始逐渐进入彷徨期，这种文学中现实主义的松动实质上就是对苏联大厦倾覆危机的反映，批评界对由此产生的后现代主义文学、后现实主义文学褒贬不一。进

---

① Лихачёв Д. С., "Русская Культура в Современном мире", Новый мир, No. 1, 1991, http：//www.tradicii.info/ru/lihachev-ru/131-russkaja-kultura-sovremennom-mire-lihachev.html? start=3, 2016-04-05.

入 21 世纪，越来越多思想深刻的现实主义作品回到人们的视野，文学奖项资助和出版业导向也为当代俄罗斯文学现实主义土壤的夯实提供了助力。同时，俄罗斯民族内核中的帝国意识并没有在苏联解体之后消失，这意味着俄罗斯将在可预见的很长一段时间内，继续通过文学为国家意志进行布道，进而取得更多的认同，因此，俄罗斯文学中的国家意志是我们应当持续关注的课题。

第四章　当代俄罗斯文学的批判意识

纵观人类历史，不难发现，凡能流传于世的文学作品在某种程度上都具有批判思想和批判意识，一方面，这与作家的民族意识和个体生命感悟有关；另一方面，也与其创作本能不无联系。著书立说的文人学者都希望通过文字将自己对于世界与人生的独特思考留存百世，希望自己的生命在笔墨与哲思之中得以永生，正如普希金（Пушкин А. С.）在诗作《纪念碑》中所写的那样"不，我不会完全死亡/我的灵魂在圣洁的诗歌中/将比我的灰烬活得更久长/和逃避了腐朽灭亡"（戈宝权译）。正因如此，基于创作本能的文人们从潜意识里便希望自己的思想与众不同，而在这种创作激情下诞生的作品也很难是附和社会主流意识形态，尤其是官方意识形态的颂歌。作为创作主体对客观存在的个性化认知与言说，文学作品的血液中天然便带有批判基因。

第一节　俄罗斯文学批判意识的历史演变

《汉语大辞典》将"批判"一词定义为"批示判断，评论评断，对所认为错误的思想、言行进行批驳否定"[①]；《现代汉语词典》将"批判"一词解释为"对错误的思想、言论或行为做系统的分析，加以否

[①] 罗竹风主编：《汉语大词典》第六卷，汉语大词典出版社1990年版，第366页。

定；分析判别，评论好坏"①。"批判"一词的原始含义与现代语境下对该词的理解有所不同，原始词意更强调评判行为本身，并非仅针对"错误"的思想和行为。"批判"俄语书写为 критика，英语写为 critique，它们均来源于拉丁语 critica（指评判者、决策者）。② 该词源自古希腊语 κριτική（kritike）一词，意为"判断的技巧、裁判的技艺"。③ 同词根的希腊词有 krinein（表分开、区分开、决定、判断等含义）④，词根 krei –（表筛选、区别、区分）和 krisis（表评判、审判结果，或是评判和抉择之后所做出的选择）。⑤ 同词根的希腊语人名 Crito（克里托）还是苏格拉底的一位朋友和学生的名字，同时也是《柏拉图对话录》之"斐多"篇中描写苏格拉底被处死这一情景下，在狱中与其关于"公正"等主题进行对话的一位哲人的名字。根据上述词源学的研究可以发现，"批判"这一概念的原初内涵是对批判对象的优点和缺点进行系统的分析、研究、评论、判断，判断的结果并非仅是单纯消极的否定，同时也包括积极的肯定，甚至后续提出中肯的建议。"批判"行为从本质来说更多地表现为一种质疑的精神，批判意识在广义上实际上是一种质疑意识，而并非单纯的反对意识、否定意识。但在 20 世纪的全球化语境下，"批判"这一概念的内容逐渐发生变化，现在它更多地强调"异议、反对、不喜欢、不接受"等含义，批判意识相应地更倾向于一种否定意识与反抗意识，"批判"这一概念的涵盖范围被极大地缩小了。

卡西尔（Ernst Cassirer）在《人论》中间接指出，人的质疑与批判意识是人之为人的特质之一——"人被宣称为应当是不断探究他自身的存在物——一个在他生存的每时每刻都必须查问和审视他的生存状况的

---

① 中国社会科学院语言研究所词典编辑室主编：《现代汉语词典》，商务印书馆 2005 年版，第 1034 页。
② P. G. W. Glare, Oxford *Lation Dictionary*, Oxford at the Clarendon Press, 1968, p. 460.
③ 罗念生、水建馥编：《古希腊汉语词典》，商务印书馆 2004 年版，第 482 页。
④ 罗念生、水建馥编：《古希腊汉语词典》，商务印书馆 2004 年版，第 482 页。
⑤ 罗念生、水建馥编：《古希腊汉语词典》，商务印书馆 2004 年版，第 482 页。

存在物。人类生活的真正价值，恰恰就存在于这种审视中，存在于这种对人类生活的批判态度中"①。《圣经》通过描述亚当和夏娃被上帝发落人间来阐释人类的起源，那么"忤逆上帝之意，食下智慧之果"可视为最早的批判质疑行为，即对当下状况进行思辨、质疑、否定与反抗权威，正因有了质疑与反抗才有了人的存在。从生物学的角度来讲，趋利避害是所有生物与生俱来的本能，为了使个体得以存活，生命体会竭尽全力适应或改造客观条件，物种才得以延续。作为最高级的生物形态，人拥有强大的能动性，其对当下的生存状况并不是无意识地被动接受，而是有意识地主动思辨、质疑、判断、改造，使之更好地适应人类的生存和发展。由此可见，批判意识是早已写入人类基因密码、人与生俱来的生存本能，存在生思考—思考生质疑—质疑生批判—批判生改变—改变即存在（新），从古至今，人类社会废旧立新的本质是这一链条的无限循环，批判意识贯穿人类文明始终。

"文学即人学"②，高尔基（Горький А. М.）的这句名言绝不仅指现实主义文学对现实生活的加工和再现，而是具有更加广阔的解读空间。第一，文学作品是作家独特认知与感受的集中表达，这使它具有绝对的主观性和相对的客观性，文学作品始终是个性化的书写，文学"发生"于人；第二，尽管文学作品的内容可能奇谲难懂，但它仍然是被人阅读和理解的对象，可解读性是文学作品存活所应具备的最基本的先决条件，作品所描绘的世界一定是人有能力理解的世界，它所表达的情感一定是人可以体会的情感，因而文学"致力"于人；第三，文学作品的受众是人，作家、诗人希望自己的思想能够通过作品被人解读并对人产生影响，这是文学"作用"于人。文学是关于人的学问，因而人的批判本能自然会融入文学作品。作家将自己对自然与人类世界的审视流诸笔端，以极具艺术性的方式对所描述的对象进行

---

① ［德］恩斯特·卡希尔:《人论》，甘阳译，上海译文出版社2013年版，第11页。
② 1928年6月高尔基提出该观点，后期在《谈文艺》和《论文学》等谈话和文章中也曾多次谈及，但"文学即人学"并非其原话，而是人们对高尔基这一观点见解的概括性总结。

个性化的评判,评判的方式可能是一种显性的表达,也可能是隐性的书写。作家的思想通过作品被完全地展现出来,这一创作过程本身就是一种批判行为。作家的批判意识成为萦绕在文学创作空间之上,充斥在每个微小缝隙之中,无处不在的气体,是文学作品有机体不可缺少的组成元素。

作为人类文明社会的精英群体,"知识分子"可被视为批判意识与批判精英的代言人,法国哲学家福柯(Michel Foucault)明确地指出了这一群体成员精神层面的特征——质疑与批判:"知识分子的工作不是要改变他人的政治意愿,而是要通过自己专业领域的分析,一直不停地对设定为不言自明的公理提出疑问,动摇人们的心理习惯、他们的行为方式和思维方式,拆解熟悉的和被认可的事物,重新审查规则和制度,在此基础上重新问题化(以此来实现他的知识分子使命),并参与意愿的形式(完成他作为公民的角色)。"① 在俄罗斯的具体语境之下,俄国的知识分子有着许多优良的品质,如追求公正、正义,始终如一地坚持自己的立场,独立思考,认真捍卫人格,不仅关心自身的福祉,而且关心那些因为教育和文化程度所限,不能有意识地对待自己的历史创造的阶级。② 他们与福柯所阐释的知识精英有所区别。与精英类知识分子利用专业知识向公理提出质疑不同,俄罗斯知识分子关注的焦点恰恰是国家的政治发展道路与国民福祉问题,俄罗斯民族是从文化等多个角度来对知识分子进行界定的。对于俄罗斯人民来说,知识分子概念是与"忏悔的贵族""农奴知识分子""平民知识分子""批判性思维的个体""反抗专制制度的战士""持不同政见者"等俄罗斯文化特有的许多现象联系到一起的。③ 无论是福柯所阐释的西方精英知识分子,还是俄罗斯民族眼中"社会的良心",质疑与批判的精神特质都是将这一类人定义为"知识分子"的基本标尺。从俄罗斯第一部文学作品《往年纪事》

---

① [法]米歇尔·福柯:《权力的眼睛》,严锋译,上海人民出版社1997年版,第146页。
② 李小桃:《俄罗斯知识分子问题研究》,黑龙江人民出版社2009年版,第43—44页。
③ 李小桃:《俄罗斯知识分子问题研究》,黑龙江人民出版社2009年版,第32页。

（Повесть Временных Лет）①，俄国文学便开始了批判的传统；而从普希金、莱蒙托夫（Лермонтов М. Ю.）等人开始，知识分子作为一个显性的文化现象登上历史舞台，② 他们创造出了作为"时代英雄"的"多余人"，在奥涅金和毕巧林之后，别尔托夫、罗亭、奥勃洛莫夫等一系列"多余人"形象接踵而至，"多余人"形象的创造是作家对当时俄国社会的一种批判，旺盛的精力、聪明的才智、渴望有所作为的壮志被毁灭殆尽的悲剧实际上是封建农奴制社会造成的一代人的悲剧，作家们正是通过这一系列的代表人物来描绘和谴责那个悲剧时代。俄文学作品中另一类社会底层的一系列被压迫、被侮辱和被欺凌的"小人物"则表达着作家对于封闭、落后、专制的俄国社会对人性的窒息与压迫所持的批判态度，例如普希金《驿站长》中的萨姆松·维林，果戈理（Гоголь Н. В.）《外套》中的阿卡基·阿卡基耶维奇，屠格涅夫（Тургенев И. С.）《木木》中的盖拉辛，以及陀思妥耶夫斯基（Достоевский Ф. М.）及契诃夫（Чехов А. П.）笔下的一系列小人物，等等。果戈理的《钦差大臣》对沙皇俄国的官僚体制进行了尖锐而又辛辣的揭露和讽刺，对俄国的专制农奴制社会产生了巨大的批判力量；其《死魂灵》更是将这种批判力量发挥到了极致，写尽俄国农奴制下地主贵族和贪官污吏丑陋的众生相，他们不择手段地牟利、永无止境的贪欲、精神的空虚、道德的堕落使得他们成为灵魂已死的行尸走肉。按照车尔尼雪夫斯基（Чернышевский Н. Г.）的观点，正是从果戈理开始，俄国文学正式开辟出了一个带有强烈批判意识的文学流派——"俄国批判现实主义文学"。无论是托尔斯泰（Толстой Л. Н.）的《战争与和平》《安娜·卡列尼娜》《复活》，还是陀思妥耶夫斯基的《罪与罚》《被侮辱与被损害的》，抑或是屠格涅夫的《前夜》和《父与子》等传世名篇，其中对

---

① 该作品体现了最初史不分的特点，既有史实，又有民间故事、传说等，文本中有很多作者个性化的表述，例如作者对争权夺势、兄弟相残等史实或传说进行尖锐的批判。
② 姜磊：《新俄罗斯文学中知识分子思想谱系研究》，博士学位论文，黑龙江大学，2015 年，第 33 页。

于俄国社会的痼疾、政治的脓疮和人性癌疾的否定和批判都显而易见。俄国的文学巨匠都是有着强烈使命感的爱国主义者和深刻的思想家，他们通过文学创作，依靠质疑与批判的精神来探寻俄国发展的出路，寻找获得国民幸福的密码。

到了 19 世纪末 20 世纪初，俄国文坛进入了第二个高峰时期——"白银时代"，在这一时期诗歌蓬勃发展，象征主义、阿克梅派、未来派等诗歌新流派的产生和发展本身就是废旧立新的过程，就是对"旧"的否定与批判，以"新"的形式去审视人类的生存环境。除了抒写诗人个人感情的变化和思索之外，1905 年的革命和随后沙皇政府对人民的血腥镇压使得在这一时期的诗歌创作中"祖国"和"俄罗斯"成为很多诗人的创作主题，这些诗作品较为明显地表现出诗人对俄国当前社会状况的批判态度和对国家未来出路的忧患意识，例如勃洛克（Блок А. А.）的《俄罗斯》《秋日》，阿赫玛托娃的（Ахматова А. А.）《我听到一个声音》《安魂曲》《没有主人公的抒情诗》等，尤其是马雅可夫斯基（Маяковский В. В.）的一系列作品，无论是从创作形式还是从创作内容来看都流露出诗人强烈的批判意识和质疑精神。"白银时代"的小说创作同样不乏这种批判态度和忧患意识的表露，例如安德烈·别雷（Андрей Белый）的《彼得堡》，安德烈耶夫（Андреев Л. Н.）的《红笑》、剧本《向星星》等。

苏联时期，由于苏联政府对国民思想意识形态领域的严格管控，使得文学作品的批判意识与政治紧密相连，"社会主义现实主义"这种创作形式和创作内容都严格遵守"规范"和"要求"、既单一又保守的"无冲突"文学流派在苏联文坛"一统江山"，导致苏联文学逐渐远离了世界文学的发展进程，作为世界文学光辉典范的文学地位丧失，但与此同时也催生出地下文学和境外文学这两幅色彩斑斓的别样风景画。与作为国家传声筒的苏联主流文学不同的是，这些文学作品带有强烈的批判性和反体制色彩，这与当时特殊的社会状况不无关系。苏联时期，很多文人学者对于革命与社会主义或是不理解，或是持有否定的批判态度，并不认为暴力的革命是能够解救国民于水深火热之中的良药，反对苏联国家领导人的个人专制统治，怀疑共产主义政党的领导，最主要的是反对苏联社会中的思想统一化和对言论自由权利的剥夺。这些在作品中丝毫不隐瞒反对倾向的"持不同政见者"在苏联的命运无疑是坎坷的，他们中的一部分选择留在自己的祖国，由于作品无法通过书刊检察机关（Цензура）的审查，只能选择在地下出版，其作品中批判的对象为苏联的独裁统治、领导人的个人专制等；另一部分持不同政见的文人则或主动逃离或因被动遣送而流落他乡，于是掀起了20世纪俄罗斯三次侨民文学的浪潮。第一次侨民文学浪潮的代表作家有布宁（Пунин Н. Н.）、纳博科夫（Набоков В. В.）、茨维塔耶娃（Цветаева М. И.）、梅列日科夫斯基（Мережковский Д. С.）等，身在异国他乡的这些作家笔耕不辍，继续用俄语创作，试图在俄语语境之外保存和继承俄罗斯文学的传统。他们或是不接受十月革命，或是不理解这场革命，国外自由的环境让他们能够畅所欲言，说出自己对于革命的质疑和对国家未来渺茫前途的忧虑。第二次侨民文学浪潮则发生在第二次世界大战末期，代表人物有叶拉金（Елагин И. В.）、马克西莫夫（Максимов В. Е.）等，这些在苏联度过童年、亲历战争的恐怖和苏联种种现实的作家在自己的作品中探讨公民性，描写流亡和集中营，坦露对机械化的恐惧和对都市文明的向往，其笔下的主人公常常是与苏联生活格格不入的人，作品中的批判对象通常是苏联的独裁社会、斯大林的专制统治、战争的残酷等。① 第三次侨民文学浪潮则开始于20世纪60年代，侨民作家们对苏联的政治体制和赫鲁晓夫（Хрущёв Н. С.）的"解冻"抱有幻想，却并未等到梦想的创作自由，他们中的大多数都是由于政治原因被剥夺国籍，被迫遣送出苏联，代表人物有索尔仁尼琴（Солженицын А. И.）、布罗茨基（Бродский И. А.）、阿克肖诺夫（Аксёнов В. П.）、弗拉基莫夫（Владимов Г. Н.）、索科洛夫（Соколов А. В.）、西尼亚夫斯基

---

① 荣洁：《俄罗斯侨民文学》，《中国俄语教学》2004年第1期。

（Синявский А. Д.）等，其作品中有着很强的批判性，这种批判意识既体现为其对传统文学形式的大胆突破，追求先锋艺术、后现代风格，例如索科洛夫的《傻瓜学校》、利莫诺夫（Лимонов Э. В.）的《这就是我——爱迪奇卡》；又体现为他们在创作内容中对苏联社会、专制政权毫不留情地否定与调侃，如索尔仁尼琴的《古拉格群岛》《伊万·杰尼索维奇的一天》等作品。第三次侨民文学浪潮代表作家中索尔仁尼琴和布罗茨基二人获得了诺贝尔文学奖，其中很多作家在苏联解体之后仍然继续着创作活动，将批判和质疑的精神传承下去，影响了当代的很多年轻作家。在这段特殊的历史时期，并不是只有在地下文学和境外文学中才能感受到批判意识的存在，苏联的主流文学之中除了对官方意识形态的肯定之外，也有否定的批判精神。苏联前期集中体现在各民族不同风格的讽刺作品中，它们嘲笑旧的资产阶级世界，批判社会生活和人们意识中旧时代的残余，反对小市民习气、腐化堕落、官僚主义等坏风气，如马雅可夫斯基的诗歌、左琴科的讽刺小说等。到了20世纪50年代中期至60年代中期，政府放松了对意识形态的管控，"解冻"思潮兴起，反思精神大为盛行，批判意识高涨，文学与社会理想主义的对抗从潜在的反对变为显在的对抗，人道主义思想复归。这一时期最著名的作品要数帕斯捷尔纳克（Пастернак Б. Л.）的《日瓦戈医生》，作品浸透着强烈的批判意识，通过主人公日瓦戈医生，作家传达了其对十月革命、苏联历史和现实的批判态度。在另一部巨著《生活与命运》中，作家格罗斯曼（Гроссман В. С.）则深刻地批判了苏联强大的权力意志对苏联社会个人自由的限制，表达了对精神自由的渴望。到了20世纪60年代中期至80年代中期，苏联文学进入了"后专制主义"时代，索尔仁尼琴这样公然对抗苏联社会的方式并非主流，随着"解冻"思潮的消退，主流意志又加强了对文学的控制。文学的批判意识体现在两个方面，一是对文学创作形式的创新，欧美后现代作家的"解构意识"和"文体意识"对年轻的苏联作家影响很大，他们通过颇具消解性的艺术策略和狂欢化的艺术表现手段，来解构社会理想主义观念，颠覆苏联的主流意识形态话语，代表作品为韦涅季克特·叶罗菲耶夫（Ерофеев В. В.）的《莫斯科——彼图什基》、比托夫（Битов А. Г.）的《普希金之家》，以及西尼亚夫斯基的《与普希金散步》；二是以对道德问题的关注来逃避主流理想主义话语的牢笼，以对人的道德殿堂的构建来抵御政治话语的侵入，反理想主义的批判精神借助战争文学、民族地域文学、科技神话等躯壳，凭借对道德问题的探寻而栖身于苏联主流文学之中，代表作家有拉斯普京（Распутин В. Г.）、阿斯塔菲耶夫（Астафьев В. П.）、舒克申（Шукшин В. М.）、特里丰诺夫（Трифонов Ю. В.）等。到了 1985 年戈尔巴乔夫（Горбачёв М. С.）提出所谓的"改革与新思维"口号，对苏联国家机器产生了空前的颠覆作用，自然而然地也波及文学领域，打破了文学的"后专制主义"，引发了更为激进和彻底的"新解冻"思潮。文学和思想的自由既促使大批在此之前写成却无法发表的优秀作品"回归"，例如普拉东诺夫（Платонов А. П.）、布尔加科夫（Булгаков М. А.）、比托夫、扎米亚京（Замятин Е. И.）等作家的部分作品终见天日，形成颇具规模的"回归文学"；也使得国内的读者接触到了那些侨居海外仍继续创作的"侨民文学"作品。然而最大的影响还是在国内文坛掀起的反思热潮，敏锐的作家们已感知到风雨欲来的社会大趋势，在创作中揭示了当代苏联人社会与生活中的诸多危机，反思国家体制中出现的种种问题，批判苏联主流的激进理想主义，最重要的是这种反思批判的热潮唤醒了苏联作家在"白银时代"之后几乎消亡的自由意识，使其渴望挣脱理想主义的羁绊，去追求独立自由的文学。作家们不再像以往一样执着于表现政治意识形态立场上鲜明的态度，不仅对社会理想主义进行内在的对抗，还对其外在的宏大叙事模式进行解构，这种新式文学的探索为苏联解体后的俄罗斯文学创作奠定了坚实的基础，打下了反叛与创新的基调。① 需要指出的是，苏联文学后七年中的反思与批判热潮，尤其是对苏联政治体

---

① 董晓：《理想主义：激励与灼伤——苏联文学七十年》，上海人民出版社 2009 年版，第 149—242 页。

制及战争的反思，在苏联政权解体之后并未消亡，当代的俄罗斯作家将这种反思批判的精神传承了下来。

第二节　俄罗斯当代文学之于战争英雄主义的解构与批判

一提到俄罗斯的战争文学，人们很容易联想起苏联文学中所描绘的英雄主义战斗场景。对战争和军人的描写是俄罗斯文学的传统，可以追溯到12世纪末的《伊戈尔远征记》，因为在这部史诗中就已经开始记载和描绘远征及俄罗斯民族同外族的战争。从12世纪末至今已经走过了八个多世纪，在这八百多年的历史中俄罗斯民族经历了大大小小不计其数的国内外战争，相应地，军事文学也不断发展、成熟、繁荣。无论是普希金、莱蒙托夫、托尔斯泰，还是战壕真实派的巴克拉诺夫（Бакланов Г. Я.）、贝科夫（Быков Д. Л.）、西蒙诺夫（Симонов К. М.），抑或是阿斯塔菲耶夫、弗拉基莫夫、叶尔马科夫（Ермаков О. Н.）。一方面，俄罗斯民族的好战基因以及特殊时代历史背景下的国家战略促使其对战争场景及军人生活进行细致入微的描写，歌颂人民力量的强大以及军人牺牲自我的爱国奉献精神；另一方面，战争带来的灾难性后果也促使其对战争的正义性进行严肃的人道主义思考。

俄罗斯当代军事文学主要描写的对象是卫国战争、阿富汗战争和两次车臣战争。与以往战争题材的文学作品不同，当代军事文学除了歌颂战场上军人的英雄主义壮举和人民的力量之外，更多地开始对战争的正义性、残酷性、反人道主义特性进行反思和批判，在战争这个国家意志直接产物的背景下探讨人性和个体生命的意义。因此，在这种理念的观照之下，俄罗斯当代军事文学多了一丝对传统军事文学的解构意味。虽然仍有文学作品歌颂爱国主义和战争中的英雄主义事迹，例如普罗哈诺夫（Проханов А. А.）的《车臣布鲁斯》（Чеченский блюз，1998）和《夜行者》（Идущие в Ночи，2001），阿列克谢耶夫（Алексеев С. Т.）

的《我的斯大林格勒》（Мой Сталинград，1993）、利莫诺夫的《我们曾经有过伟大的时代》（У Нас была Великая Эпоха，1987）、卡尔波夫（Карпов В. В.）的《最高军需官》（Великий Интендант，2004）、斯塔德钮克（Стаднюк И. Ф.）的《无悔的自白》（Исповедь Сталиниста，1993）等，但它们并非当代军事文学的主旋律，更多的文学作品是对战争反人性和恐怖性的批判和对战争正义性的反思。可以说，俄罗斯战争文学终于从高昂的英雄主义之路走上了深沉的人道主义之路。[①]

纵观俄罗斯的民族史，毫不夸张地说，这同时也是一部充满血泪与死亡的战争史，对于战争所带来的伤痛，这个"战斗民族"是有权发声的。后苏联文学对战争中英雄主义和爱国主义进行消解，虽然有西方资本主义故意引导的嫌疑（苏联解体后俄罗斯文坛举足轻重的文学大奖——"布克奖"起源于英国，且多数获奖作品都带有资本主义所"提倡"的民主、自由色彩，导致很多文艺工作者认为备受关注的、有悖于传统思想的大奖获奖作品均是迎合西方意识形态的投机之作；而那些奖金颇丰的西方文学奖项则是资本主义国家旨在进行意识文化输出的工具），但抛开这些，我们仍能感受到已经呼吸着"自由"空气的俄罗斯公民对于战争的真实想法。

一 《将军和他的部队》：卫国战争中的反战意识

1941年爆发的卫国战争是俄罗斯军事文学永不枯竭的灵感源泉，从战争爆发至今，反法西斯战争题材的文学作品仍源源不断。这场战争在几代人的心灵都留下了难以磨灭的印记，它早已超出了国别的限制，成为世界民族集体意识中特殊的文化符号。虽然在这场战争中苏联取得了辉煌的胜利，但与此同时俄罗斯民族也付出了惨痛的代价，苏联时期几乎每个家庭都经历过因战争而失去亲人的痛苦。在苏联解体之前，

---

① 吴萍：《从英雄主义到人道主义——苏联反法西斯战争文学的嬗变》，《俄罗斯文艺》2015年第1期。

关于描写战争伤痛的文学是不允许被出版的，国家主流意识形态决定了关于卫国战争的描写只能是颂扬爱国主义、英雄主义精神和人民的伟大。苏联解体后，呼吸着资本主义"自由"空气的作家们一反常态写出了许多否定英雄主义精神、揭示战争残酷和黑暗的作品，甚至全然否定卫国战争，如阿斯塔菲耶夫的《该诅咒的与该杀的》，但也有一部分作家抛弃传统的对卫国战争正义或非正义的二元对立是非观，从更高的视角去探讨战争的本质，批判战争本身对人性的摧残和对人尊严的践踏，这类作品中的优秀代表就属1995年布克奖获奖作品《将军和他的部队》。

弗拉基莫夫的该部作品在获得布克奖之后一度引起舆论哗然，舆论对其态度呈现出两边倒的趋势，或是认为这部作品不仅没有高超的表现战争的艺术手法，而且有歪曲历史、美化德军的嫌疑；或是认为小说从人道主义的立场深刻地剖析了战争的本质，肯定了硝烟中个体生命存在的意义。小说的批判意识主要表现在两个方面，一是从苏联内部微观的角度来揭露战争过程中苏联军队内部并非团结一心、铁板一块的黑暗、隐秘的真实情况，以及对苏联极权政治和恐怖迫害的批判；二是从宏观的角度来说明卫国战争作为战争本身而言，无论是侵略还是被侵略、正义还是非正义，它都是全人类共同的悲剧，英雄主义、爱国主义不过是暴力和屠杀的遮羞布。

主人公科布里索夫是一个有着极强作战天赋的集团军司令，屡次立功，总是临危受命或是在山穷水尽的极端状况下力挽狂澜，赢得战争的胜利，是一个"战神"一般的人物。然而在1941年的红场阅兵时，由于两辆坦克因故障在列宁墓前熄火，导致包括他在内的几百名军官和学者等无辜的人被抓进牢房，战功卓著的司令员就这样变成了阶下囚，受到非人的精神折磨。这种状况一直持续到卫国战争爆发，国家领导们为了战争胜利的需要将他及其他几百名优秀的作战指挥官从监狱释放出来，派往前线，为国效忠。在战场上，科布里索夫再次发挥极高的作战天赋，几次死里逃生，重创德军，取得梅里亚津战役辉煌的胜利。更可贵的是，他的胜利并非像小说中的其他战将赫鲁晓夫、捷列先科一样是以人的生命为代价换取的，他为后者因急于向最高统帅邀功请赏而抢城池夺要地、不顾惜自己部下生命的做法感到十分悲愤。作为一个"战神"一样的人物，他并没有成为一个因自己高超的作战技能而扬扬自得的战争狂，相反，他对战争感到厌恶。硝烟中的流血与牺牲在科布里索夫的眼中没有任何英雄主义的色彩，只是残忍的杀戮行为；战场下行军过程中看到苏军对普通百姓和士兵的残忍行径让他感到无比心痛。梅里亚津战役之后，苏军旨在攻击普列斯特拉夫里的德军，可在去往目的地的途中却遇见一个名叫高尔里察的小镇，镇上的居民因生活所迫全都投降成为伪军，不忍目睹苏军对这些无辜百姓可预见的屠杀行为，科布里索夫决定放弃指挥权，退回战后司令部述职，然而他心中无法放下那些可怜的百姓，在最后关头决定返回战地，最终死在了那里。

科布里索夫每天在监狱里受到非人的折磨，战争发生时国家不由分说把他从监狱中提出来放到战场上，让其为国效忠；当他不计前嫌，奋勇抗敌，用最大的努力保全有生力量时，其一言一行却无时无刻不被周围被收买的副官、司机等监视着、汇报着，他的每一个决定都会遭到怀疑和防范，他的一切努力换来的不是同僚与战友的尊重和敬佩，而是奚落、轻蔑和敌视，而这一切不过是因为阅兵时两辆坦克因故障停在了不该停的地方。除奸部、内务部、安全局不断干涉前方战事，大量的精力不是用在辅助前方抵御外敌而是大搞内部"思想政治"工作，监视军官们是否忠于最高统帅，甚至无端地诬陷"政治犯"，对他们刑讯逼供。在奥廖尔的监狱，因为一些莫须有的"破坏活动"和"阴谋"，数百名犯人被刑讯逼供，最终惨遭杀害。对于沦陷区迫于生计而"服务"德军的百姓，苏军并未有半点怜惜，而是毫不犹豫地将他们活活地绞死，军队所到之处将百姓财产强行充公。为了抢夺军事要地，高级将领们驱赶军队作战送死，用无数战士的头颅和鲜血去换取胜利与荣誉。那些被德军俘虏过的苏军战士，被自己军队快艇的螺旋桨活活绞死。马上要被除奸部抓获的苏联士兵们一个个想方设法自尽，因为他们知道虽然自杀很恐怖，但和被抓到将要受到的刑罚相比，这种自我了结绝对可以称为"善终"了。为了检验科布里索夫是否投敌，上级设下圈套并下达指令让其带领军队突破布满铁丝网和地雷的包围圈，如不服从则视为反抗立即消灭，无数的战士因此而白白送命。看到院子里被苏军枪杀的数百名苏联囚犯的尸体时，德国上将差点没晕厥过去……人民保卫祖国是出于对祖国的爱，祖国给了他们赖以生存的土地，而这片土地滋养了他们的生命，因此祖国的存亡与每个家庭和个体的命运息息相关。无数士兵甘心抛头颅洒热血是为了那个崇高、巨大的信念，更是为了自己在战场大后方的妻子、儿女和母亲。"只有卫国才能够保家"，这是底层人民最朴素、最真诚的想法，然而结果却是他们自己最宝贵的生命并没有受到党和国家丝毫的珍惜，同时后方他们的亲人或是为了生存而"投敌"，最终惨遭杀害，或是财产被强行充公而食不果腹。所以小说中才会有普通的农妇宁可被杀死也硬是把红军战士领到德国人那里，才会有大批大批的士兵集体投降，才会有弗拉索夫式的人物（希望借助德国人的力量来拯救处于集权统治下的祖国人民）出现，因为这些反抗式的人物都在扪心自问：我们到底为了谁而奉献自己最宝贵的生命？我们用自己的血肉之躯去保护的对象是那些"残酷的刑讯者和刽子手"吗？毫不吝惜我们生命的政府和国家真的值得我们用生命来捍卫吗？为什么在一直宣扬人民当家做主的苏维埃政权之下，个体最基本的生存权利都要被掠夺和践踏？如果发现我们一直服从的体制是反人性的，是错误的，那我们还要坚持服从吗？在战争这个极端的背景之下，作家正是通过正面人物的悲剧性命运和反抗式人物的"背叛"行为来表达对苏联极权政治的控诉和批判态度。

　　卫国战争保护了国家的安全和民族的尊严，这一点是毋庸置疑的，但我们往往被战争的英雄主义色彩和历史的宏大叙事蒙蔽了双眼，忘记了战争的本质是屠杀，是对生命尊严的践踏，是反人性的国家行为。战争需要将领、士兵、民众必须服从最高指挥的意志，个体必须服从军队和国家——"军人的天职就是服从命令",无条件地服从,绝对地服从。所以在战场上,当敌我双方挥舞着兵器大开杀戒、血肉横飞之时,难道我们可以想为什么要杀死对面的这个人,他做过什么可以让我痛下杀手的事情,他侵犯了我们的国土、杀害了我们的亲人吗?难道我们可以想对面的这个人和自己一样有妻儿翘首以盼等他回家吗?在国家意志之下,每一个个体的生命价值被压制到最低,因此小说中的科布里索夫才会发出感叹:"为什么要剥夺他们那微不足道的永恒,为什么我们总对那渺小的永恒无动于衷?"看到广场上的绞刑架、阴沟里的尸体,联想到自己的兽性,连德军都扪心自问:"这种自古以来就存在的、毫无意义的血腥更迭能不能不发生,或者哪怕是在哪一环节被斩断?何时才能终止抵抗—惩罚抵抗—报复惩罚—新一轮惩罚—新一轮的报复?"①

任何战争,无论是侵略还是被侵略,正义还是非正义,都是收割人命的残忍游戏,而在这场生命的角逐之中永远没有胜者,因为胜利桂冠上的花朵是由鲜血滋养的,而任何以死亡为目的的行为都注定是悲剧性的。战争的残酷不仅仅在于对个体生命权利的剥夺,还有对人类尊严、精神的摧毁和践踏、轻视与戏弄。小说中初到战场的女卫生员,因无法直视士兵残缺的肉体和恐怖的死亡,逃离了军营;整营的士兵由于无法忍受炸弹、飞机的轰鸣声和撕裂声而逃离阵地,等等。这些在传统战争文学中被描述为怯懦的逃兵式人物在弗拉基莫夫笔下却得到了罕有的理解与人道主义关怀,恐慌、害怕、逃避这是普通人对待战争最正常的态度,是人类趋利避害最原始的本能,虽然这种怯懦和逃避在大敌当前的状况下并不可取,却无法否认这是一个人最合理的生命诉求。弗拉基莫夫的战争观显然与传统意义上的军事家、战争文学作家、国家主流意识不同,而在传统的苏联战争文学中,作家

---

① [俄]阿列克谢·弗拉基莫夫:《将军和他的部队》,谢波、张兰芬译,漓江出版社2003年版,第98页。

们很少用这种人文主义情怀来观照这些有着合理生命诉求的普通个体。英雄永远是头戴花环，被歌功颂德；"怯懦"的逃兵、叛徒则永远是被鄙视和嘲弄的对象，人们永远不会关注他们为什么会逃离、为什么会背叛，对于他们的刻画也总是不够丰满，贴上标签便草草了事。然而在作家的笔下，这些"消极分子"却也有了自己的生活和感情，有着对生的渴望，他们变成了活生生的人。因为作家深知，战争永远不是只有英雄参与的战争，在这里有英雄，有充当炮灰的无名小卒，还有逃兵和叛徒，因此只讲述英雄故事的文学永远无法被称为真正的战争文学。弗拉基莫夫撕去了战争爱国主义和英雄主义的面纱，关注战火中每一个个体的思考和诉求，叙说着在极端条件下这些鲜活的生命最基本的权利如何被无情地剥夺，作家将批判的矛头直指灭绝人性、摧毁个体的战争本身，他超出了国家和政治、历史和民族的视点，站在更高的立场，将目光放在了人的身上，向战争发出了最深刻的质疑。因此，虽然《将军与他的部队》中并没有过多描写硝烟滚滚、炮声阵阵的战斗场面，但这是弗拉基莫夫独特的战争叙事方法：战事的过程并不是叙事的重点，重要的是讲述参与战争的每一个个体的命运和心理状态。可以说这是从另一个角度对战争的真实纪事，是另一种对战争的文学性言说。它是如此不同，却又如此真实。

这样一部批判"伟大卫国战争"的文学作品之所以能够获奖，一方面的确有奖项资助方对意识形态方面的考量（布克奖起源于英国），但不可否认的是它反映了后苏联文学中十分突出的反战倾向。步入21世纪的俄罗斯当代文学对现代战争进行无情的揭露与批判，体现了一种人道主义回归的创作态势，下面我们以2008年"大书奖"获奖作品《阿桑》为例对这一创作态势进行分析。

二 《阿桑》：现代战争中的反战意识

马卡宁（Маканин В. С.）作为当代俄罗斯文坛"活着的经典"，他的作品对于中国读者来说并不陌生，如《铺着呢子，中间放着长颈瓶的桌子》（或叫《审判桌》，1993 年布克奖得奖作品）、《高加索的俘虏》《地下人，或当代英雄》（1998 年普希金奖获奖作品）等。多年来，马卡宁笔耕不辍，著述颇丰。一提到作家以战争为主题的作品，首先浮现在脑海的便是与普希金和托尔斯泰著作同名的小说《高加索的俘虏》，该作品写于20 世纪90 年代，是马卡宁第一部反映车臣战争的中篇小说，诉说了战争如何剥夺了个人"善"的天性和向往美的本能，言说了当代社会"美已无法拯救世界"的悲剧性现实。与第一部战争文学作品相比，马卡宁第二部讲述车臣战争的小说《阿桑》（又称《亚山》）在中国则较少被人提及。一部分原因可能是该书至今仍未有中译本，更重要的原因则可能与该书引起的争议性言论有关。这部作品于2008 年获得俄罗斯文坛著名文学奖项——"大书奖"，又于同年获得由网友、博主票选的"国家最差"文学作品奖（Антипремия "Нац Worst"—блогеры проголосуют за худшую, бездарную, скучную, глупую книгу уходящего года）。无论是在文学界，抑或是在普通读者圈中，这部小说都经历了这种截然不同的命运，自它出版之日起便引起俄罗斯学者和评论家的高度关注，引发了一系列的论战。"大书奖"的评委主席、著名作家安德烈·比托夫认为这部小说"是迄今为止唯一一部揭露真实车臣战争的作品"[①]；谢尔盖·别利亚科夫（Беляков С. С.）认为该部小说可以让索尔仁尼琴的在天之灵感到欣慰；叶莲娜·萨夫罗诺娃（Сафронова Е. В.）肯定了小说的"虚构性"，称其为车臣战争小说创作的一大进步。[②] 对于小说的负面评论更多地指向文本中有许多和车臣战争及当地情况不符合的错误性描写，很多亲身经历过车臣战争的作家和读者更是感到愤慨不已，认为马卡宁随意杜撰他脑中的车臣战争，他根本不了解车臣，也不了解战争，其笔下的俄罗斯士兵更是对那

---

① 薛冉冉:《一个平凡人的神话——马卡宁新作〈阿桑〉赏析》,《外国文学动态》2009 年第6 期。

② Сафронова Е., Владимир Маканин. "Асан", https: //magazines. gorky. media/ra/2009/11/vladimir – makanin – asan. html, 2018 – 12 – 03.

些亲身经历过战争的军人的侮辱。

  这部作品可谓马卡宁对于战争本质的批判性言说，小说的主题不仅是车臣战争，更是所有的战争，尤其是以掠夺资源或为实现某种政治战略而引发的现代战争。作为俄罗斯或是世界战争史中不计其数的战争中的一次，作家不过是将小说的背景冠以"车臣战争"之名，然而实际上它却是人类历史上无数次战争的拼图，它像是电脑上由成千上万张图片组合而成的一幅战争图景，我们能在里面找到这一张照片是卫国战争，那一张照片是阿富汗战争，还有车臣战争、格鲁吉亚战争、伊拉克战争……因此马卡宁对于车臣战争的批判实则是对于所有残害生命、毁灭人性的战争的批判；马卡宁对于车臣战争中汽油、人质买卖交易的描写实则是对于所有战争掠夺资源、交换利益之实质的揭露；马卡宁对主人公日林颇具戏剧性的突然死亡的安排实则是战争中每个平凡个体朝不保夕的脆弱生命的隐喻——战场上根本就没有无所不能的"战神"，将小说起名为"阿桑"（车臣人对"战神"的称呼），便是作家对战争最大的讽刺。而为何马卡宁偏将小说的战争冠名为"车臣战争"，恐怕是因为这场战争可以称为人类历史上所有倚强凌弱的战争的缩影。

  小说以第一次和第二次车臣战争为背景，故事的主角名为亚历山大·谢尔盖耶维奇·日林，他本是一名普通得不能再普通的建筑工程师，从事军火库和燃料库的建筑工程，在战争的大后方有妻有女，连唯一的梦想都如此普通——赚钱让家人住上好房子，让女儿上最好的学校。第一次车臣战争爆发前，他被破格提拔为上校，主管仓库（上司为了躲避战争，让他接这个烫手山芋）。阴错阳差，他通过一笔军火交易，发了一笔横财。于是从第二次车臣战争起，他利用职务之便，和手下同车臣人做起了汽油买卖的生意，大家各尽其能，各司其职，配合默契。由于他善于平衡、经营各种关系，做生意讲究互惠互利，被俘士兵的家属求他，他总是尽其所能、不求回报地赎人、救人，在俄军和车臣军队那里都树立了威信，被山民称为"阿桑"，即"战神"。日林的手下一次在回来的途中捡了两个小兵——阿力克和奥列克。这两个孩子本来是大学生，在战争中被震伤后精神也受到了一定的刺激，不断恳求日林放他们回到自己的部队。日林唯恐他们在路上不安全，委派自己的部下一路护送他们。在他护送两个孩子与部下交接的途中，遇到车臣车队，日林想趁机和他们做一笔汽油生意。在车臣领队往车里送钱时，车中受了刺激的阿力克由于过度紧张，扣动了扳机，杀死了领队，日林也被他错手射伤。然而日林为了这两个小兵能够安全归队，却没有向部下说明是谁将自己射伤，最后伤重而亡。

该小说总是因为与车臣战争实际情况有出入而不断被人诟病，例如评论家阿拉·拉蒂宁娜在评论文章中曾罗列了小说情节中设置的漏洞，如车臣地区富藏石油，怎么会缺少燃料；在2002年之前车臣地区还没有开始使用手机，更何况是在20世纪90年代；在那些道路不通、人迹罕至的山里人们又是如何打通手机，让人费解……最不能让阿拉·拉蒂宁娜忍受的是马卡宁为山民杜撰了"战神"——一个长着巨大双手的大鸟，认为《阿桑》是马卡宁为了蹭战争文学的热度而创作，旨在获奖的投机之作。① 然而笔者认为，将这部小说视为车臣战争的写实性文学作品是错误的，车臣战争之于作者，和人类文明史中的任何一场战争并没有什么本质上的区别，它是世间所有战争符号性的化身。马卡宁曾说过，他并没有比寻常百姓对车臣战争了解得更多，小说的灵感来自一次偶然听到的、在俄军部队里负责运输汽油的人的谈话，这次谈话的触动再加上长久以来沉淀在脑海中的意识促使他在很短的时间里便写好了这部小说。马卡宁曾说，对于他来讲，"只要能够描述好任何一场战争时期的人的悲剧命运就足够了"②。

战争的本质是利益的再分配，既包含物质层面的利益，又包含精神

---

① 杜雪琴:《弗·马卡宁〈亚山〉的后现代主义诗学研究》，硕士学位论文，黑龙江大学，2016年，第14页。

② Роман о Чеченской Войне – Главный Претендент на Премию "Большая книга", https://www.pravda.ru/culture/literature/rusliterature/07 – 11 – 2008/291081 – bigbook – 0/，2017 – 06 – 02.

层面的利益。人类历史上绝大多数的战争或是为了掠夺资源、金钱，或是为了实现国家的政治策略，都是为了物质利益的再分配；还有一部分战争比较特殊，这种战争并非为了物质利益，而是为了意识形态，例如宗教圣战，信徒们或是为自己的真理正名，或是强迫对方接受自己的信仰，然而追究其实质，它们仍是精神层面的利益再分配。当代较大的几次战争，如阿富汗战争和两次车臣战争，都属于这种利益的再分配。阿富汗是苏联南下印度洋必经的一块战略要地，苏联为了与美国一争高下，控制中亚地区，常年对其进行政治影响和文化输出，当阿富汗人民试图挣脱这种束缚时，苏联便发动了这场长达十年的持久战。至于车臣战争，更是赤裸裸的利益的争夺。车臣北高加索一带蕴藏着丰富的石油与天然气资源，这一地区是苏联石油与天然气资源储存最多的地方，俄罗斯政府与车臣政府及俄罗斯的寡头资本家都想控制此地，于是俄罗斯与车臣各方为争夺这块肥田而爆发了激烈的冲突和博弈，这便是车臣战争爆发的原因之一。① 当然，战争发生的原因错综复杂，有时并非仅是为了物质层面的利益再分配或是精神层面的意识形态冲突，而是二者兼而有之，例如车臣战争的爆发就不能忽略东正教与伊斯兰教之间的文明冲突。因此，尽管车臣战争中日林的汽油生意在读者眼中如此不符合逻辑，却恰恰道出了这场战争的本质——因汽油而引发的争夺。然而放眼四海，现代的战争又有哪一场不是为了石油、矿产、港口、领海或是他国优越的地理位置呢？所谓的盟友实际上不过是利益的共同体，正如丘吉尔所言，"没有永恒的朋友，也没有永恒的敌人，只有永恒的利益"。因此，对于汽油生意这个看似有悖常理的设计，与其说是作者所犯的低级常识性错误，不如说是马卡宁有意为之，通过这种方式来揭穿现代战争的侵略本质，而这种揭露无疑承载着作家对于现代战争的批判态度。

车臣山民口中的"阿桑"是马卡宁杜撰出来的"战神"，作家把它

---

① 侯艾君：《车臣始末》，世界知识出版社2005年版，第173—186页。

描绘成一只长着两只手的大鸟——嗜血和嗜钱。在山民的眼里日林无所不能，可以帮助他们解决燃料、人质和其他很多问题，所以他们称他为"阿桑"。然而真实的日林却既不嗜血也不那么嗜钱，他做生意的想法并非蓄谋已久，而是被人当作替罪羊不得已而留守仓库，身边的人都散尽只剩他一个光杆司令，当车臣分子洗劫仓库之时，他因进退无望而强鼓勇气和车臣领袖做起了生意；他贩卖人质最初实则为了救人，而并非为了金钱。他对于人的态度则最能体现他人的本质而非神的冰冷，他对父亲和妻女充满了柔情，希望给他们好的生活，一得空便给家乡的妻子打电话，闲聊家常；在战场上，两个小兵阿力克和奥列克唤起了他父亲一般的情感，他对两个孩子非常照顾，会在夜间到床边给他们盖被，会担心他们的安全，他将两个孩子视如己出："我也四十多岁了，这两个小子正好可以给我当儿子。我有妻有女，就是没有个儿子，嗯，就这么办了……"① 在远离家乡的战场上，尽管日林并非冲锋陷阵的那类军人，但在这种极端环境下，生命是如此脆弱，精神永远紧绷，亲人远离身边，这两个学生兵无疑是日林心灵上的慰藉，是他对"家"的寄托。俄军在战场上被俘是再常见不过的事，当他看到被俘士兵的母亲四处求人备受奚落时，他总是揪心不已，但凡有人向他求救，他总会不惜财物，尽力而为，因为他也为人父母，懂得他们的心情；当他听闻被俘女记者所遭受的非人道待遇时，相当惊讶愤怒，派兵营救她绝不单单是为了赏金……日林在山民眼中是一位笼罩着神秘主义色彩、无所不能的英雄，是"战神"，但小说的第一人称视角让我们更加了解主人公的内心世界，知道他不过是一个善于在战争这个特殊的环境下审时度势、顺势而为的平凡人，他的商业帝国并非精心计划的产物，他骨子里是一个顾家的传统男人，而这样的普通人在战争中并不稀少。战争逼迫他们背井离乡，为了生存他们竭力去适应环境，希望有朝一日能重返故乡过上平静的生活。残酷的现实磨平了他们的棱角、淬炼了他们的意志，活下

---

① Маканин В. Асан. Знамя, No.9, 2008, c.28.

去，他们只想活下去。一旦出现哪怕片刻的美好，便能够融化那冰封已久的内心，然而现实的残酷却在于，他们不知道，在放下防备的那一刻，死神已挥舞着镰刀悄然降临。无论是《高加索的俘虏》中那美得像妇人一样的高加索青年，还是《阿桑》中那两个单纯、善良的学生兵阿力克和奥列克；无论是鲁巴欣，还是日林，都逃脱不了这样的命运。

马卡宁曾说："悲剧在于，在战争中是会死人的，当一个人打开自己心灵的闸门去怜惜某个人时，他自己反而会死。"① 这让我们联想到阿富汗、伊拉克战争或是恐怖袭击中的"儿童人肉炸弹"，天真无邪的孩子最易引起人们的怜爱。残酷、血腥的战场上这些孩子的出现犹如天使一般，是那么违和又那么美好。为了救他们，满副武装的大兵们即使拼了性命也在所不惜，然而谁能想到这些美丽的天使带来的恰恰是恐怖与死亡。当人们沉浸于他们清澈的双眼、纯真的脸庞之时，未曾想到绑缚在这弱小身躯上的炸弹已经进入倒计时，这便是惨无人道的战争真正的面目——嗜血、残暴、冷酷、反人类，它毁灭人性，摧毁一切被人类视若珍宝的东西，无论以多么高尚、正义的理由所引发的战争本质上都是如此。

对于日林在小说中戏剧性的突然死亡，笔者认为这样的设置寄托着作家对于战争批判性的讽刺态度。"阿桑"，战神，一个在山民眼中无所不能的神一样的人物，却如此简单地死于一个小兵的流弹，这好比一位伟人一不小心被枣核噎住，窒息身亡，是多么可笑和讽刺。战场上从来就没有"战神"，有的仅仅是血肉之躯的普通人；硝烟中从来就没有英雄，有的仅仅是流血和牺牲。

纠结于马卡宁笔下的车臣战争与现实的出入是毫无意义的，对于作家来说"只要能够描述好任何一场战争时期的人的悲剧命运就足够

---

① Роман о Чеченской Войне – Главный Претендент на Премию "Большая Книга", https://www.pravda.ru/culture/literature/rusliterature/07 – 11 – 2008/291081 – bigbook – 0/, 2017 – 06 – 02.

了",小说被安德烈·比托夫称为"迄今为止唯——部揭露真实车臣战争的作品"可谓当之无愧。更确切一些说,《阿桑》不仅真实地揭露了车臣战争,更揭露了人类文明史上任何一场战争的本质。《阿桑》是一部被埋没和被误解的优秀之作,它的艺术成就和思想深度丝毫不亚于《高加索的俘虏》,从某种程度上说它在反思战争的道路上走得更远,它的视角更广阔,它的批判更深刻。

  除了上述两部有代表性的文学作品之外,阿斯塔菲耶夫的《被诅咒与被杀害的》第一部和第二部,以及三部中篇《真想活着》《泛音》《快乐的士兵》都对战时政府的无人性政策进行了无情的谴责和批判,从人性的角度来审视历史和战争;叶尔马科夫的《野兽的标记》描写了阿富汗战争的真实情况,小说以假定性的手法描写了以屠戮生命为目的的战争幽灵对人心理、精神的深刻影响,将人的生命意义放在独特的战争语境中来思考,具有一种宏大的全人类眼光;① 马卡宁的《高加索的俘虏》对战争的残酷进行了真实描写;帕夫洛夫的《最近日子里的故事》(《公家的故事》《马丘申的事》《在卡拉干达的九日》)对军队及集中营的双重暴力进行了无情揭露;皮耶楚赫(Пьецух В. А.)在《叶尔莫拉耶夫中心地区的战争》中辛辣地指出俄罗斯历史上任何战争与同事之间的纠纷、夫妻之间的口角并无实质性区别,都是无谓且荒唐的;诺贝尔文学奖得主阿列克谢耶维奇(Алексеевич С. А.)的小说《最后的证人》《锌皮娃娃兵》更是让读者了解到那些战争中的幸存者如何去回忆战争,如何看待战争。苏联政体刚刚结束时期的俄罗斯文坛军事文学异常活跃,不同于以往文学作品对战争爱国主义和英雄主义的歌颂,绝大多数的文学作品竭力还原残酷且真实的战斗场面,反思与批判战争的本质——人类疯狂的群体性杀戮行为,字里行间充斥着温暖的人道主义情怀——战争从来都没有正义与非正义之分,从来都没有圣战

---

  ① 张建华、张朝意主编:《外国文学纪事(1980—2000)·俄罗斯卷》,商务印书馆2017年版,第412页。

与非圣战之分，只有对那些需要战争的人来说，它才是正义的、神圣的，因此，请不要用英雄主义和爱国主义的色彩来粉饰战争，请不要站在道德的制高点来评论那些拼命躲避死神的双眼、努力活下去的人们，因为战争是死神的别名。

第三节　俄罗斯当代文学之于苏联历史的反思与批判

1917年11月7日十月革命的一声炮响标志着苏维埃政权的诞生，1991年12月25日克里姆林宫上空苏联国旗的悄然下降标志着这一政权的终止。69年，三代人的历史，一夜醒来突然发现手中的护照成为没有法律效力的废纸，"国破山河在"的恐慌与凄凉非常人能够想象。毫无疑问，苏联的存在是人类对于一种全新社会形态和生活方式的伟大尝试，然而对于这次失败的实验，人们的感情却是复杂又矛盾的。犹如失恋般痛彻心扉，呼吸着资本主义"自由"空气的俄罗斯公民在反思这段历史时不断咒骂着集权政治与所受的非人待遇，却忘了爱之深恨之切的简单道理。相较于资本主义给予的过分自由所带来的乌烟瘴气，"失恋"的俄罗斯人在骂过之后却也能回忆起苏联曾带给过他们的希望和幸福，因此21世纪之初，大众传媒中开始有很多声音回忆曾经的红色政权所带给人们的社会稳定和"平均"的富足。作为反映社会状况和民众思想的重要媒介，当代俄罗斯文学对于这段历史的态度也存在着这样一个变化的过程：苏联解体初始，积攒了几十年的怒气与怨怼在顷刻间迸发，文人墨客们极尽所能对苏联社会道德沦丧、人心不古、世风日下的黑暗现实进行毫不留情的揭露和批判，然而解体约十年之后，对旧政权的"清算"暂且告一段落之时，人们宣泄之后似乎终于明白，这个20世纪人类历史上最伟大的实验不过是南柯一梦。因此21世纪反思苏联的文学作品对这段历史的回顾除了依旧尖锐地批判与讽刺之外，却多了几分温和的意味，时间的沉淀使得站在一定历史高度的人们对苏联的批判之中少了一些怒气的宣泄，多了一些理智与客观。

一 《奥蒙·拉》——之于苏联的后现代主义批判

20世纪80年代末，在专门刊登科幻题材文学作品的杂志《化学与生命》上经常刊登一位名叫维克多·佩列文的年轻人的作品，当时的佩列文还是个名不见经传的年轻人。作品的受众仅是一些喜爱科幻小说的年轻人，直到1992年杂志《旗》发表了佩列文的第一部中篇小说《奥蒙·拉》，他大胆的想象、辛辣的讽刺、巧妙的情节设置使得国内外的学者普遍开始关注这位年轻的作家，该部作品同年还被布克奖提名。后期作家的其他作品如《昆虫生活》《黄箭》《夏伯阳与虚空》《"百事"一代》等相继问世，几乎部部都能名列畅销书榜单。佩列文极具个性的后现代文风、对当下社会最尖锐问题的精准把握、富有异国情调的东方元素和创作的宗教哲理性思维方式，以及作家特立独行的神秘做派，使得这位俄罗斯文坛"王家卫"式的人物成为当代俄罗斯文坛杰出的作家，他的名字成了销量保证，因为就连"除了电话号码簿之外什么也不读的人"都在读他的小说。

小说《奥蒙·拉》是一部对苏联官方意识形态宣传对人民的欺骗、国家的极权政治对个人的迫害持批判态度的文学作品。小说同名主人公从小受到官方对宇航业的宣传和周遭无所不在的意识形态灌输，一直向往着成为一名宇航员。他和朋友米佳科中学毕业后顺利考入了飞行学校，本以为这里是圆梦的地方，没想到却是噩梦的开始：他们不仅学不到任何与航空航天有关的专业知识，还不停地被政治洗脑，更可怕的是学校下药后将所有学员的双腿截肢。奥蒙和米佳科被送到莫斯科培训，成为登月机组的成员，米佳科由于不服从指挥被秘密杀害。奥蒙被送上了"太空"，然而最终却发现，苏联强大的宇航业根本就是一场惊天大骗局，根本就没有什么宇宙飞船，也根本就没有登月，奥蒙不过是在被迷倒之后被放入一个宇宙飞船模样的驾驶舱内，在铁轨上来回行驶而已。成功逃脱魔窟之后，奥蒙却又不得不面对躲避追杀的生活。

小说对苏联这段历史的否定批判态度是通过两个维度来进行的——

苏联神话对国民意识形态的欺骗和极权政治对国民的戕害。小说的主人公之所以会有一个飞天梦，是由他糟糕的原生家庭和更加糟糕的社会环境导致的。父亲作为一名警察，实际上却是个不折不扣的酒鬼；母亲去世后，他便被托付给毫不关心他的姨妈。即使在这样糟糕的环境里长大，他接受的教育仍然是有朝一日出人头地，成为克里沃马佐夫家的"英雄"。大的社会环境、对国家的极端厌恶同样让小主人公产生想要逃离地球的欲望。生活在"苏联是如何伟大""苏联的航空航天业是如何先进"的官方意识形态宣传之中，然而现实的生活却让人感到困惑、窒息、绝望，屏幕上的宇航员在广阔无垠的太空中自由翱翔的画面让奥蒙明白"能给人真正自由的东西只有一个——失重，原因呢，顺便说一句，就是那些西方的广播和各种索尔仁尼琴分子的文章让我郁闷了一辈子；当然，在心底，我是十分厌恶这个国家的，因为它总是不清不楚地威逼、强迫人们去模仿这个世界上任何一个、哪怕是只存在几秒钟的群体之中最不要脸那一拨人的行径，——但是，当我明白了在这个世界上是不可能得到和平与自由的时候，我的灵魂便带我'飞天'了，于是乎我所选择的这条道路要求我做的任何事情便都不会和我的良心产生冲突，因为恰恰是良心召唤着我飞向宇宙，它早已不关心尘世发生的任何事情了"①。进入飞行学校的奥蒙仍然逃脱不掉这梦魇一般的思想绑架——"当你们拿到毕业证书、获得军人称号的时候，要相信只有在那个时候你才能成为一个'大写的、真正的'人，而这种人只有在我们苏联国家才会有"②，而这些年轻的孩子做的第一个牺牲就是双腿被截下，换成了没办法回弯的义肢；"美国人就知道拿人的命来冒险，而我们只让机器去冒那种险"③，然而实际上，包括奥蒙在内的几个航天员却是"机器"不可缺少的组成部分；"月球基本理论"的授课教师是

---

① Пелевин В. Омон Ра. М.：Изд. Эксмо，2015，http：//knijky. ru/books/omon‑ra? page = 2，2015‑02‑03.

② Пелевин В. Омон Ра，http：//knijky. ru/books/omon‑ra? page = 2，2015‑02‑03.

③ Пелевин В. Омон Ра，http：//knijky. ru/books/omon‑ra? page = 2，2015‑02‑03.

一位钻研哲学的退休博士，在他看来俄国历史上的每一次巨大变革都与星象有关，并且"第五颗卫星坠落应该引起太阳系范围内共产主义的绝对胜利"；而国家一直以来鼓吹、全民为之骄傲的"登月"不过是一场幻影，它从未存在过，所谓的绕月飞行真相却是驾驶着飞船一样的火车在轨道上来回行驶。佩列文极尽荒诞、夸张之能事，对苏联宇航成就的讽刺发挥到了极致。然而绕过现象追究其本质，我们便会发现佩列文批判的对象不仅仅是苏联的航空航天业，还包括这个政治实体一直以来对国民的欺骗性行为，是"苏联社会生活各个方面的浮夸、弄虚作假和将一切政治化的错误做法"①。在作家看来，苏联政府给它的人民画了一张大饼，这张大饼存在的目的是抚慰民心，让国民觉得他们是世界上最幸运的人，生活在全球"最发达的社会主义国家"，就连空气中都漂浮着幸福的粉红色气泡和面包的香气，这里仿佛是世界上最后的乌托邦，然而现实却是耳旁越是响起那甜腻的、好似打了鸡血一般的、总是强行钻入脑髓的"靡靡之音"，就越是在不断地促使人们思考生活与想象之间巨大的鸿沟；人们越是捉摸不透差距所在，就越是痛苦、迷茫，寻求解脱，无论这出路是在酒精里还是在那茫茫无垠的宇宙之中。"我觉得，我们人啊，就好像是在某个空间维度里碰面之后哈哈一笑，互相拍拍肩膀便错身而过了一样，不过这个空间很特殊，就是当我们冷不丁地定睛一看的时候，便会发现，其实我们是悬在一片虚空之中，在这个空间里无所谓上下，也不分今明，更谈不上什么互相靠近、表达想法，或是改变一下命运；我们就根据传到我们这儿那骗人的、若有若无的闪亮来跟别人讨论周遭发生的事儿，认定那闪亮是光便一辈子冲着它跑，却不知道可能很久以前那光源就已不在了。"② 在佩列文看来，伟大的苏联神话是不真实的、极具欺骗性的，让人无法原谅的并不是它未给人们带来曾经许诺过的幸福，而是它不停地阻止你思考、无时无刻不在向你的意

---

① 宋秀梅：《密切关注现实人生的后现代主义作家——维克多·佩列文》，载金亚娜《俄语语言文学研究·文学卷》第一辑，人民文学出版社2002年版，第359页。

② Пелевин В. Омон Ра, http：//knijky.ru/books/omon－ra？page＝2，2015－02－03.

识中注入这样的谎言:"天堂便是地狱,而地狱即是天堂……"

　　作家对苏联历史的批判态度还通过小说中极权政治对个人的戕害表现出来。飞行学校这个通往太空的阶梯,实际上却是个恐怖集中营,学员们被承诺将会在短时间内将他们培养成只有苏联才有的"大写的、真正的人",途径却是为了防止他们跑掉而把这些梦想为国家的宇航事业添砖加瓦的年轻人的双腿截掉,使之成为残疾人;奥蒙恳求乌尔恰金放过自己,说他还没做好建立功勋的准备,并不想成为登月飞船自动化机组"不可缺少的组成部分"时,却被其告知,功勋是不可能事先准备的,如果不服从,只有死路一条。而在最后的"再投胎测试"中,米佳科就成了那个不服从命令的牺牲品——被枪毙了,然而大家就像什么事情都没发生过一样,没人关心事情的原委,为了国家机器这个庞然大物的运转,处理掉一个不符合规格的螺丝钉又算得了什么呢?与苏联的航空航天事业相比,与苏联伟大的社会主义建设相比,就算有一千个、一万个米佳科需要被处理又有什么不妥呢?然而佩列文对极权政治的批判通过小说中另外一个故事达到了顶峰。

　　奥蒙上的培训课之中有一门叫作"精神强大的人",会请所谓"建立功勋"的人来给学员做讲座。退休少校伊万丧子的故事给奥蒙留下了深刻的印象。伊万本是一名猎手,负责在国家领导打猎时,把野兽驱赶到射程之内。一次事故之后,官员围猎被国家明令禁止了,伊万就被命令装扮成野兽供官员们追杀、捕猎玩乐,他还因为高超的技艺而得到领导的嘉奖和器重;他的儿子马拉特继承父业,做起了一样的行当。美国政治家基辛格访问苏联,签订缩减核武器的协约。政府为了隐瞒其根本无法制造核武器这一事实而讨好基辛格,带其猎熊,而这两只熊便是伊万和儿子马拉特。子弹打到马拉特身上却不能伤到他,使得这位美国政客十分恼怒,持刀冲上前,将年轻人刺死。在一旁的父亲眼睁睁地看着儿子浑身流血,奄奄一息。而基辛格则当下命令在"两只熊"身上搭起木板签署协约。就这样,马拉特用自己年轻的生命换来一枚英雄奖章,帮助国家"渡过难关",而父亲也因此而成为"建立了功勋"的人。作家的这段描写相当辛辣，让人不禁联想到了古罗马的斗兽场，达官贵人们在高处欣赏着奴隶们相互角斗，地上的片片殷红和空气中飘浮的血腥味儿给他们带来莫名的快感。在作者的笔下，苏联政权对国民人格的侮辱和尊严的践踏达到了极致，在所谓的"国家利益"面前，个体已被完全物化，物化就意味着人最基本的生存权、自由权、财产权和尊严权全部被剥夺，国家机器对待个体可以为所欲为。对于马拉特的死，学者宋秀梅认为"伊万、马拉特这些人被'宏伟目标''伟大事业'和'豪言壮语'吞噬了个性，忠心耿耿地为国家机器、为特权阶级服务，结果丧失了独立思考的能力，最终只能走向死亡"①。然而笔者认为这并非马拉特之死的真正原因，第一，在一个被极权政治笼罩的国度里，"独立思考"以及"反抗"这两个人类最基本的权利却恰恰是加速死亡的特效药，例如小说中勇于不服从命令的米佳科惨遭毒害，奥蒙和米佳科由于"独立思考"怀疑食堂门口的飞船模型而被体罚，以及329房间里有关反抗后果的恐吓；第二，以奥蒙、马拉特为代表的生于苏联、长于苏联的年轻人并非后期丧失了独立思考的能力，而是自出生起就被剥夺了独立思考的权利，国家的意识形态灌输和政治洗脑让这些"准苏联人"自出生起从未有意识去思考周遭所发生一切的是与非、对与错，犹如扎米亚京《我们》中的号码，只有被动地接受与遵守，他们从不知道自己有权利去质疑这些"宏伟目标""伟大事业"的合理性与真实性。而这恰恰是苏联极权政治最可怕的地方：镇压暴力抗争的结果是有时效性的，然而剥夺反抗的斗争意识所能达到的效果却是持久的，可谓"斩草除根"。

在这样的极权暴政之下，无论是顺从还是反抗，个人都是毫无出路的，国家政权对个体的物化使得人无法被称为人，而是变成了奴隶与"螺丝钉"。佩列文的写作手法夸张、荒诞、辛辣，然而在嬉笑怒骂的

---

① 宋秀梅：《密切关注现实人生的后现代主义作家——维克多·佩列文》，载金亚娜《俄语语言文学研究·文学卷》第一辑，人民文学出版社2002年版，第360页。

背后，对苏联极权政治以及国家对个人迫害的书写却不无认真的成分。小说写于苏联解体之际，恰逢文坛反思热潮高涨之时，受到国内外普遍关注不无道理。在俄罗斯当代社会，佩列文对苏联历史的批判性态度有着很强的代表性。

二 《图书管理员》——批判与和解的复调之声

小说《图书管理员》是 2008 年俄罗斯布克奖获奖作品，作者是"三十岁一代"的年轻作家米哈伊尔·叶里扎罗夫（Елизаров М. Ю.），这一作品在其仍是手稿之时就入围"国家畅销书奖"和"大书奖"，为作家带来广泛的文学声誉。叶里扎罗夫作为俄罗斯新生代作家的代表之一，被称为当代文坛的"新果戈理"[1]，其作品大都带有魔幻主义色彩，情节离奇，想象力丰富。作家讲故事的能力十分高超，作品可读性很强，小说的主人公或是带有超能力，或是参与超自然的事件。评论界将其与"四十岁一代"的著名后现代主义作家相对比，称其在创作激情方面甚至超过了后者。他的创作消弭了严肃与通俗，庄重与滑稽，虚幻与现实之间的对立，从小说的字里行间可以感受到作家的赤诚之心。[2]

《图书管理员》一书中包含着魔幻、历史、寓言、侦探等多种元素，被称为后现实主义的典型文本（后现实主义是一种新型的现实主义，是从现实主义文学中发展出来的一种新型的现实主义，后现实主义可以从时间和空间两个维度来进行解读，从时间上"后"既指苏联解体之后，又指后现代主义文学思潮之后；从空间的维度上，既是对现实主义的继承，又是对后现代主义的超越）[3]。后现实主义文学继承和发扬了俄罗斯文学固有的现实主义传统，同时又吸取了后现代主义文学中

---

[1] 王树福：《新生代作家米·叶里扎罗夫》，《文艺报》2009 年 2 月 7 日第 4 版。
[2] 陈爱香：《历史记忆：思想溃退后的精神引力》，《俄罗斯文艺》2010 年第 2 期。
[3] 周启超："后现实主义"——今日俄罗斯文学的一道风景，《求是学刊》2016 年第 1 期。

的艺术成就，致力于反思苏联历史。作为后现实主义作品的范例，《图书管理员》将虚构与现实连接为一体，既运用了后现代主义文学创作的写作手法，又保留了对这段特殊历史时期的隐喻性描写，同时表明了新一代俄罗斯作家反思历史所得到的不一样的声音。

  作为一位会讲故事的作家，叶里扎罗夫为读者们讲述了一个寻找圣书的故事，小说情节曲折离奇、跌宕起伏，情节貌似虚构所得，但细读之下却不难发现历史的真实。小说讲述的是苏联时期的一位普通作家格罗莫夫在世时曾写过七部书，这七部作品可谓标准的社会主义现实主义文学范例，内容无聊、老套，找不到任何天才创作的痕迹。但在他死后，人们偶然发现只要能够专注并连续地阅读这七部书，就能够获得意想不到的神奇力量，所以根据其不同的魔力，这七部作品被赋予了新的名字：记忆之书、欢乐之书、忍耐之书、愤怒之书、权力之书、力量之书和意义之书，通过名字便可得知这七部书所含有的特殊魔法。人们为得到神奇的力量争先恐后地阅读格罗莫夫的作品，存放其作品的图书馆俨然已不是仅仅供人阅读的公共场所，而成为一个个拥有共同信仰的神秘组织，格罗莫夫就是他们崇拜和信仰的对象，而他的七部作品就如《圣经》一般被称为"圣书"（俄文版中这七部书都以大写字母开头）。这七部圣书中有两本比较特殊，一本是意义之书，这本书一直下落不明；另一本是记忆之书，顶数这本书可读在册的数量最多。各个图书馆分帮结派为抢夺圣书钩心斗角、阴谋丛生，甚至武力相加，它们中较有实力的是拉古多夫图书馆、舒利加图书馆以及莫霍娃图书馆。小说的主人公阿列克谢因叔父去世而继承其房产时，得知叔父是希罗宁图书室（比图书馆规模要小的格罗莫夫组织）的图书管理员（图书馆的领导人物），且是被暗杀致死的，阿列克谢同意暂时代替叔父做该图书室的领导。之后，希罗宁图书室不断遭到几大图书馆的迫害，阿列克谢又偶然得到消失已久的意义之书，理解了这本书的意义不在于它有某种神奇的魔法，而在于格罗莫夫在其中写出了他创作的全部意图——在这个多灾多难的祖国，当人们都因此而感到痛苦不安时，这七部书将成为整个民族唯一的支撑。阿列克谢被视为能够解读意义之书秘密的唯一钥匙而被囚禁,在被囚禁的地下掩体里,阿列克谢不停地读书,他相信圣书会给他以永生,他不停地"编织那片伸展在国家上空的盖头"①,坚信自己将成为祖国的保卫者和庇护者。

叶里扎罗夫对于苏联历史的批判性态度在该文本中主要体现在两个方面,一是对曾经苏联现实的隐喻性讽拟;二是主张正视苏联历史事实的客观态度。

小说的出版社社长曾这样评价这部作品:"这是一部全面展现苏联现实的后苏联小说。"② 作者在作品中所虚构的世界有着强烈的象征意义,与当时苏联社会的真实情况有着惊人的相似。例如叶里扎罗夫用讽拟的方式将十月革命这一历史事件嫁接到对莫霍娃如何带领孤寡的耄耋老人抢占养老院政权的描写;以拉古多夫和舒利加为首的两个势力庞大的图书馆建立了委员会,共同执政,二者之间既敌对又竞争,也让人联想到了二月革命之后国内两个政权并存的局面;委员会下属的图书馆和阅览室以图书管理员的名字命名,这与苏联时期大搞个人崇拜如出一辙;为了抢夺图书,几大图书馆相互安插眼线,这又像极了恐怖的克格勃;至于委员会对于下设图书馆和图书室的极权专制管理,对于不服从者格杀勿论,让人自然而然地联想到斯大林的"大清洗";而格罗莫夫讴歌社会主义生活的七部圣书根本就是典型的社会主义现实主义文学作品……

除了以上对"苏联特有元素"隐喻性的讽拟,小说对苏联解体后俄罗斯社会的混乱状况也有所描写,例如曾经为国家贡献青春的老人们却被国家和亲人所抛弃,囤居于养老院,遭受不人道的待遇;人与人之间冷漠淡薄,缺乏信任、互相猜忌等。对于苏联和俄罗斯真实

---

① [俄]米哈伊尔·叶里扎罗夫:《图书管理员》,刘文飞等译,人民文学出版社2010年版,第365页。
② 赵丹:《虚构世界中的真实——俄语布克奖新书〈图书管理员〉初论》,《外国文学》2009年第6期。

的描写表明作家对于过去这段历史所出现的一切荒谬和不人道的事实所持有的批判态度，他既委婉又客观的隐喻性书写并未避重就轻或是有美化过去的痕迹，作家从主观上接受了这种客观事实的存在。但这种接受却从来都不是被动的，无论是叶里扎罗夫，还是普通的俄罗斯百姓，都像小说中的各大图书馆一样不断地寻找那极其稀缺的"意义之书"，而这本"意义之书"顾名思义象征着思想，寓意能拯救国家于混乱状况，这是俄罗斯民族的传统——知识分子作为"国家的良心"不停地贡献自己的思想与理论来寻找祖国的出路，同时这也与苏联解体这一历史事件对俄罗斯产生的影响不无关系。苏联解体后，一直以来被奉若真理的信仰轰然倒塌使得整个国家陷入惊慌、不知所措的状态。路该往何处走？应该如何走？意见纷呈的俄罗斯急需一个像苏联时期共产主义理想那样强有力的主流思想带领大家摆脱迷茫无助的状态，可是这个思想又是什么？进入资本主义"自由"社会的俄罗斯发现这种以往一直渴望的"自由"并非全是好事，当背对历史面向未来思考出路时，面前是一望无垠的未知，冥思苦想而不得出路的极端痛苦迫使人们转过身来，企图从走过的路中寻找对未来旅途的指引。

格罗莫夫的小说中存本最多的就属记忆之书，这本书的魔力在于一旦阅读它，就会唤起人们对苏联时期的美好记忆，激起人们的民族自豪感。当主人公阿列克谢阅读这本书时，他回忆起了年幼时的美好时光，他这样说道："虽然迟了些，但我还是得到了苏维埃祖国允诺的难以想象的幸福。就算这幸福是假的，是'记忆之书'授意的。有什么区别呢……"① 这时的苏联全然不是极权、冷漠、恐怖的存在，而是冒着粉红色气泡的美好回忆，是"浆果冰激凌"，是气球，是节日里的朗诵表演，是一个美好的理想。从这种对苏联的美化性书写中我们不难看出作

---

① ［俄］米哈伊尔·叶里扎罗夫：《图书管理员》，刘文飞等译，人民文学出版社 2010 年版，第 360 页。

者对于这段历史的态度，而作为"三十岁一代"的代表作家，这种态度着实能够说明当今俄罗斯文坛存在的一种并非小众的声音——正视过去，客观评价。"以史为鉴，可以知兴替"，一个没有历史的国家是没有根基的，因为历史是民族生长的土壤，是一个国家千百年来走过所有荆棘和坦途后总结出来的经验和教训，是实践的教科书，现实从其而生，未来据其而卜。历史承载着一个国家的过去，是其不可分割的一部分，所以否定历史就是否定事物的存在本身，否定苏联的过去就是否定俄罗斯民族自形成直至今日以"俄罗斯"这一政治实体而存在这一事实本身。但可悲的是俄罗斯在苏联解体后曾经历过对苏联全盘否定的荒唐年代，对过去被视为唯一真理的世界观彻底否定，却并没有建立新的主流思想，这是相当危险的，"废而不立"导致了社会的思想混乱，歧见丛生。因此，一反以往的"清算"文风，叶里扎罗夫通过主人公阿列克谢表达了自己对苏联历史客观理性甚至是和解的态度："我长大了，我热爱苏联，不是因为它曾经怎样，而是因为它会怎样，如果出现另一种情况的话。一个潜在的好人由于生活艰难而没有展现出他的优秀品质，难道他因此就那么的有罪吗？"① 作者本人在接受采访时也曾讲道："它（苏联时代的规划）沉入时代越久，我就越喜欢。我想这是观察点决定的。以前我的鼻子挨着墙，所以除了和鼻子一般高的几块砖头外什么都看不见。现在我们之间相距十七年，我能看见你称之为规划的那个整体的东西。它宏观而美丽。"②

　　苏联解体之时，三十岁或四十岁的俄罗斯作家当时大多二十岁左右，是刚刚开始接触社会或步入社会的年纪。一方面，他们面对的是解体之初政治的混乱、经济的倒退、社会的无序、信仰的迷茫，他们承受的是巨大的生存压力和精神危机，这使得这个时代的人本能地对童年、

---

① ［俄］米哈伊尔·叶里扎罗夫：《图书管理员》，刘文飞等译，人民文学出版社2010年版，第361页。
② Прилепин З. Против течения. 2008，https：//old.litrossia.ru/2008/13/02662.html，2018 - 06 - 06。

青少年时代苏联时期相对快乐和稳定的生活充满怀念，因为在那个年代"我笃信书籍、电影和歌曲中歌颂的国家就是我生活于其中的现实"①，人们有信仰，有精神的支柱，而它就是苏联；另一方面，也正因为三四十岁的作家们在苏联时期度过的是自己的童年或是青少年，所以他们并不是苏联这一政治实体完整存在的历史见证人，他们眼中的苏联是不完整的苏联，虽然可以在书籍中了解过去相关的历史事实，但这种间接获得的信息永远不能够代替直接的经历，因此从心理上他们也更容易和过去的这段历史达成和解，从另外一个角度来说，他们也更能够客观、理性地评价这段历史事实。以叶里扎罗夫为代表的一部分三四十岁的作家能够客观地意识到，尽管对苏联这段历史的评价充满争议，但它无疑是伟大且辉煌的，它是整个俄罗斯民族无法磨灭的历史烙印，是国民无法去除的集体记忆。对于苏联，你爱或不爱，它都在那里，"不离不弃"。国内外有很多学者认为叶里扎罗夫笔下的苏联是被美化的苏联，例如在文章《虚构世界中的真实——俄语布克奖新书〈图书管理员〉初论》中，学者赵丹认为"叶里扎罗夫的小说偷换了概念，即让人留恋的是天上的苏联，是投射在孩童眼中的一种对外来的假设，或曰苏联宣传中的未来图景、苏联的宏伟蓝图"②；评论家加罗斯指出，"这部小说不过是众所周知的三十多岁一代人对苏联的怀旧"③；安德烈耶娃也称"现在的三十岁一代人是多么渴望童话，甚至准备把自己的记忆剔除"④。然而这种观点是值得商榷的，首先，作家并未美化苏联，对苏联的讽拟在文本中显而易见；其次，主人公阿列克谢在阅读记忆之书时被唤起的美好回忆是真实的，能够引起美好回忆的事物是真实存在过的，因此又

---

① [俄] 米哈伊尔·叶里扎罗夫：《图书管理员》，刘文飞等译，人民文学出版社 2010 年版，第 367 页。
② 赵丹：《虚构世界中的真实——俄语布克奖新书〈图书管理员〉初论》，《外国文学》2009 年第 6 期。
③ Гаррос А., Код союза. Эксперт, No. 25, 2007, https://expert.ru/expert/2007/25/kod_soyuza/.
④ Андреева О. Хочу в СССР. Русский Репортер, No. 27, 2007, https://expert.ru/russian_reporter/2007/27/hochu_obratno_v_sssr/.

何来美化之说呢？这正如观察一个物体，如果我们只看到事物的背面就下定论，那么对该事物的认知一定是不正确的，除了背面，还应看到它的正面、侧面、顶面、底面，这样得出的结论才是相对客观与公正的。作者对待苏联的态度正是如此，对苏联曾经带给国民的美好加以肯定，更多的是为了唤起读者对这段历史积极一面的记忆，让其重新思考、审视过去——曾经的苏联的确给过人们伤害，但不可否认它也曾给过人们幸福。苏联是俄罗斯民族集体记忆中不可剔除的一部分，应该接受它、与它和解，只有与过去了断，才能真正地面对未来。

"反思过去—警示当下—寻找未来"是"反思"类作品固有的创作模式，例如科罗廖夫（Королёв А. В.）的小说《果戈理的头颅》就用后现代主义的手法让读者随果戈理的头颅所向回顾斯大林时代和他的杀人暴行，作者用天才的头颅来审视历史，表达了作家对历史价值观的颠覆和重估；[①] 别洛夫（Белов В. И.）的《伟大转折的一年》代表了传统派作家的看法，对苏联时期的农业集体化运动持否定的批判态度；叶甫图申科（Евтушенко Е. А.）的《不要在死期之前死去》则以20世纪90年代发生的政治事件为背景，描绘了50—90年代的苏联社会，涉及了社会政治、文化道德等多方面的问题，表达了作家对历史、时代和个人命运的反思，真实地展现了那个扼杀人性尊严的悲剧时代；老牌军旅作家邦达列夫（Бондарев Ю. В.）的《妥协》则揭示了苏联社会中形形色色的人的种种丑恶，是一部让人了解卫国战争后苏联社会的长篇小说；谢尔盖耶夫（Сергеев Ю. В.）获得布克奖的作品《集邮册》运用后现代主义的手法将记忆的碎片拼凑到一起，组合成了苏联社会历史中的生活与命运；叶罗非耶夫（Ерофеев В. В.）的《与白痴在一起的生活》、皮耶楚赫的《新莫斯科哲学》、拉斯普京的《下葬》、索尔仁尼琴

---

① 张建华、张朝意主编：《外国文学纪事（1980—2000）·俄罗斯卷》，商务印书馆2017年版，第409页。

的《娜斯坚卡》和《甜杏果酱》等优秀作品都真实地反映了苏联社会，体现了俄罗斯当代作家对于这段历史的批判与反思；尤其是当今的大师级作家索罗金（Сорокин В. Г.），离开了苏联时代的意识形态，离开了苏联文学的整体语境很难解读索罗金的创作，例如其作品《规范》《排队》《四个人的心脏》《蓝油脂》等，用后现代主义的笔尖将苏联污秽、阴暗的现实描绘得淋漓尽致，同时却也将整个苏联时代称为人类历史上一部宏大而又迷人的"艺术作品"，是一座已经在世人眼中逐渐消亡的巴比伦。

反思苏联是当代俄罗斯文学中一个十分鲜活的主题，当代的俄罗斯作家们先是经历了情感的迸发与宣泄、批判与否定，后又对这一巨大的"已思"之物进行重新审视与评价，与历史达成和解，重新拥抱未来，普京的那句"谁不为苏联解体而感到惋惜，他就没有良心；谁要是想恢复过去的苏联，他就是没有头脑"恰当地总结了俄罗斯当代知识分子对苏联复杂、矛盾的感情。无论是对苏联历史的批判，还是与其达成和解，归根结底，"反思苏联"这一创作主题的最终目的都是对已走上一条全新道路的俄罗斯有所警示与启迪：苏联时期的社会问题是否在当代俄罗斯已被解决？资本主义国家俄罗斯是否真如想象般美好？这段已经烙刻在文化基因里的集体记忆到底能够给予新时代的俄罗斯怎样的启示？"警示当下"与"寻找未来"才是"回忆过去"真正的价值所在。

第四节　俄罗斯当代文学之于新时代俄罗斯人精神现实的审视与批判

苏联的解体使得社会走向了一个独特时代——"后苏联"时代。这是一个转型的时代，首先社会体制的转型使得政治、经济、文化、科学等领域的发展进入转型阶段，人们的生活方式和思维方式都发生了极大的变化，作为社会文化具体呈现方式的当代文学把这一转折变化清晰地记录在案。

苏联解体后,个人主义、拜金主义、功利主义思潮泛滥,而这种"追名求利、金钱至上"的全民人生观的产生,一方面要归结于资本主义"自由民主""及时享乐"的引导,另一方面却暴露出俄罗斯民族在巨大的社会变动面前并未做好准备、无所适从的迷茫心态。正如佩列文在其小说《"百事"一代》文前的《致中国读者》中所表述的一样:"请大家想象一下这样的国度,其所有国民没有走出家门,就突然发现自己成了侨民。他们并未挪动一步,却落入了一个完全别样的世界,这世界施行另一法则——更常是完全没有法则的。"① 这种无所适从的迷惘心理使得人们犹如溺水一般抓住任何能带给他们稍许安全感的东西——金钱,又犹如将死之人一样,因不知明天如何而纵享今日之乐。直至俄罗斯无序的社会、混乱的经济已逐渐步入正轨的今天,在这个弱肉强食的资本主义社会里,对于绝大多数的人来说,昔日奉若圭臬的美德与理想在面包和牛奶面前毫无意义,生存的本能拉紧人们的神经,道德防御系统业已关闭,人在没有任何约束的状况之下"放飞自我"、退化为兽,而生活也变为生存,豪宅、香车、名酒、美元成为永远行色匆忙的新俄罗斯人毕生追求的东西。对于这种由社会导致人性变异的批判,俄罗斯当代文学更多是通过描写知识分子在当代社会的转变来传达的。首先,敢于为民发声、针砭时弊、仗义执言,被称作"社会良心"的知识分子毫无疑问是一个国家和民族道德的底线,因此描写知识分子在现代社会的人性变异和堕落更具有代表性,也更有震撼力;其次,知识分子无论是在自我约束的道德层面抑或是在国家强制性的法律法规层面都是最具分寸感的阶级团体,他们是最能够严于律己、有所为有所不为的一群人,因此他们的"变节"也就意味着整个国民自我约束能力的大崩溃,意味着人性的扭曲彻底且极致。

---

① [俄]维克多·佩列文:《"百事"一代》,刘文飞译,人民文学出版社2001年版,第2页。

第四章 当代俄罗斯文学的批判意识

一 《野猫精》——人性兽化的现代寓言

塔吉亚娜·托尔斯泰娅（Толстая Т. Н.）是俄罗斯当代文坛知名女作家，她特立独行，出身良好，天赋异禀。托尔斯泰娅出身于书香世家，其祖父是苏联时期被称为"红色伯爵"、创作了《苦难的历程》的著名作家阿·托尔斯泰（Толстой А. Н.），父亲、外公等亲人都是著名学者。托尔斯泰娅曾在美国教授过俄罗斯文学，还拥有多年的编辑经验，又有来自家庭的良好文学素养，这使得她跨入文坛进行文学创作变得顺理成章。托尔斯泰娅的文学创作以短篇小说开始，对其创作，评论界褒贬不一，或是认为她的创作风格过于追求标新立异，或是十分认可她的创新精神。不过，毫无争议的一点是，托尔斯泰娅绝对可以跻身当代俄罗斯优秀作家之列，从其与乌利茨卡娅（Улицикая Л. Е.）、彼得鲁舍夫斯卡娅（Петрушевская Л. С.）共同被称为俄罗斯当代女性文学的"三驾马车"便可见一斑。

小说《野猫精》自1986年苏联未解体之时便开始创作，全书截稿于2000年，经历了十五年的呕心沥血。这本与以往创作体裁不同的长篇小说可谓凝结了作家关于国家出路、社会问题以及人性较为全面的分析与思考，是作家创作历程中的代表性作品。小说辛辣、犀利，有着深刻的批判性，小说地点的设定是在莫斯科，而在小说中它被称作费多尔·库兹米奇斯克，一场大爆炸使得人们都变异成有着动物生理特征的怪人，只有在爆炸之前出生的幸存者不仅没有这些生理上的怪疾，而且能活几百岁。在这个国度里有一位类似于扎米亚京《我们》中的大恩主一样的人物，他就是费多尔·库兹米奇。主人公本迪尼克是一个在爆炸后出生的公猫，抄录员的工作让他能够接触到书籍并产生浓厚的兴趣。在娶了富家女之后，其岳父利用其嗜书如命的弱点帮助他杀死费多尔·库兹米奇，夺得政权。化身为秘密警察头目的本迪尼克为了得到讲述人生真谛的宝书，迫害传统文化的保卫者、小说中智慧的化身尼基塔·伊万内奇，在最后关头往昔老人尼基塔吹了一把大火烧毁了整个城市，带着另一位知识分子列夫·利沃维奇飞向天空,只留下本迪尼克一人和一片烧焦的土地。

  小说中对于大爆炸并未详细说明,爆炸后人的变异现象让人很自然地联想到切尔诺贝利核电站爆炸这一苏联时期发生的惨剧。爆炸之后人们的生活水平极度下降,回到了原始、蛮荒、落后的时代,这也让人联想到苏联解体后百废待兴的俄罗斯。而在这样的假设下,也可以将小说解读为苏联解体后当代俄罗斯国民人性的变异史。

  大爆炸以后出生的人有着各种后遗症,有的长鱼鳃,有的长鸡冠,有的长尾巴,有的人头马身,他们靠吃老鼠为生,用铁锈提炼各种生活所需品,火是稀有的东西,甚至有专门的人来看管,等等,物质极其匮乏,往昔的文明几乎没有任何留存。这种空间背景的设定与苏联刚解体时期的俄罗斯是十分相符的。苏联的解体不仅在意识形态上对于国民来说是一次颠覆性的大爆炸,在物质生活上同样产生了巨大的破坏作用,人民的基本生活根本无法得到保障。一些投机倒把之徒利用法律的空隙和制度的不健全大发横财;身居高位的官员更是利用职权收受贿赂,敛财成性,官僚气息十足;保留着俄罗斯传统美德、老实本分的民众食不果腹,在乱世之中茫然无措;意志薄弱的人则自暴自弃,酗酒堕落;品行不良之徒趁火打劫,违法作恶,为虎作伥。巨大的贫富差距,严重的社会治安问题,不断激化的民族矛盾,劳民伤财的车臣战争,这一切让新建立的俄罗斯举步维艰。和物质生活的贫困相比,更可怕的是人内心信仰的崩塌,更让人遗憾的是那些原本在道德中间地带,甚至内心纯良的人在外部客观极端环境的催化下堕落、异化。托尔斯泰娅在小说中通过明显的人物设定和隐喻性的书写对苏联解体后国人的异化现象进行批判,作家承袭俄罗斯知识分子的传统,通过作品表达着其对国家历史的反思和对国家未来出路的探寻,而小说开放性的结局似乎隐喻着托尔斯泰娅深思过后得出的某种答案。

  主人公本迪尼克是社会上普罗大众的代表,作家对国民异化现象的批判主要通过本迪尼克来传达。本迪尼克是在大爆炸发生之后出生的,他的母亲是往昔人,他的父亲则是异化人,所以这个人物自出生起就带有矛盾的特性,他身上流着文明世界的代表——母亲的血液,同时又有着蛮荒世界的代表——父亲的影子。一方面本迪尼克是个能工巧匠,会造石斧、修房子、做帽子;另一方面他又幻想着自己能做个锅炉工,这样就可以颐指气使、大摇大摆地过马路,让路人对他毕恭毕敬。一方面他喜爱读书,甚至达到了痴迷的程度;但另一方面他读书不求甚解,把马当作老鼠,任意曲解文字。一方面他与智慧的代表尼基塔·伊万内奇交好,很感谢对方给予他的关心和帮助;但另一方面他最后却成为秘密警察的头目,为了搜敛书籍无所不用其极,甚至最后迫害自己的挚友。一方面在他的心里妻子是女神一般的人物;但另一方面他对妻子的红杏出墙、胡作非为却视而不见。这个矛盾式的人物恰恰代表了俄罗斯和俄罗斯人——一方面国家奉行所谓"文明、科学"的资本主义制度,另一方面却有着很深的历史遗留问题;一方面国人心中苏联时期和俄罗斯传统的价值观根深蒂固,另一方面人们急于改变原有的价值取向以适应新时代、新社会的各种变化。甚至在更深入地挖掘之后我们会发现这种矛盾性是俄罗斯人本性之中无法剥离的一部分,他们是文明与野蛮、矜持与妄为、理智与感性、高尚与卑俗的结合体,二元对立的矛盾性一直以来困扰着整个国家和民族群体。而如果说这种黑与白的对立原本是一比一的,那么在小说中设定的苏联解体后的社会背景下,这种比例的平衡毫无疑问被打破了。本迪尼克作为普通国民的代表,他的异化是社会整体异化的象征,是大爆炸这一毁灭性现象对世人产生重大影响的证明,而作家正是通过对这一代表性人物异化的描写来批判整个社会的群体异化现象。小说中的本迪尼克无疑是无知的,尽管他痴迷于读书,但他从未理解文字真正的含义,他对于野猫精的恐惧更是其无知的直接体现,但与此同时在他身上又闪耀着希望的火光,他痴迷于读书,搜敛书籍的目的是保护知识和艺术,最后迫害尼基塔·伊万内奇是为了得到那本讲述人生真谛的宝书。因此,尽管他不会读书也不会思考,尽管他愚昧无知、顽固不化,但他的身上终究有向善、向上的希望,以他为代表的普通民众虽然不是复兴俄罗斯文明、重振国威的最佳选择,但他们却是无奈之下综合对比之后最有希望的有生力量,小说的结尾也恰恰印证了这种说法:尼基塔·伊万内奇飞走了,只剩下一脸茫然无措的本迪尼克和那一片浓烟滚滚的焦土——当一切清零,从头开始,重建世界的重担便落到了普通民众的身上。

往昔人在小说中是指大爆炸之前出生的幸存者,他们经历过文明社会,身体并没有什么怪疾,还保持着人的容貌,但是寿命却极大地延长了,例如主人公本迪尼克的母亲。小说中往昔人的代表便是尼基塔·伊万内奇,在大爆炸发生之前他曾是博物馆的工作人员,因此从身份上讲他是一个知识分子的形象;大爆炸之后他成为受人尊敬的总锅炉工。在一群变异人中间,尼基塔便成为往昔文明的见证人、传统文化的保护者、智慧与知识分子的代表。面对着周围生理和心理双重变异的人,他选择扛起这面文化传承的大旗,拯救人们失落的传统道德价值观,试图恢复和重建俄罗斯的精神文明。他蔑视权贵,以诚待人,尊重他人,用自己的正能量来引导和感染的周围人。这是一个典型的俄罗斯知识分子的形象,有着承袭下来的知识分子传统的使命感和责任感,认为自己有义务去唤醒民众的良知,恢复文明和理智。为了完成使命,他在全城竖立起木制的普希金雕像,上面刻有"波良卡""受难林荫道""尼基塔城门"等在俄罗斯历史中有着深厚文化意蕴的木桩,还带领大家挖掘古董,等等。但这样一个积极正面的人物同样寄托着作家对其的批判态度,那就是俄罗斯知识分子天真的理想主义。他引起国民对传统文化的关注、振兴民族文化的初衷是高尚和伟大的,这一点毋庸置疑,但他试图凭借竖立雕像和木桩、挖文物、宣传"普希金是我们的一切",以及说教来达到目的,这又暴露了俄罗斯知识分子一贯的天真和理想主义。对这种理想主义的嘲讽和批判态度在小说中托尔斯泰娅并未掩饰:普希金的雕像被雕刻得十分粗糙,有的竟然被刻成了六个手指;小孩儿会爬上去玩耍,民众在雕像上牵绳子、晾衣服,在最后那场大火里更是被烧成了一截截面目全非的黑木头;人们在木桩上刻脏话,而那句"普希金是我们的一切"更是被戏称为"老鼠也是我们的一切"。尼基塔的悲剧在于他并未意识到当这种异化的现象已经扩展到全民范围时,他所组织的种种文化活动、他诚恳的劝导不过是隔靴搔痒,根本无法解决问题;而对于这片被上帝"抛弃"的土地,对于这些在精神和生理上双重异化的种群,唯一的解救方式只能是吐出三昧真火将这片蛮荒、原始、拯救无望的土地像《圣经》中的索多玛城一样烧得干干净净。

本迪尼克的妻子奥莲卡及其他蜕化变异分子则是完全被异化的极端代表。在相貌上她脚上长满利爪,在精神上她完全屈服于自己的兽欲,只注重感官体验,没有任何精神上的追求。这是一个从里到外彻彻底底被异化的人,她的存在彻底解构了俄罗斯文学传统中的女性形象,她粗暴野蛮,在她的世界里只有自己和自己无尽的欲望,她的生活仅仅是动物性的机械重复,没有丝毫人的特质。奥莲卡就像是国家转型时期俄罗斯一些意志薄弱的年轻人,在突如其来的资本主义"自由"思潮的影响下,拜金、自私自利、追名逐利,只贪图物质和感官的享乐,醉生梦死,道德败落,丝毫没有精神上的追求,彻底沦为肉欲的奴隶。而奥莲卡的父亲库德亚罗夫和费多尔·库兹米奇则是比奥莲卡之流更具破坏性的存在。奥莲卡之徒仅仅追求肉体的享受,精神空虚,但他们对于整个社会的破坏作用是消极被动的、缓慢的、有限的;而库德亚罗夫和库兹米奇同样作为财富、名利和权力的奴隶,他们的破坏是积极主动的、急速的、巨大的。身居高位,他们可以利用大量的社会资源,而外在混乱、蛮荒的客观环境成为其为所欲为、欺诈人民的遮羞布,同时也释放了他们真正的癫狂,他们是恶的化身,是永远无法被驯服的野兽,是真正的野猫精。这一类人犹如癌细胞,如果不除掉就会不停地扩散到肌体的每一个角落,导致生命的终结。在托尔斯泰娅看来,这些被感染、异化的行尸走肉和野兽是彻底无望被拯救的,他们才是这片土地被烧毁的真正原因。

学者许丽莎在其论文中认为"托尔斯泰娅在小说中用高度隐喻的手法揭露和批判苏联时期由于极权政治体制造成的社会弊端,以及苏联解体后由于个人主义、拜金主义、功利主义思潮的泛滥而造成的道德返祖现象"①。笔者认为,书中人物无论从形象设定还是隐喻性书写来看,与其说是个人的道德返祖不如说是人性的变异。在苏联解体这个"大爆炸"般的背景下,国民原有的信仰崩塌,物质生活得不到保障,极端的空间导致人精神上的变异现象。最后尼基塔·伊万内奇那句"要学好字母表"以及"不要英国的,乖孩子。要自己的。我们的,椴木做的夹子"②的忠告实则是作家对所有俄罗斯国民的忠告:俄罗斯要回归传统,走属于俄罗斯民族自己的道路,抛弃老祖宗留下的财富而一味地追求西方资本主义的"自由"文明只能导致混乱和变异。借此,作家对于苏联解体之初俄罗斯国民精神状态的批判也达到了顶峰。

二 《羊奶煮羊羔》——知识分子"变形记"

尤里·波利亚科夫是俄罗斯当代著名作家,被称作为数不多的"始终能够触摸社会最现实的伤痛、长于晓畅而又扣人心弦地描写社会现实的作家"③之一,俄罗斯当代的"拉伯雷"④,甚至被称为当代的布尔加科夫⑤。波利亚科夫的创作开始于诗歌,其诗风明快、朴素、诚挚,时而还有些许自嘲意味,于1979年、1981年、1985年和1987年分别出版了诗集《抵达时间》《与友人谈话》《爱情故事》和《个人经验》。后期从事小说创作,令其声躁文坛的作品是其创作于20世纪80年代、出版于苏联解体之后的小说《命令下达前的一百天》和《区里的非常

---

① 许丽莎:《塔吉亚娜·托尔斯泰娅长篇小说〈野猫精〉诗学特征探析》,硕士学位论文,上海外国语大学,2010年,第13页。
② [俄]塔吉亚娜·托尔斯泰娅:《野猫精》,陈训明译,上海译文出版社2005年版,第323页。
③ 李冬梅:《触摸现实的伤痛——尤里·波利亚科夫及其创作》,《世界文学》2016年第1期。
④ 转引自 Шаргунов С. Писатель Юрий Поляков Становится Русским Рабле,https://newsland.com/user/4296648075/content/pisatel-iurii-poliakov-stanovitsia-russkim-rable/4076737, 2018-08-28。
⑤ [俄]尤里·波利亚科夫:《羊奶煮羊羔》,谷兴亚译,上海译文出版社2006年版,第2页。

事件》。波利亚科夫堪称高产作家,至今在俄罗斯文坛仍十分活跃,在1986—2015年创作了《纠错》《荒唐至极》《民主小城》《羊奶煮羊羔》《迷途丈夫的回归》《蘑菇王》《石膏号手,或者影片结尾》《石膏号手,副本二》《转型时代的爱情》等小说作品。2001年至今,波利亚科夫任俄罗斯《文学报纸》主编。

波利亚科夫的小说总是在深刻地思考创作当下的社会现实,尖锐地揭露当下存在的社会问题,并对其进行毫不留情的批判,作家创作主题大胆,语言鲜活,风格与众不同。苏联解体后,国家的政治、经济、意识形态等领域发生了翻天覆地的变化,资本主义的自由化使得整个国家进入了重构与再造的转型期。波利亚科夫的关注视角和创作手法也随之发生了变化,不仅关注社会存在的种种问题,还用大量笔墨去书写变革时期人们的思想变化和心路历程,并在原来的现实主义创作风格中注入了现代主义和后现代主义元素,将戏仿、讽喻、黑色幽默、夸张等写作手法熔铸笔端,使得其作品在传承俄罗斯文学"文以载道"传统的同时,有着很强的可读性和趣味性,作家的许多作品都被搬上了大银幕和舞台。

1995年创作的《羊奶煮羊羔》被称为波利亚科夫将现实主义传统与后现代主义创作相结合的成功之作。整体创作风格夸张、幽默,批判性极强,辛辣地讽刺了苏联解体前后知识分子的思想异化现象,小说不仅多次再版,还被编成话剧和电影投放到舞台和大银幕。故事讲的是一个无名无姓、靠写《轮胎厂厂史》勉强糊口的小作家与书商朋友打赌,可以将一个目不识丁的人包装成大作家。由于熟稔文学圈的"潜规则",小作家在"败德汤"的刺激下"灵感大发",对几近文盲的维捷克进行"包装",让其穿上怪诞的衣服,甚至还发明了一套适用于各种场合的"万能词语"。就这样,作家带着自己的木偶穿梭于各个政客文痞之间,靠着那不过是一沓白纸的"小说"《杯酒人生》,维捷克成为获得国际知名大奖的作家,他在电视媒体上不受控制的一句脏话能在整个国家引起轩然大波,让国民对政府的政策和国家的未来发展走向产生怀疑，甚至可能对最后苏联解体起了十分重要的推动作用。

小说的起因是酒桌上酒醉状态下两人荒唐地打赌，闹剧在酒桌下的延续是基于主人公对于自身所受不公正待遇的不满，对当时文坛这锅"臭鱼烂虾汤"的报复，是主人公证明自己实力的"壮举"。维捷克则是一个傻瓜、小丑与木偶的组合，本是一个木讷、粗鲁、无知的年轻人，在引诱下被装扮成个傻瓜，成为他人的木偶，人生轨迹因此改变，堕入一个自己完全不熟知的圈子，终成笑柄。小说的解读无疑是多重的，唯一不变的就是作品中从始至终弥漫不散的辛辣讽刺与批判。该作品被视为传统的现实主义与后现代主义相结合的成功之作，文本中互文的影子随处可见。但在波利亚科夫的笔下，后现代除了作为一种创作的风格，同时也是其抨击与讽刺的对象。最显眼的就是小说名"羊奶煮羊羔"，这本是《圣经》中摩西十诫之一，告诫人们切勿做过分残忍的事情，但在维捷克的口中这句话却成为在回答复杂问题时说的故意让人摸不着头脑、故作高深的话，《圣经》典故的神圣性与严肃性在互文的讽拟下被消解殆尽。小说中章节的标题也大有文章，多是对经典文本的互文讽拟，例如"伊万·伊万诺维奇与伊万·达维多维奇是如何吵架的""等待维捷克""维克多·阿卡申是俄国革命的镜子""被欺凌的与被侮辱的"等，这些原本承载着经典、严肃内容的话语在文本中被稍加改动之后言说的却是荒诞的现实。小说中柳宾-柳布琴科对空白小说《杯酒人生》的解读同样渗透着作者对于后现代主义的批判：根本不存在的东西在后现代主义过度解读之下变化为玄之又玄、能够解开星际奥秘的密码，成为真正意义上的"无字天书"和能够终结文学的"禁忌主义"。对于空白小说的后现代解读无疑是服务于作者对于苏联解体前后文学界的现实进行批判这一大的创作目的，但我们仍能够从中看到作者对于后现代主义脱离现实土壤的文本过度阐释所持的批判、嘲讽态度。小说中也有不少对于经典文学著作内容上的互文，例如摩尔达维亚人因送礼送错急火攻心而死，让我们联想到了契诃夫《一个文官之死》中的切尔维亚科夫，因向将军打喷嚏而反复道歉，将军不耐烦地呵斥两句就轻而易举地取了主人公的性命。因此，我们可以得出这样的结论：虽然波利亚科夫在小说的创作中运用了后现代互文的创作手法，但该部作品仍然是深深根植于社会现实的现实主义文学作品，后现代仅仅是手段，现实才是其真正的根基所在，并且在揭露现实的过程中作者的态度是具有强烈的批判性的。

苏联自戈尔巴乔夫执政之后，整个国家慢慢脱离了原有的模式，向资本主义的发展道路逐渐靠拢，这种"挂羊头卖狗肉"的状态不仅使全国上下充满了不确定性，使国家的经济陷入混乱，使民众的生活水平大幅度下滑，同时也使得国民的神经紧绷，变得极度敏感。苏联解体前后，国家的"废而不立"使得无论是政治、经济，还是人的思想意识都处于一种混乱的状态。作家对于苏联解体前后文学界揭露性的描写可谓丝毫不留情面：在这个圈子里，专著是否能出版并不取决于其本身的科研价值，而取决于你是否有一套住房能够提供给主管的编辑淫乐；作家协会里充满的并不是艺术的创造者，而是费尽心机、投机取巧想要获得国家物资补助的寄生虫；扬名的办法并不是创造出优秀的文学作品，而是要有国外的"洋"资源；位居国家政府高位的不是真正的有识之士，而是从特殊学校里毕业的、智力受损的外语"人才"；身为文人的作家们不再忙于进行文学创作，而是为了抢别墅而聚在一起火并……维捷克的"走红"无疑是最大的讽刺：一个不学无术的文盲，竟然能够成为闻名海外的著名作家，一本无字天书竟然能被解读成可以破解宇宙奥秘的钥匙，并被冠名为可以终结文学的禁忌主义作品。波利亚科夫笔下特定时代的作家和学者们被刻画成寄生虫、同性恋、没有道德底线的流氓和向西方摇尾乞怜的走狗，这种形象设定是与俄国知识分子自古以来的形象设置相冲突的。在俄罗斯的文化和历史中，知识分子的形象始终有着极其重要的特殊地位，俄罗斯的历史与社会的发展总是与它的知识分子紧密相连。在特定的历史时期，俄罗斯的知识分子与俄罗斯文学一道扮演社会良心的角色，他们是社会精神境界上的高级代表，他们不同于政客，更与商人有所区别，他们以公理与正义代言人的身份为民众发出呐喊,① 所以人们才称其为"国家的良心"。可国家的良心尚且如此,那么整个社会的状况可见一斑。

社会的"良心"变成了"黑心",这时整个社会出现了一种"倒置"的现象:知识分子圈里充斥的不是知识分子,而是流氓、无赖、走狗、变态、偷奸耍滑之徒和机关算尽的敛财奴,而真正的知识分子有的放弃职业操守,为了生计奔波,因为"翻译一首打油诗赚的钱都比做学术研究赚得多";有的干脆脱离文学圈,因为当时的有才之士只有三条道路——"魔鬼的帮手,上帝的帮手和不作为"。"第一条道路简单而实惠",却违背良心;第二条道路不违背良心,但"简直行不通,而且非常危险";所以如科斯托若戈夫之辈只能选择下到农村做一名普通的中学老师,以为会眼不见为净,却始终摆脱不了作为社会真正的"良心"在目睹满目疮痍的祖国时内心所受的煎熬,最终一死了之。小说中的俄罗斯无疑是"神奇"的,因为在这里身居高位、享受国家社会资源的是流氓和笨蛋,而开出租车、刷盘子、教小孩子读书识字的却是副博士、高级学者和真正的作家。这当然不仅仅是文学作品中才能够虚构出来的现象,而是苏联解体前后的真实情况。寻找这种颠倒错乱的根源不能止步于文化圈,作者对文化圈进行辛辣的讽刺是因为这种混乱在整个国家和社会的混乱之中是那么具有代表性。波利亚科夫表面在讽刺知识分子这一小群体,实则批判的是苏联解体前政府在国民意识形态以及政治、经济方面僵化不自由的集权政治化管理,是政治对国民的施暴,而这种管理所导致的最终后果则是社会的混乱与国家的解体。

作者曾经在俄文版的序言中谈到自己将小说如此命名的用意,从他的话语中我们不难看出他对于俄罗斯这段特殊历史时期的批判性态度:"难道我们在向大自然开战的时候不是在用山羊的奶煮羊羔吗?难道先是把俄罗斯人民投入棍棒社会主义,等他们用自己的血肉之躯适应了这

---

① 姜磊:《新俄罗斯文学中"现代知识分子"思想谱系研究》,社会科学文献出版社 2020 年版,第 27 页。

个制度并使之软化之后，又用同一根棍棒把他们赶入野蛮的资本主义制度——这不是在用羊奶煮羊羔吗？一个文化工作者，不是'为被打倒的人们请求宽恕'，而是号召'压扁那些被改革洗劫一空的虫子们'——难道他就不是在用羊奶煮羊羔？"① 但与此同时，作者仍看到每一位国民都应为这场闹剧的发生承担责任，正如小说的主人公无名无姓，没有任何对其的外貌描写，作者的故意为之正欲说明，作品中的主人公并非个体，而是所有国民的缩影；同样，对于国家可悲的现实，每一个俄罗斯人，尤其是知识分子，都难辞其咎。

新时代的俄罗斯人在生活方式和思维方式上都发生了很大的变化，而这一转变的缘起、过程在文学作品中都被生动、真实地反映出来。西方的政治、经济、文化大量输出到这个曾经破败不堪、百废待兴的俄罗斯，困扰着俄罗斯人上千年的那个"向东还是向西"的世纪难题仍像双头鹰的国徽一样高悬入空，笼罩着整个国度。在面包与气节面前，绝大多数人都失守了。对于在异化社会中个体，尤其是知识分子的人性转变，当代文学痛心疾首、怒骂批判，例如邦达列夫的小说《诱惑》《岸》《选择》《游戏》就是描写当代知识分子彷徨徘徊与精神探索的四部曲；瓦尔拉莫夫的《您好，公爵！》则讲述了知识分子在当代社会的不同抉择，肯定了继承知识分子传统的正面形象巴里亚京教授，批判了道德蜕变、毫无原则的斯莫罗金；波波夫（Попов В. Г.）的《秋季正在变为夏季》中则刻画了圣彼得堡中那些已经完全背离知识分子形象的人物；佩列文的小说《"百事"一代》表现了新时期知识分子在资本主义市场中的精神嬗变；拉斯普京的《新职业》以及贝科夫的《玛利亚，你不要哭》都描写了苏联解体后失业的青年科学家寻找工作与心灵归宿的辛酸故事；邦达列夫的小说《百慕大三角》中主人公的外孙安德烈在面对生活中接踵而来的各种变故和不幸之后，选择去报复这个无望的

---

① ［俄］尤里·波利亚科夫：《羊奶煮羊羔》，谷兴亚译，上海译文出版社 2006 年版，"序言"第 1 页。

社会，而最终也无法逃脱其自身的不幸结局；波利亚科夫的《红手机》用讽刺、戏谑的手法描绘了一对俄罗斯新贵夫妇卑鄙、浅薄的内心世界；萨姆舒林（Шамшурин В. А.）的《贱如草芥》描写了欲望都市和市场化社会里身心俱疲、"灵魂难以重生"的人；等等。后苏联文学正是通过对这些国家的"底线"——知识分子在现代社会精神面貌的批判性书写来审视整个时代、整个社会人们的精神现实，来揭露在这个异化的社会背景下人性迷失的事实。

第五节　俄罗斯当代文学对于俄罗斯强权政治的揭露与批判

俄罗斯文学界自古以来便有一批作家是以改变世界、改变国家为己任的，例如拉季舍夫（Радищев А. Н.）、车尔尼雪夫斯基、马雅可夫斯基、赫尔岑（Герцен А. И.）、索尔仁尼琴等，他们以笔为戈，用文字表达其强烈的政治诉求。然而与前辈们不同的是，当代俄罗斯文学对于政治理想的表达已不再是塑造道德楷模或理想英雄，也并非诉诸某种意识形态的政治宣传，政治之于当代作家已不只在于表现某种思想立场、政治歧见或是权力意识，而更多的是渗透到每个公民日常生活中的实实在在的事情。诚然，政治的交锋会导致社会的动荡、历史的更迭，但以反对社会历史变迁描写宏大叙事，当代作家更关注在这一巨大的背景下每个普通民众的日常生活，更寄情于普通个体的悲欢离合，在民间底层的日常生活中呈现政治，即使对历史精英人物的叙说也是一种着眼于命运遭际的个人叙事，表现出对政治的一种强烈的、形而下的现实关怀。①

正是基于这种对政治"形而下"的现实关怀，俄罗斯当代文学对政治的批判也是通过强权政治之下基层普通民众的命运遭遇进行言说

---

① 张建华：《新时期俄罗斯小说研究（1985—2015）》，高等教育出版社2016年版，第151页。

的。俄罗斯自普希金起便开始了描写"小人物"的文学传统，作家通过描写这些出身于社会底层的"小人物"的悲惨命运来批判沙皇专制的丑恶和黑暗的社会现实。新时代的俄罗斯文学继承了这一文学传统，通过描写新时代普通"小人物"的悲剧命运来表达对强权政治的强烈谴责与批判。然而新时代的"小人物"与他们的前辈相比有着跨时代的进步——他们从逆来顺受变为敢于质疑和反抗，敢为"人之为人"最基本的权利而斗争；也有着人数上的不足——与沙皇时期的"小人物"所属阶级人数庞大不同，当代的"小人物"是乌合之众中的点点孤星，在无垠的黑暗之中孤独地闪烁。无论是在没有人权意识的沙皇时代，还是在懂得人权为何物的今天，这些文学作品中的"小人物"都用其生命体验来说明，在政治的大势中，个人是多么微不足道。"蚍蜉撼树"的斗争是多么"不自量力"，然而作家书写的真正意义却恰恰是在这看似胜负已定、力量悬殊的斗争之下个体的勇敢与坚持，不畏死亡的孤独战斗使得文学作品对强权政治的批判更加强烈。

一 《脑残》——个体在强权压迫下的无望挣扎

奥利加·斯拉夫尼科娃是当代俄罗斯文坛最具代表性的作家之一，出生于叶卡捷琳堡，于20世纪90年代蹿红于俄罗斯文坛，其最具代表性的作品为长篇小说《2017》，该小说获得了包括2006年俄罗斯"布克奖"在内的多个奖项，使作家成为继乌利茨卡娅之后第二个获得该奖的女性作家，被称为当代俄罗斯"来自乌拉尔的纳博科夫"[①]。斯拉夫尼科娃的作品深刻地反映了当代俄罗斯社会、民族、精神等领域尖锐的现实问题，是新时期俄罗斯文坛现实主义当之无愧的集大成者。

斯拉夫尼科娃于2010年创作小说《脑残》，该作品顺利入围2012

---

① 孙磊：《畸形政治的隐喻性书写——评斯拉夫尼科娃长篇小说〈不死的人〉》，《外国文学》2012年第3期。

年俄罗斯"布克奖"的评选,并在中国被评选为"21世纪年度最佳外国小说"。评选委员会给予该部作品的评价为:"奥利加·斯拉夫尼科娃的小说《脑残》通过一个俄罗斯当代'新人'的荒诞遭遇,探讨在旧有的意识形态结合网络暴力侵犯个体生活时坚持并捍卫自由的可能性。小说寓意深刻,悬念紧张,讽刺辛辣,想象奇谲,展示出作者深厚的文字功力和突出的现代意识。"想象的奇谲、辛辣的讽刺和紧张的悬念归根结底都服务于小说想要阐释的深刻寓意,看似怪异的故事隐藏着作者关于极权政府和个人权利的深深思索。

小说故事发生在首都莫斯科,主人公马克西姆·叶尔马科夫是"莫漂"大军中的一员,这位来自外省的"新俄罗斯人"是产品推销公司的市场部经理,出色的能力和"精明"的头脑使得其在工作中如鱼得水并为自己攒下了不小的资产,他最大的愿望就是在首都中心花园环线内买一套小房子。这位平凡的奋斗青年与他人最大的不同点就在于他的头部从生理上说是空的,简单来讲,马克西姆脖子上顶着的是个空脑壳,头里面空空如也。这种异常的生理现象引起了国家安全部门的注意,因为按照某种因果关系定律得出的结论,马克西姆的空脑壳导致了重力场失衡,从而引发了各种天灾人祸,导致全国上下死伤不断。所以,为了整个国家和社会的利益,为了人民中的大多数,有关部门希望马克西姆能够发扬爱国主义精神,贡献自己的生命,开枪自杀。然而信奉个人价值高于一切的马克西姆拒绝自杀,有关部门软硬兼施,各方施压。马克西姆经历重重磨难,顶住了一切压力,娶妻、建立家庭。正当生活"柳暗花明"之时,却因怀孕的妻子在地铁恐怖爆炸中丧生,最终难逃有关部门的算计,被"最后一棵稻草"压倒,开枪自尽。整部小说讲的是一个人的战斗,然而"当我在为自己斗争的时候——是仅仅为我一个人而奋斗吗"?作者笔下个人战斗的背后是个人自我价值与国家利益之间的对抗,是对苏联时期遗留下来的、现今仍大肆盛行的"爱国主义、集体主义"的批判,是对轻视与践踏个人生命和价值的国家行为的讽刺。

据有关部门"调查研究",马克西姆之所以会空脑壳可能和他的爷爷瓦列拉有关。爷爷是苏联时期的斯达汉诺夫工作者(采煤劳模),然而这位老人之所以成为劳模却并非因为强烈"爱国主义"的指引或是对当时国家意识形态的认可,而纯粹是出自对劳动本身的热爱。爷爷本是富农出身,并未上过战场,在因拒绝入党而被迫学习法语时认识了贵族小姐出身的奶奶,两人坠入爱河,相互扶持,相伴一生。因此,和相当平庸和冷漠的父母相比,马克西姆在情感上和老一辈的爷爷奶奶更为亲近,也许正因如此,马克西姆才会从爷爷那里继承并未被"爱国主义"和"国家利益"所填充和"武装"过的轻飘飘的空脑壳。对于拒绝自杀,马克西姆承认道:"我身上既没有激情,也没有爱国主义。我看不到,这个国家对我来说比别的国家好在哪里。在我看来,还要坏得多。失修的道路,贿赂,污秽不堪,交警都是一丘之貉,用他们的条纹魔法棒给自己变来上万卢布的灰色收入……"① 在马克西姆的眼里,"生活是一坨屎","人民群众——乌合之众"。在这个金钱至上的社会里,最实在的就是手里紧攥的美元,因此马克西姆无论如何也无法接受开枪自杀、造福社会的结局。然而马克西姆并非像看上去的那样是一个重利轻义的"新俄罗斯人",他渴望拥有像爷爷奶奶那样相濡以沫的感情,渴望婚姻与和谐的家庭生活;他珍视人的生命,在得知并与他没有深厚情感的马琳娜被绑架时,首先想到的是自己积攒多年的存款能不能一次性取出,救人要紧;他洁身自好,楼上便是"淫窟",在得知真相前他一直保持距离,从未踏足半步;他拥有美好的情感,尊重、敬佩萨沙和舒托夫真诚的信仰。正如作者本人所言:"一个人可以持有崇高的价值观,可以说出豪言壮语,但在真正考验的时刻却会把那些全都置诸脑后。剩下的才是人的本质,它既不是'正面的',也不是'负面的'。有的时候,

---

① [俄]奥利加·斯拉夫尼科娃:《脑残》,富澜、张晓东译,人民文学出版社2011年版,第229页。

人的行为会比他自己对自己想象得要更美好、更高尚。《脑残》的主人公就是这样。"① 马克西姆从本质上讲是一个缺少爱的人，面对的是童年时代父母的冷漠，挣扎于生存线上的贫穷，恶劣的成长环境，动荡的政治氛围，充满投机与欺骗的、金钱至上的"新"社会，他没有亲近的朋友，没有爱情，没有家庭，他没被爱过，也从未爱过别人，所以他会说"在这个世界上，谁都是孤家寡人"，所以在国家"因他"而黑烟四起、灾难不断时，他仍能泰然处之；而有了家庭和爱人的马克西姆"开始对别人有了感觉，通过柳霞，他突然意识到，别的人也是存在的。别人的死亡令他恐惧和烦躁，仿佛在他待的房间里有人用力鼓掌或大声喊叫，而他却对这坏蛋奈何不得"②。对柳霞的爱使马克西姆终于将自己与他人联系在一起，在成为自己存在的受害者之后，得知自己并非灾难与不幸的罪魁祸首，再也不必担负斗争的重任之时，他卸下用以对抗整个国家的坚硬盔甲，重又变成普通人，犹如精神亢奋后的疲惫，整夜推杯换盏之后的宿醉，他终于拿起手枪对准自己来结束一切。我的生死由我自己掌控——这是马克西姆一直坚守的底线。

　　除了生理上的异常，斯拉夫尼科娃笔下的马克西姆无疑是一个普通得不能再普通的人，在他的身上我们能看到自己和周围人的影子，这是千千万万个具有批判精神的普通民众的缩影，因此他向国家与权威的挑战就大大超越了个人的意义范畴，他对于社会与生活的批判也远远不是个人在广阔原野上没有回应的呼喊，他为自己生命价值所做的斗争与反抗在不经意中被渲染上了英雄主义的悲壮色彩。斯拉夫尼科娃在致中国读者的话中谈到她对于小说中主人公所持有的同情态度，"小说的主人公对于作家来说是非常亲近的人，可以说就是亲人"③。将主人公视为

---

① ［俄］奥利加·斯拉夫尼科娃：《脑残》，富澜、张晓东译，人民文学出版社 2011 年版，第 2 页。
② ［俄］奥利加·斯拉夫尼科娃：《脑残》，富澜、张晓东译，人民文学出版社 2011 年版，第 313 页。
③ ［俄］奥利加·斯拉夫尼科娃：《脑残》，富澜、张晓东译，人民文学出版社 2011 年版，第 2 页。

作者思想观点的传话筒这样的做法当然不够严谨,但从作者本人的话语中我们不难得出结论,即从马克西姆的视角对国家极权政治所持的批判态度在相当程度上是能够反映作者本人的观点的。

除了主人公马克西姆之外,小说中居于第二位的人物同样值得关注,同样寄托了作者对于国家极权和暴力所持的批判态度。首先是以舒托夫和萨沙为代表的宗教人士,这是一群为了自己的信仰而化装成社会最底层群众的隐士,舒托夫由于不谙新社会的"新规则"而被政客利用作为宣传的工具,而后不得不和教会其他的兄弟姐妹化装成酒鬼、嫖客和妓女以躲避"有关部门"的监视,因为"假如人们想过一种有信仰的、纯洁的生活——这是不被理解的。而酒鬼、妓女——这是容易理解的。没有人去留心容易理解的东西,我们需要这样"①。作者通过一个温顺的信徒之口辛辣地讽刺却又真实地反映了这个病态的社会——真诚、努力地活着不会被理解,堕落是人们的常态。这群虔诚的东正教信徒用自己的行动证明了宗教的包容与伟大:当整个社会都和马克西姆对立的时候,舒托夫向他提供了援助;萨沙将他引入这个小团体,试图帮他摆脱困境;在得知马克西姆的跳水计划后,教会的兄弟打算助他一臂之力。对于马克西姆的遭遇,宗教人士们的态度是理解和宽容的,他们认为国家的极权"剥夺了最后能够达到最高精神境界的可能,即自我牺牲",国家委员会的致命缺陷就是它要求公民们"看起来很崇高,实质上充满虚伪和谎言,是对自古以来就存在的人类价值的愚弄"。但当涉及关键问题,即个人与整体孰大孰小的问题时,宗教却无法给出一个确切的答案。在马克西姆跳水计划失败后,在有关部门的施压下,舒托夫等人全部失踪。这表明,在作者看来宗教能够宽慰人心,却无法解决实际存在的问题,在国家政府极权面前,宗教是无力的。

---

① [俄] 奥利加·斯拉夫尼科娃:《脑残》,富澜、张晓东译,人民文学出版社 2011 年版,第 224 页。

以维佳和萨沙·诺沃谢利采夫为代表的暗探也寄托了作者对于国家暴力极权的批判态度。国家委员会的暗探之中作为次要人物出现、有名有姓的人物有四个,一个是头头克拉夫措,一个是部门得力干将"老油条",一个是照顾过马克西姆的维佳,最后一个是舍身挡子弹的萨沙·诺沃谢利采夫。克拉夫措为了让马克西姆自杀,既暴力施压逼迫,又好言相劝大谈国家人民利益、舍生取义,他和"老油条"对于马克西姆的个人生命价值和国家利益孰轻孰重的态度是模糊不清的,我们不清楚他们逼死马克西姆到底是为了国家的利益,还是仅仅为了完成任务而已。但与他们二者不同的是,维佳和萨沙却坚定地相信他们所做的事业是正义和伟大的,还有二人身后那些不知名的暗探,他们穿着廉价,三餐简单,夜以继日地蹲守、追踪,甚至献出了自己的生命,他们看马克西姆的眼神中流露的是愤怒与鄙视,因为在这些人的心目中马克西姆是一个毫无人性、不顾人民死活的自私者。在作者的笔下,底层暗探们并非一群卑鄙的暴力施行者,相反,他们与舒托夫等人一样是虔诚的信徒,只不过他们信仰的不是东正教,而是国家,是国家意识形态下的正义和人民的利益。在这种意识形态的观照下,集体利益毋庸置疑高于个人利益,当个人利益与集体利益发生冲突时,个人利益的牺牲虽然令人伤心和惋惜,但毫无疑问是必要的,也是应该的。如果马克西姆的情况发生在他们的身上,他们会毫不犹疑地拿起手枪瞄准自己的脑袋。所以,萨沙·诺沃谢利采夫会为马克西姆挡子弹,一向温顺的维佳会爆发、咆哮道:"你算是个什么人?你怎么那么怜惜你自己,那么看重你自己?"因此,尽管从时间上说,他们是在新社会成长与生活的年轻人,但归根结底,本质上他们是苏联时代旧意识形态的"遗孤",是国家极权下,头脑被"武装"过的、可怜的暴力工具。

以沃万和玛琳娜为代表的市井小民无疑是马克西姆口中真正的"乌合之众"。沃万既荒唐,又无道德底线,背信弃义,是社会中名副其实的"卑鄙小人",但同时他又顾家、节俭,拿到"巨资"后并不挥霍,最大的愿望是在海滨买个小房子,给泳客提供潜泳服务,安稳地度过一生;玛琳娜从小城市来到首都"奋斗",最大的愿望是嫁个有钱的老头,等他死后能得到丰厚的遗产,舒服地过日子,是一个"随便得很"的女人,既漂亮,又愚蠢,但对马克西姆却付出真心,甚至放弃愿望想要"下嫁"马克西姆,当自己的"小实验"失败后,愚蠢地认为马克西姆欺骗了她的感情,不计后果地开枪,杀了人,坐了牢。正如鲁迅先生的那句"可怜之人必有可恨之处",他们是社会上最卑微的小人物,生活在社会最底层,极少考虑别人,更多地关心自己渺小的、尘世的幸福,他们并没有什么道德的包袱,因为对于他们来说,生存下去才是最值得关心的事情。"当我在为自己斗争的时候——是仅仅为我一个人而奋斗吗?"马克西姆艰难捍卫的正是自己和身后这群小人物的利益,可这些"乌合之众"不会知道,也不可能知道,就算知道,对他们来说也并无任何意义。他们是这个社会的弱者,他们苦苦挣扎着求活,他们无知、愚蠢、自私、自利,他们如此渺小。尽管如此,每个如草芥般的生命都有自己的价值和意义,都不容许随意地践踏与摧残,马克西姆斗争的意义正在于此。

　　政府是否有权利掌控百姓的生死?而百姓是否拥有拒绝为"崇高"事业而献出生命的权利?这也许是作家创作时最想探讨的问题。马克西姆的死并非由于他的脆弱,而是因为他以为可以掌控自己的生命,以为捍卫了自己最基本的权利。主人公的死让读者看到了国家暴力的广度和强度远远超出了人们的想象,个人对抗国家犹如蝼蚁对战巨象,这本是一场在开始就注定失败的战争。更加可悲的是,马克西姆的战斗是孤独的,这不仅是因为战斗主体只有他一个人,更重要的是他所为之斗争的公民们并不理解这场战斗的意义,这更加深了主人公之死的悲剧色彩。小说中对于极权政府罔顾民意、操控舆论导向、为达目的无所不用其极的形象设定,对于社会底层人士穷苦生存状况的描写,对于新社会中的新俄罗斯人精神面貌的言说等,都体现了斯拉夫尼科娃作为一位文学工作者对于国家权力、社会状况和公民精神世界的思考,而这种思考毫无疑问是具有批判性质的。

二 《萨尼卡》——个体在强权压迫下的孤独呐喊

在后现代文风大行其道的俄罗斯现代文坛，仍有一些人坚守着现实主义创作，承袭了"文以载道"的传统文学使命，他们用高度写实的艺术手法，以文字为媒介，对于国家、社会以及民族未来做出个性化的深刻思考。扎哈尔·普里列平（Прилепин Е. Н.）无疑是这类作家中一颗璀璨的明星，他简洁、犀利、自然、粗犷豪放的文风，使其创作可被归类于批判现实主义之列，[①] 他被称为"新的高尔基""新时代的普希金"。代表作品《萨尼卡》是作家对国家与民众之间关系的思考，是对个人命运在国家历史洪流之中如无根浮萍般无所依靠的感叹，是个体向当权者发出的孤独的呐喊。

小说的整体行文有着强烈的男性色彩，简洁、平快、直接、朴素，用最精练的语言直戳痛处，进行精准的描写，叙事晓畅通达，对人物的具体活动、言行举止进行大量的直接表达，较少运用修饰限定性词语，较少对人物心理进行细腻的描画，叙事画面感极强。作家通过这种高度写实的现实主义艺术手法向读者们呈现了一代青少年的血泪奋斗史以及他们在苏联解体后的悲剧命运。萨尼卡身兼二职，一方面他是整个历史事件的参与者；另一方面他却跳出了"参与者"这个局限性很强的身份，作为旁观者较为客观地记录下了整个革命事件的发生、发展过程。小说主人公名为萨沙·季申（Саша Тишин），这本身就是一个隐喻性很强的名字，季申（Тишин）让人极易联想到"安静、宁静"一词"тишина"。人如其名，萨尼卡是一个性情温和、本该有着美好未来的外省青年。但由于不可控的时代因素，社会剥夺了他本该拥有的幸福，并将他抛向了命运的深渊，他迷茫、困惑，满腔爱国的热情，但在这个

---

① 王宗琥：《"新的高尔基诞生了"——俄罗斯文坛新锐普里列平及其新作〈萨尼卡〉》，《外国文学动态》2008年第2期。

第四章 当代俄罗斯文学的批判意识

人人都惶惶不可终日的社会里，又有谁不迷茫，谁能够给这些青年一个确切的答案呢？贫穷、混乱、落后、衰败，目光所及之处尽是苍凉，在悲愤与茫然之际萨尼卡加入了激进的革命政党——"创造者联盟"，与和他一样迷茫的年轻战友们奋不顾身地投入了时代的洪流，他们集会示威、打砸抢劫、纵火暗杀，甚至武装占领政府大楼，发动起一场在他们看来是"真正意义上的"，实际却收效甚微的"革命"。

这部小说无疑带有很强的自传性质，普里列平本人就有过类似的"激进史"。他大学毕业后就进入俄罗斯著名的特警部队（OMOH）并亲身经历了车臣战争，后期加入了左翼的激进组织"国家布尔什维克党"，参加反对政府的政治活动，还曾经在普京接见青年作家的会议上向总统要求赦免所有的政治犯。这些激进的政治活动使他得到了"新时代的索尔仁尼琴"这一称号。结合作家本人的这段经历，我们难免会把"国家布尔什维克党"和"创造者联盟"联系到一起，把普里列平和萨尼卡联系到一起。萨尼卡和"创造者联盟"里的战友们信念坚定，意志刚强，不满社会的巨大变革给民众带来的困苦，急欲依靠自己年轻的身躯和力量、激情和叛逆重新建构新的社会正义，他们为了这个信念可以牺牲一切，甚至生命；他们为了达成目标可以毫无底线，甚至杀人纵火。他们仇恨一切和资本主义沾边儿的东西，哪怕是快餐店门口的外国人偶，他们毁坏、砸抢、攻击，这种看似"坚定"的信念更接近于某种宗教上的狂热——自认为手握着至高真理，因此伤害的行为就变得"合理"。尽管党派的名字叫"创造者联盟"，但实际上这些党员进行的不是创造，而是毁灭。对于他们来说，破坏并不是为了武力占有，而是为了使"沉默的大多数"能够生活得更好。他们对权力与政治从来都不感兴趣，他们把暴力的革命更多地看作锤炼钢铁所必不可少的淬火过程。这使得他们行为的无纲领、无目的性显得更加可悲——毁灭之后是什么呢？改变社会，改变世界，旧的体制被打破了，那又如何建立新的体制呢？毕竟打碎旧的体制并不是目的，建立新的更好的体制才是应该为之奋斗的终极目标。因此，毫无疑问，"创造者联盟"这个党派称号是名不副实的。同时这也使得他们的身份相当尴尬，一方面，他们所挑战的国家政权将其视为眼中钉、肉中刺；而另一方面，他们为之奋斗的大众也并不能理解他们疯狂的破坏行为。

民众对以主人公萨尼卡为代表的俄罗斯青年们的感情无疑是复杂的。一方面，他们极端的、非理智的破坏行为使人感到反感，人们不禁责备他们的轻率与无知；而另一方面，他们对于祖国与人民深入骨髓的爱让人为之动容。就像萨尼卡在党派被指缺乏思想指导时所说的那样："我不需要任何美学或道德原则来让自己爱母亲或想父亲……这个党也不需要什么思想，它只需要自己的祖国。"革命源于其爱国的本能。他们的战斗没有丝毫的获利性质，单纯得可爱，就像是一个小孩子向你示好会拿自己最宝贵的东西献给你而从未考虑过你到底需要什么，这群纯真、爱国、勇敢的年轻人可以为了祖国、为了人民付出自己宝贵的生命，却从未意识到在刚刚经历过社会巨变的国度里，人民已经无法承受任何以全民福祉为目的的革命的洗礼，暴力就只是暴力，流血就只是流血而已。

小说中作者详细描写了在萨尼卡和同伴被警察捉到时所受到的暴力待遇，在国家暴力机关的眼里他们是扰乱社会治安的"狂暴分子"，是不安分守己的不良青年，没有理由对这些年轻人给予尊重，脑中更毫无"人权"这一概念，整个国家从内心深处透露出对这些年轻的"激进分子"的轻视。普里列平曾在给中国学者王宗琥的电子邮件中写道："这部书是一部关于年轻人在充满危机与残酷的环境中成长的作品，讲述了年轻人在国家分崩离析之后性格上的断裂。这是一部警示作品，呼吁国家不要忘记了自己的孩子，不要背叛自己。"① 以萨尼卡为代表的爱国青年对其所做的激进行为难辞其咎，他们盲目的爱国情怀、非理智的爱国举动当然源于其年轻、亢奋的生命，即生活阅历的缺失，以及外部客

---

① 王宗琥：《"新的高尔基诞生了"——俄罗斯文坛新锐普里列平及其新作〈萨尼卡〉》，《外国文学动态》2008 年第 2 期。

观特殊时局的影响，但更加深入地挖掘其原因却正是国家对年青一代的轻视与漠不关心，他们意识不到正是这一群亢奋的年轻人，如果给予其积极、良好的引导，恰恰可以成为这个国家未来的希望。在小说结尾处，当"创造者联盟"成员被包围时，普里列平写道："头脑中萦绕着两种对立又统一的感觉——一切很快就会结束；什么也结束不了，以后也会这样，而且只能是这样。"这句结束语道出了作者的心声：一次次的"革命"可能会被镇压，但如果国家和民众的这种对立关系永远得不到缓和，如果国家继续忽视人民的权益，永远不把人权放置在第一位，那么类似的流血和暴力事件将会持续下去，永不停息。

在小说中，普里列平也对苏联解体之后的社会环境进行了真实、细致的描写，这种高度写实下触目惊心的社会图景本身就带有十分鲜明的批判意味。例如对街上流浪汉的描写，他们蓬头垢面地捡拾垃圾；大街上的醉汉，甚至还有喝得醉醺醺的老太太；对乞讨妇女的描写，她们抱着幼儿，处境可怜；萨沙的母亲工作辛苦，生活却十分窘迫；等等。作家着重描写了萨沙送葬路上，以及和伙伴到农村爷爷奶奶家避难时的乡村状况，"腐烂""东倒西歪""道路泥泞""冷"等词频繁出现，奶奶家贫寒的状况更是让人心酸不已，俄罗斯农村贫穷、落后、衰败、走向死亡的悲凉状况被刻画得触目惊心，但与之相对的是村落里居住的村民们仍然善良、纯朴，甚至充满智慧。这种物质的残败与心灵的美好形成了强烈的对比，也使得小说的批判意味更加浓烈——美好善良的人们都在受苦，奸险狡诈的人们却在享福。同时，在小说中还流露出对苏联时期的留恋与感伤，与现在破败、腐朽的农村相比，苏联时期的牲畜满圈、人丁兴旺是多么幸福的时光，可旧的制度真的如人物回忆中一般美好吗？昔日温暖的回忆更多的是当下艰辛、无奈生活的止痛剂，是熬过眼前这条看不见尽头的泥泞坎坷之路的拐杖，是人们在痛苦中挣扎，擦干眼泪之后举目远眺、坚强生活的希望。

普里列平的《萨尼卡》批判态度相当明显，和斯拉夫尼科娃的《脑残》一样，这两部作品都描写了在国家强权意志下个人的反抗与挣扎，只不过和马克西姆的个体特殊情况相比，首先，萨尼卡是一类人的代表，他并不像马克西姆一样孤军奋战，但以他为代表的那一小圈人与国家和社会大众相比仍然十分渺小；其次，他们面对的都是强大的国家政权和国家机器，这是一场自开始就极难取胜的以小搏大、以弱对强的战争；最后，他们小众的战斗实际上都是为了背后大众的利益，但可悲的是，他们为之奋斗的民众却并不理解与接受，甚至排斥或全然否定，这使得他们的处境相当尴尬，既是国家的眼中钉，又是人民的肉中刺。但二者对比仍有区别。首先，马克西姆的战斗初始目的是具有自利性质的，为全民人权而抗争的伟大目标是潜在的、附加的，或者说并不是其第一目的；而相较之下，萨尼卡的战斗却是自始至终都将个人利益刨除在外的，他的第一目的是明确的、崇高的，即为全国人民谋福祉。其次，萨尼卡较之于马克西姆，他的反抗是更加强烈、暴力的，他并非被动抵抗，而是主动出击。

描写个人或少数群体与强权对抗、为人权而战的作品在俄罗斯当代文坛并不鲜见，除了上述两位值得关注的作家之外，还需要提及在苏联解体后仍笔耕不辍、一生都充满了批判精神与政治激情的索尔仁尼琴，他的《娜斯坚卡》《甜杏果酱》《艾戈》等作品，或是描写个人对抗强权的顽强斗争，或是描写个人在政治大潮中如浮萍般的身世命运，都是作家对俄罗斯强权政治的批判，对社会状况的深思，对未来出路的探寻。当代作家们将自古以来俄罗斯文人的传统使命承接过来，自其以笔做枪、以字为担之日起便负重前行，对政府统治的黑暗面、社会体制的不人道之处进行口诛笔伐，履行其身为文人的义务。这一方面源于俄罗斯文学之中的批判传统，但究其根本在于俄罗斯文学自古传承的批判意识，即文人以改善社会、改变国家为己任，有着强烈的社会责任感，为国为民殚精竭虑。当目睹社会不公之时，他们无法坐视不管，必须揪其痛处，不鞭不快。个人反抗的呼声无疑是微弱的，与强权势力的斗争也注定是失败的，但尽管微弱，尽管失败，却仍有意义，那便是向所有的俄罗斯公民高喊："哪里有压迫，哪里就有反抗。"作家笔下的人物大都平凡、无害，但恰恰是这些无辜民众蜕变为暴徒，公然反抗"权威"，这种强烈的反差才真正能唤起民众的沉思：到底是什么让顺民变为暴徒？强烈的批判意味在此时才真正达到了极致。因此，俄罗斯当代作家笔下无望的挣扎恰恰是那星星之火，他们期盼的是未来的燎原之势。作品主人公孤独的呐喊正如风中的种子，若干年后必会华盖亭亭，而这才是俄罗斯当代文学对于强权政治予以批判的真正意义所在。

第五章 俄罗斯文学形势与发展趋势

第一节 俄罗斯文化危机

文化危机和艺术死亡之说由来已久。早在19世纪80年代，尼采在《查拉图斯特拉如是说》中就清楚地告诉人们，"对上帝的亵渎虽是最大的亵渎，但上帝死了，故亵神者也死了。现在，亵渎尘世，尊崇高于尘世意义的不可知事物乃是最可怕之事"①，这种"可怕之事"在苏联竟成为事实。1991年苏联解体，这片土地上的民众一夜之间从苏联公民（Советские Граждане）变成了俄罗斯人（Россияне），那个有加加林、斯塔汉诺夫、奥斯特洛夫斯基等闪光名字的国家从此在地球上消失。好莱坞电影《幸福终点站》形象生动地刻画了一个丧失了祖国的东欧人在遭遇剧变之后面临的各种困境。苏联剧变毫无疑问和戈尔巴乔夫的"新思维"（Новое СМышление）有关。早在第27届苏共代表大会上，戈尔巴乔夫就阐述过自己的观点，他明确指出实现世界全面和平的前提是苏美两国必须销毁大规模杀伤性武器，这与其前任强调建设和保障意识形态安全的政策有很大的不同。戈尔巴乔夫主张对外开放，全面改革（Пересыройка），这等于暗示人们可以张开双臂去拥抱西方文化。从1990年苏联最后一次阅兵之前戈尔巴乔夫的讲话中，人们可以听到许多诸如"人类幸福""民主""人权"等西

---

① ［德］尼采：《查拉图斯特拉如是说》，黄明嘉译，漓江出版社2000年版，第6页。

方政治关键词。然而一年之后，他的新思维就被人们改变成各种各样的笑话，其中一个段子专门讲述西方对俄罗斯的渗透已经到了苏共中央总书记的家里。

>有一次，戈尔巴乔夫只穿裤头到阳台吸烟。这时，赖莎·马克西莫娃（戈尔巴乔夫的妻子）从厨房里朝他喊道："你怎么又穿短裤出去了？"
>"你怎么看见的？太奇怪了！"
>"美国之音正在广播。"①

苏联解体意味着以前的各种创作禁区终于消除了，作家们再也不会像布尔加科夫、扎米亚京、皮利尼亚克和帕斯捷尔纳克等人那样因为不合时宜的思想或遭遇不幸，或难以发表作品。在这个有文学中心主义（Литературоцентризм）传统的国度里，作家面临两种选择：第一，继续进行已经失去根基的以社会主义现实主义为基本原则的文学创作；第二，放弃原有的苏联社会主义价值观，迎接西方文化浪潮。70年的苏联教育让很多人潜移默化地形成了自己有别于沙俄时期的观念和意识，俄罗斯联邦的主体民族俄罗斯人所具有的始于菲洛费伊的弥赛亚意识虽然被改装成苏联解放全人类的神话，但国家局势的剧烈变化让骄傲的苏联人被迫在面包与牛奶前低下高贵的头。温饱问题解决之前，那些有关未来的崇高命题都显得过于奢侈。俄罗斯人在经历了休克疗法、通货膨胀、私有化等政治和经济事件后处于精神眩晕和物质匮乏状态。20世纪30年代移民国外的俄罗斯自由思想家和作家维德列（Вейдле В. В.，1895—1979）基于"艺术的命运和现代社会的命运是相同的，那就是变得越来越实用主义，越来越大众化，

---

① Анекдоты про Горбачева, https：//www.anekdotovmir.ru/anekdoty－pro/anekdoty－pro－putina/anekdoty－pro－gorbacheva/smeshnye－anekdoty－pro－gorbacheva/，2017－08－01.

最后被精细的思维所掌控"① 的思想，得出了让人震惊的结论："苏联的文学艺术终将死去。"② 维氏之言并不新鲜，前有尼采的"上帝之死"，后有罗兰·巴特的"作者之死"，这种"××之死"的句式在相当长一段时间里，是俄罗斯文化（甚至不只是俄罗斯文化）的显著特征，但这只能证明文学反映现实时会产生误读与错觉，并不能真的说明"××之死"的恒定属性。

20世纪90年代，俄罗斯文化的快餐化和实用主义倾向随着互联网的兴起而愈发显著，其特征是，公众意见往往是在具体的价值观念中塑形，但塑形后又很快破碎，因为信息传播的速度与观念变化的速度成正比。苏联时代提倡的英雄主义价值观在新的一代身上成为稀缺的品质，表现在文学创作领域，就是作家更喜欢对宏大叙事进行解构。高雅文学和低俗文学并行发展，从20世纪90年代，以佩列文（Пелевин В.）《蓝灯》《奥蒙·拉》《夏伯阳与虚空》为代表的后现代主义文学和以玛丽宁娜（Маринина А.）的《六翼天使谢拉菲姆》《在他人场地上的游戏》《被偷走的梦》为代表的大众文学成为新俄罗斯文学的旗帜，文学在多大程度上反映了现实，在文化上处于"黑铁时代"的俄罗斯并不是最重要的，畅销与否才是问题的关键。依据洛特曼（Лотман Ю. М.）的观点，"现代社会可以构建高雅文学的两种理想的形象，其中的一个形象是由文学批评和文学理论建构的，该形象是高尚的、纯粹的、清除了各种矛盾的，并严格依照逻辑在历史材料中形成关于世界的想象。但是，具体国度的后代往往获得另外一种传说，即发现被简约化的文化形象，这个形象是大众消费意识折射

---

① Вейдле В. В., Умирание Искусства. Размышление о Судьбе Литературного И худо-жественного Мворчества. В Сборнике Самосознание Европейской Культуры XX Века: Мыслители и Писатели Запада о Месте Культуры в Современном Обществе. М.: Полиздат, 1991, с. 290 – 291.

② Вейдле В. В. юУмирание Искусства. Размышление о Судьбе Литературного и худо-жественного Мворчества. В Сборнике Самосознание Европейской Культуры XX Века: Мыслители и Писатели Запада о Месте Культуры в Современном Обществе. М.: Полиздат, 1991, с. 291.

文化范式的结果"①。事实上，就文学而言，简约只是其中的一个特色，但"简约而不简单"才是高雅文学可能的特征。大众阶层只是把文学当成消费品，但如果没有一定的阅读经验和学术背景，普通的现代人很难弄清楚，他们所处时代的文学艺术之意义是否符合他们内心的审美诉求，到底哪些艺术形式反映的思想或精神可以进入文化的历史长河，成为民族意识中的文化元素。以"白银时代"的象征主义诗人勃洛克（Блок А.）创作的《陌生女郎》（Незнакомка）中的陌生女郎为例，神秘的女郎每晚在固定时间出现在人声嘈杂、烟雾缭绕、到处都是不怀好意的男人的小酒馆里，这个形象在相当长的时间里被人多重解读。尽管依照索洛维约夫的万物统一哲学，陌生女郎代表了"永恒的温柔"（Вечная Женственность），可这个"永恒的温柔"如何能带领人们踏上神奇的彼岸世界，勃洛克没有交代，只是在诗的结尾处，用"真理在酒中"暗示这一切可能都是虚幻的。但这个迷人的陌生女郎进入了"白银时代"的文化长廊，成为那个时代连接满是污秽的此岸世界和完美的彼岸世界的象征。时间可以说明一切，当历史的脚步迈进21世纪后，经过时间的冲刷，只有少数文学作品成为经典，而大部分则逐渐被人遗忘。大众文化虽然具有快餐性，但伟大的作品依然可以抵抗大众文化的泥沙，成为俄罗斯文化的品牌。

第二节 城市散文中的 20 世纪末 21 世纪初俄罗斯文化表征

对 20 世纪末和 21 世纪后现代的和消费主义的文化语境中的文学艺术创作特征进行社会学分析，可以帮助人们更深层次地思索和理解俄罗斯社会现代化危机的状态，这种状态产生的重要原因之一就是城市化。

---

① Лотман Ю. М., Избранные Статьи в 3 Момах. Т. 1. Таллинн: Александра, 1992, c. 383.

20世纪50年代以写《区里的日常生活》成名的奥维奇金（Овечкин В. В.，1904—1968）和以道德探索为写作主题的拉斯普京（Распутин В.，1937—2015）都是农村散文（Деревенская Проза）的代表人物，但随着城市化的推进，他们的作品逐渐被人们抛弃，这是因为，城市让人们的精神生活更加丰富，城市文明是物质文化的催化剂。拉斯普京的《告别马焦拉》（Прощение с Матерой）已经显露出人们对城市中沸腾生活的向往，马焦拉岛的居民面对搬迁态度各异，"子"一代渴望奔赴城市，他们积极主张拆掉老房子；以达丽雅为代表的"父"一代家园守护者把马焦拉当成代表乡村文明的亚特兰蒂斯，死死地守护故土。农村散文在城市化的逼迫下变得势单力薄，逐渐与生态散文和历史散文融合。从20世纪50年代开始，在农村散文蓬勃发展的同时，城市散文（Городская Проза）[①]也悄悄兴起，早期的代表人物是格拉宁（Гранин Д.）和特里丰诺夫（Трифонов Ю.）等人。格拉宁的《我拥抱大雷雨》（Иду на Грозу，1965）和《欧洲野牛》（Зубр，1987）标志着城市散文逐渐成熟，形成了自己的诗学范式。格拉宁虽然以写战争小说见长，但这个天才作家在城市散文领域也颇有建树，他所感兴趣的不仅仅是逼仄的城市空间里人们在竞争压力下内心的矛盾，同时也试图回答如何克服嫉妒，消除贪婪，保持诚实、感恩和善良等品质的伦理道德问题。另外一位职业写城市散文的作家特里丰诺夫的作品更关注道德主题，代表作品有《滨河街公寓》（Дом на Набережной，1976）和《交换》（Обмен，1977）等，其中《交换》表现的主题即使在今天依然有着重大意义。男主人公德米特里耶夫的母亲罹患不治之症，他的妻子建议在母亲还活着的时候用自己居住的一室的房子换母亲居住的两室的住宅，以防止母亲的房子被别人侵占。丈夫深知，这等于告诉母亲，她将不久于人世，这会深深地伤害母亲，所以故意拖延。但强势的妻子以家

---

① 这个概念的出现和苏联文学刊物《青春》上刊登的一篇《推心置腹的故事》有关。小说的主人公是受过良好教育的、有思想的城市大学生，虽然年轻，但他能够用批判的目光审视现实生活，并提出自己建设美好生活的主张。

中有女儿等理由去说服丈夫，德米特里耶夫面对深爱的母亲和自己的妻子，最后还是妥协了。在母亲去世前，非常有心机的妻子终于达成了自己的目的。小说告诉读者，人在城市生活，时时刻刻面临交换的困境，小说的标题"交换"是隐喻性的，"交换"以获得更多利益为前提，进行的是不同物质之间的交换；也是社会伦理道德良知和既得利益之间的交换，是人性与心魔之间的交战，也是善与恶的交锋。城市化将更多数量的人聚集在更加有限的物化了的空间，人与自然的联系和矛盾逐渐弱化，赤裸裸的人性在这里展露无遗。人与人的空间距离虽然缩小，但心与心的距离却是客观存在的。人有别于自然的一点是，自然是无私的。粗犷剽悍的俄罗斯民族一朝离开广袤的大地，城市就成了他们不断要逃离的令人窒息的密室。

　　城市化让人时刻处于两难的状态，也表现了人性中的贪婪和对未来的困惑。在 20 世纪末至 21 世纪初，城市小说成为作家创作的主流，近几年的"大书奖"也表明，城市小说方兴未艾。库切尔斯卡娅（Кучерская М.）创作的《莫佳阿姨》（Тетя Мотя，2012）进入 2013 年"大书奖"的短名单，描写的是莫斯科中层白领的代表人物的故事。莫佳于出身书香门第，曾是一名中学老师，后转型当了一家周报的校对员。她是千千万万俄罗斯白领妇女形象的集合，整日为儿子焦普雷的教育发愁；面对邋遢的丈夫她常常无言以对，因为缺少共同语言，婚姻开始出现裂隙。她和丈夫科利亚认识偶然，相爱糊涂，结婚草率，以致婚后才发现两人无论是价值观还是待人接物都有很大的不同。科利亚是蓝领或者灰领的象征符号，尽管也受过教育，但与莫佳的学历无法相提并论，所以小说对于他受教育的情况只是一笔带过。虽说科利亚的父亲在城郊有汽车修理部，但他似乎还不能算"富二代"，他从事的所谓系统管理员工作，无非就是为买电脑的人提供售后服务。然而，就是这样平凡的岗位他也未能守住，金融危机害得他失去了工作。精英人物的代表是拉宁，他是专栏作家、电视台旅游栏目的主持人，毕业于莫斯科大学亚非学院，是媒体行业的翘楚，深谙该领域各种游戏规则。尽管身处行业顶端，他依然有其他人无法知晓的苦闷——妻子有病，在国外的女儿只知道伸手要钱。拉宁是社会变革的受益者，他的发迹充满了令人齿寒的内容。他与莫佳的风流韵事证明了精英人士的处世哲学：不能危及家庭，但可以享受年轻肉体的美妙。这种城市图景在所谓的精英人士当中非常普遍，是当代俄罗斯城市生活的世俗画卷。库切尔斯卡娅用看似简单的日常生活叙事揭示出物欲横流的城市哲学：任何微小的改变都可能产生蝴蝶效应，有可能在某一瞬间彻底改变人生轨迹。

第三节　俄罗斯后现代主义文学的兴起和俄罗斯文化的"黑铁时代"

20世纪末的俄罗斯文化是各种外来文化和本土文化相互交织相互渗透的复合体。19世纪的俄罗斯斯拉夫主义者霍米亚科夫（Хомяков А. С.）也曾感受过西欧文化对俄罗斯本土文化强烈冲击导致的种种困惑，这就是他在《论新与旧》中分享给读者的感受："我们看到的是现代的俄罗斯，它使我们感到愉悦，又使我们感到憋屈；我们可以不无骄傲地向外国人谈起它，然而有时我们却羞于向自家人讲起它；但对旧罗斯，我们却只能去猜测它。"① 如今，俄罗斯人依然面临同样的困惑，为此，学者梅茹耶夫给俄罗斯开出了新的药方，即俄罗斯应该摒弃文化虚无主义，这等于让当今的俄罗斯重回斯拉夫主义怀抱，这是张扬文化自信的保守主义，如其所言，"在物化和充斥疏离感的世界里，通过遗忘现有的文化永远不会找到存在的真谛"②。然而，苏联解体后直到今天的俄罗斯大众文化是工业文明发展的后果，各种娱乐业的后面都隐约

---

① ［俄］А. С. 霍米亚科夫：《论新与旧》，载索洛维约夫等《俄罗斯思想》，贾泽林、李树柏译，浙江人民出版社2000年版，第24页。
② ［俄］瓦季姆·梅茹耶夫：《文化之思——文化哲学概观》，郑永旺等译，黑龙江大学出版社2019年版，第244页。

可见资本的身影，那些来自民间的段子充其量不过是高雅文化的配料。20世纪90年代后，俄罗斯进入了后现代阶段①，但实际上在20世纪60年代末，叶罗费耶夫（Ерофеев Вене.）就完成了解构当时社会现实的《从莫斯科到佩图什基》（Москва - Петушки）。之后，西尼亚夫斯基（Синявский А.）发表了《与普希金散步》（Прогулки с Пушкиным，1975），比托夫（Битов А.）发表了《普希金之家》（Пушкинский Дом，1978），这些作品因种种原因无法在苏联发表，却为20世纪俄罗斯后现代主义文学的勃兴奠定了基础。

俄罗斯后现代主义文学的黄金时代是20世纪90年代。经过80年代"新思维"的洗礼和思想的解放，文化市场呈现异常繁荣的景象。也正是在这一时期，那些写完却无缘发表的作品纷纷回归，成为当时颇引人注目的文学现象。② 1990年，对于俄罗斯后现代主义文学来说是一个重要的时刻。这一年，维·叶罗菲耶夫（Ерофеев Вик.）就以一篇《悼念苏联文学》（Поминки по Советской Литературе）宣告文化新时代的到来。"苏联文学之死"意味着某种主体价值的丧失，意味着在"重估一切价值"的同时需要建立新的价值体系。他发现，苏联文学死亡不再是假设，而是事实。

> 以我之见，苏联文学已经走到尽头。也许，苏联文学只是一具渐渐僵硬的尸体，是长着巨大头颅的思想之亡者，是一个无法显示

---

① 在1988年，《文学问题》杂志就对当时的各种创作思潮进行了讨论，指出苏联文坛上累积了相当多的没有在理论上进行明晰的问题，而评论界要么对这些问题根本没有认真研究，要么就是凭一时的感觉妄加断言，这也只能导致俄罗斯文学评论界和国外斯拉夫研究领域对这些问题的尖锐争吵。其中，以库里岑（Курицын В.）和利波维茨基（Липовецкий М.）等为代表的批评家认为，俄罗斯已经出现了蔚为壮观的后现代作家群体，而格尼斯（Генис А.）等人甚至提出关于俄罗斯后现代主义文学的诗学模式等理论，而这些理论话语在格尼斯后来发表的《伊万·彼得洛维奇死了》中均有反映。

② 从1988年开始，那些在坊间流传的和在国外发表的作品终于有机会在自己的祖国面世，这些作品包括《我们》《切文古尔镇》等。

自身威力的平静而尴尬的幽灵。①

叶罗菲耶夫之所以宣布"苏联文学已死",很大程度上是因为那个时代的作家为了迎合主流意识创造了大量的类型化主人公,从而使文学的消费者甚至这种消费品的制造者出现了严重的审美疲劳症。②文学经典的问世需要自由的空气,没有自由意志的国家就无法形成后现代的文化氛围,而这种"高度的自由是一种高度的不确定性、可能性、模糊性、超越性和无限性的总和"③。也许,俄罗斯文学的苏醒象征着俄罗斯文化的复苏,这一阶段文化政策的自由状态只有"白银时代"可以与之媲美。出版审查制度不再发挥效用,主流意识对文化产业控制的松动使得原来在地下流行的作品可以堂而皇之地登上畅销书的排行榜。这一时期,俄罗斯文坛上出现了许多优秀的后现代作品,如比托夫的《被宣读了的名字》(Оглашенные)、佩列文的《夏伯阳与虚空》和托尔斯泰娅的《野猫精》④等。此外,德里达、福柯、巴特和哈桑等人的后结构主义和后现代主义诗学概念潮水般地涌入俄罗斯,成为俄罗斯后现代主义文学的理论先锋。俄罗斯后现代主义表现出与西方后现代主义完全不同的特质,它融化在苏联意识的神话叙事中,同时也被民众的行为所折射,前者出现在佩列文(Пелевин В.)的《奥蒙·拉》(Омон Ра)里,后者则被索罗金(Сорокин В.)的《玛利亚的三十次爱情》(Тридцатая Любовь Марины)刷新。俄罗斯文学家们一直强调俄罗斯文学有自己的逻辑,那就是,"俄罗斯后现代主义文学之路有别于西方的后现代主义文学。在西方,由于历史进程中没有出现俄罗斯式的文化断裂事件,所以,西方后现代主义作为文化范畴的现象与其

---

① Ерофеев В. В., Поминки по Советской Литературе. Литературная Газета, 4 июля 1990.
② 参见郑永旺等《俄罗斯后现代主义文学研究——理论分析与文本解读》,人民文学出版社2017年版,第295页。
③ 高宣扬:《后现代论》,中国人民大学出版社2005年版,第12页。
④ 《野猫精》虽然发表于2000年,但托尔斯泰娅却是从1986年开始创作的。

历史范畴的现象之间存在着指向明确的特征,甚至是一种同步关系"①。具体而言,俄罗斯后现代主义很早就融入苏联历史神话,扎米亚京、布尔加科夫和左琴科的作品之所以被当时的文坛所诟病,很大程度上是因为这些作品解构了当时的现实生活,即便是社会主义现实主义文学,也能发现作家的私人叙事,比如邦达列夫(Бондарев Ю.)的《营请求火力支援》(Батальон Просит Огня,1957)中,刚直不阿的营长别松诺夫与不惜以一个营战士的生命换取胜利的冷漠师长伊维尔捷夫在价值观上发生严重的冲突与对立,所谓"一将功成万骨枯"的说法在小说中得到最为直观的表达。而肖洛霍夫的《一个人的遭遇》(Судьба Человека,1956)虽然完美地刻画了普通人身上的隐忍、勇敢、热爱祖国等俄罗斯性格,但也体现了作家对索科洛夫和他领养的万尼亚未来生活的担忧。在小说结尾处,一个老男人领着他的养子在乍暖还寒时节泥泞的路上渐行渐远,可以想象,普通人的春天还没有真正到来。20世纪80年代末至21世纪初,在观念主义的代表人物普利戈夫(Пригов Д.)、新现实主义的代表人物瓦尔拉莫夫(Варламов А.)、传统现实主义的代表人物拉斯普京(Распутин В.)、后现代主义的代表人物布依达(Буйда Ю.)等人的创作中经常出现神秘主义的、避世主义的、末世论的主题。其中,观念主义诗人充当颠覆宏大叙事的急先锋。普利戈夫的诗歌不仅解构了普希金,也解构了苏联文化。以下内容出自他的一首无题诗。

> Течет красавица Ока
>
> Среди красавицы Калуги
>
> Народ – красавец ноги – руки
>
> Под солнцем греет здесь с утра
>
> Днем на работу он уходит

---

① 郑永旺等:《俄罗斯后现代主义文学研究——理论分析与文本解读》,人民文学出版社2017年版,第23页。

К красавцу черному станку

А к вечеру опять приходит

Жить на красавицу Оку

И это есть, быть может, кстати

Та красота, что через год

Иль через два, но в результате

Всю землю красота спасет.①

这首诗的核心意象是美女（Красавица）和美男子（Красавец），但经过作者对词汇意义的改造，美女和美男子的意义发生了改变。在作者看来，只要是阴性名词，比如奥卡河，那就是美女，可以与之"栖息"在一起；凡是阳性名词，比如车床，则是美男子，但这个黑色的车床（Красавец – Черный Станок，直译是"美男子式的黑色车床"）只能用于工作，它与美丽的奥卡河这个美女没有联系。机器生产是否能幻化出美感，作者没有直接说明，他用陀思妥耶夫斯基在《白痴》中关于美的命题的改装版"美一定能拯救地球"（Всю Землю Красота Спасет）来结尾。这首诗的价值在于其"讽刺的对象并非现存之物，而是官方诗人们粉饰现实的诗歌，因为'车床'和'上班'等描绘社会主义劳动者的词，显然是社会主义的现实主义文学作品中经常出现的词"②，诗人的目的很明显，那就是用看似赞赏的态度对这些闪光的语汇进行讽刺性模拟，从而实现对宏大叙事的解构。

俄罗斯境内和境外作家于 20 世纪 90 年代在一些问题上达成了共识，比如格尔德施坦（Гольдштейн А.，1957—2006）在他那本 1997 年出版并获得布克奖和反布克奖的作品《告别纳尔齐斯》（Расставание

---

① 参考译文：美丽的奥卡河/横穿美丽的卡卢加/这里的美丽居民/一早就沐浴着阳光/白天他们去上班/走向美丽的黑色车床/傍晚他们回家/栖息在美丽的奥卡河边/这可能是传说中的那种美丽/它日积月累，一年/或者两年，最终/能将整个地球拯救。

② 郑永旺等：《俄罗斯后现代主义文学研究——理论分析与文本解读》，人民文学出版社 2017 年版，第 140 页。

с Нарциссом）中描写了俄罗斯文化在经历了几次历史震荡后的濒死状态，作家布依达早在1994年就表达了俄罗斯文学的使命，那就是反映"俄罗斯文化是孤独的文化，这种文化存在的唯一目的就是与上帝之灵合二为一"①。如果一种文学存在的终极目的就是与上帝发生连接，那这种文学的价值是让人怀疑的。俄罗斯文学是俄罗斯文化（精英文化和大众文化）的载体，大众文化应该与世界娱乐文化趋同。在消费社会中，文学的价值在很大程度上体现为娱乐功能。而在精英文化层面，俄罗斯文学一直传达俄罗斯民族的价值观，这种价值观在不同时代有不同的表达方式，在19世纪，就是俄罗斯教育大臣乌瓦洛夫提出的三位一体公式，即"正教、专制制度、国粹主义"②；在"白银时代"这个俄罗斯文化繁荣的时期，文学承担的任务要超过以前的任何时期，索洛维约夫、梅列日科夫斯基、别尔嘉耶夫、弗洛连斯基和罗扎诺夫等人都以文学为资源去解释俄罗斯文化不同于西方文化的特质，遗憾的是，这个时期过于短暂，很多人尚未完成自己的使命就乘坐"哲学船"离开了祖国。1934年8月的苏联作协第一次会议主张将苏联文学和主流意识捆绑在一起，社会主义现实主义文学几乎成为唯一的文学艺术创作方法，其使命是从现实的革命发展中真实地、具体地去描写现实。苏联的解体为俄罗斯留下的是多元价值观并存的局面，评论家伊万诺娃（Иванова Н.）称这个时期为俄罗斯文化的"黄铜时代"③。"黄铜时代"缺少了"白银时代"的庄严和典雅，多出的是一切皆可以被狂欢的可能。因此，人们不能完全否定布依达所说的文学的宗教意识，即"这种文化存在的唯一目的就是与上帝之灵合二为一"，但这不能成为人们普遍的意识。首先，这种创作的主题（无论是对格尔德施坦还是布

---

① Гуревич А., Неустанная борьба. Вариации на Тему Бориса Пастернака. Независимая газета, 6 сентября 1994.

② Поспелов П., Русская Литература в Птомах, том II. М：Учпедгиз, 1952, с. 541.

③ 我们认为，依据俄罗斯划分时代的传统，在"黄金时代""白银时代"之后应该是"青铜时代"，"青铜时代"之后是"黑铁时代"。关于"黄铜时代"（青铜时代）的说法请参见郑永旺《孤独的读者和忙碌的作家——俄罗斯97年文坛印象》，《俄罗斯文艺》1998年第3期。

依达来说）所反映的俄罗斯文化对彼岸世界的向往从 19 世纪果戈理就已经成为主要的创作范式,他的《狄康卡近乡夜话》(Вечера на Хуторе Близ Диканьки,1831—1832)通过魔鬼等超越人们日常生活经验的存在来勾勒俄罗斯文化,尤其是乌克兰文化中对灵异世界的想象。果戈理的鬼神书写在当时就遭到别林斯基的批评,别林斯基指出,人类已经走过了自己的童年时代,不会再天真地相信在现实世界之外存在一个所谓的鬼神世界。首先,尽管如此,在当下很多作家当中,这种新神话创作模式依然存在市场;其次,再现文化危机未必就是文学创作的目的,因为创作的最高意义是表现人的那种克服危机的精神生活;最后,在一部分作家对俄罗斯文化悲观失望的同时,总会有另外一部分人保持文学中心主义的信仰,就像拉斯普京对普拉东诺夫(Платонов А.)的评价一样,他认为普拉东诺夫的创作完美地践行了"文学拯救俄罗斯"的使命,拉斯普京借用普拉东诺夫小说中人物所说的"没有我的存在,人民就是不完整的"这句话来形容普拉东诺夫创作的价值,"今天,很多人都意识到这句话的深意,无人再去怀疑普拉东诺夫式的天然纯朴,正是这种纯朴构成了作家直面现实的智慧,而且这种智慧知道自己只有和大地接触才具有价值"[①]。伟大的俄罗斯文学从来不回避现实中的丑陋,并敢于直面俄罗斯民族性格中的弱点,这种弱点是当代俄罗斯文化危机之说的原因之一,但通过批判和认识民族性中的弱点,文化重生亦是有可能的。

第四节　文学拯救俄罗斯的路径和表现内容

如果说美国的文化软实力是借好莱坞的电影得以张扬,日本通过宫崎骏等人的漫画让世界了解日本文化,德国文化借助古典主义哲学和发

---

① Валерий Распутин, Литература Спасет Россию, http://platonov-ap.ru/materials/bio/rasputin-literatura-spaset-rossiyu, 2016-08-10.

达的制造业令世人惊叹，那么对俄罗斯来说，文学就是国家软实力的体现方式之一。俄罗斯文化部门深刻意识到文学对于宣传国家形象的重要性，所以，每到重要作家的诞辰，俄罗斯总统都会颁布命令举办一系列活动。据俄通社—塔斯社2018年11月10日报道，在屠格涅夫纪念碑揭幕仪式上，普京特别强调屠格涅夫对俄罗斯和对世界的意义，指出屠格涅夫的作品不仅是俄罗斯的也是全世界的财富，因为"屠格涅夫关注人、人的感受和体验，关注真正永恒的价值观。因此，他的作品永远会令人感兴趣"[①]。

从19世纪俄罗斯文化的"黄金时代"到今天的"黑铁时代"，俄罗斯文学在全球范围内有着广泛的影响，为世界贡献了5名获得诺贝尔文学奖的语言大师。即便是20世纪20年代到苏联解体这段文学的"黄铜时代"里，也不乏《静静的顿河》这样史诗级的作品。进入20世纪90年代，苏联发生剧变，文坛呈现出百家争鸣之势，电视媒体上常常播放争论激烈的圆桌派节目，比如1999—2001年，在OPT电视台由索洛维约夫（Соловьев В. Р.）主持的经常有文化名人参加的名为"进步"的脱口秀节目上，托尔斯泰娅（Толстая Т.）和维克多·叶罗菲耶夫（Ерофеев В.）等作家经常唇枪舌剑，面红耳赤。直到今天，类似的节目在俄罗斯依然有深厚的观众基础。

文化危机使得艺术创作被涂抹上了历史主义的色彩，人们需要从祖先那里寻找开拓未来的方法和路径。历史事件并没有因为时间的冲刷而色彩变淡，相反，越来越多的人喜欢在其中寻找更多的创作资源。今天，俄罗斯作家对历史小说的创作热情依然有不断高涨的趋势，最近几年俄罗斯"大书奖"的获奖者都是历史小说作家。在"创作型知识分子"（Творческая Интеллигенция）的作用和地位发生巨大变化的语境下，对历史上已经形成定论的关于文学艺术功能观点的价值重估可以让

---

① 《获誉"俄国文化公使"——普京为她签署总统令》，http：//news.sina.com.cn/o/2018-11-12/doc-ihnstwwq9856361.shtml，2017-08-10.

人们更加清楚地认识到现代社会的矛盾状况，对俄罗斯文化的走向有一个基本的预判。

　　论及俄罗斯当代文化发展的前提，就不能不指出文学艺术的一种重要功能，即文学在俄罗斯拥有自己的文化使命，换言之，文学有可能拯救俄罗斯。但可以拯救和如何拯救是两个不同的概念。1997年夏天，侨居美国的爱德华·托波尔（Потоль Э.）将他的《中国通道》（Китайский Проезд）推向俄罗斯文化市场，正如小说开头所写的那样，"书中所描述的一切都是作者的想象，从未在现实中发生。如果发生，也不是在俄罗斯，而是在中国。作者的确应该忏悔，因为他并不了解中国人的生活，但还是把发生在中国的故事搬到俄罗斯的莫斯科，而且让几个中国人冠上了俄罗斯的姓氏"[①]，这种异国书写策略可以使作者假借他人之口来说自己国家的故事，既可以挖苦讽刺外国人，也能借机夹带自己思想诉求方面的私货。故事很简单，讲的是控制俄罗斯经济、文化、政治的寡头们花大价钱从西方引进智囊，为新兴的政治集团提供全方位的智力支持。具有讽刺意义的是，这个1997年出版的作品中，今日的美国前总统、昔日的美国地产大亨唐纳德·特朗普与俄罗斯寡头相互勾结，力图改变俄罗斯的政治版图。小说暗示，整个俄罗斯社会从上到下人人心怀鬼胎，每个人都想着一夜暴富，所有人都生活在充满政治阴谋的环境里。但权力部门深知要对这些想法各异的个体进行有效的控制。小说发出的警示是，当整个社会都沉迷于获得权力的欲望时，实际上大部分人都在参与一场豪赌，小人物的疯狂会酿成悲剧，他们永远无法在赌桌上获胜，庄家通吃法则注定让一些人血本无归。托波尔所展现的是俄罗斯社会政治经济生活中的赌桌图景。以前，知识分子是俄罗斯的良心，他们永远是比普通人站得高、看得远、有担当的社会精英，但时代不同了，知识分子的良心被

[①] Тополь Э. Китайский Проезд, https：//www.litmir.me/br/? b =71615&p =1, 2017 – 10 – 02.

金钱所吞噬。在这部小说里,"知识分子(比如作家等)只负责运用自己的智商为寡头这个庄家来转动转盘,他们实际不过是庄家的打手而已"①,小说完美地预言了时任记者的伊戈尔·马拉申科(Малашенко И.)② 在电视节目中说的一段话,即寡头们随时通过制定各种文化政策和利用传媒等洗脑工具来改变国家的价值取向。所谓政治,不过是寡头们茶余饭后的游戏而已。

苏联解体的后遗症,让俄罗斯人注意到曾经被他们嗤之以鼻的中国小兄弟突然阔起来了,中国的经济腾飞和中国人的文化自信引起俄罗斯作家的广泛关注,当然,其中也不乏中国"威胁"论的杂音。媒体以中国为卖点,或贬低或敬佩,不一而足。中国形象在俄罗斯文学中是交织着各种不确定因素的矛盾体,有人用中国20世纪90年代出口的假冒伪劣产品为卖点来贬低中国形象,也有人尝试从中国模式中找到医治俄罗斯病患的药方。从20世纪90年代到当下,中国已经成为俄罗斯民众无法忽视的国家,特别是两国关系的日益深化和战略协作伙伴关系的建立,使文化交流更为频繁,中国形象已经成为俄罗斯文学的重要元素。在当代俄罗斯文学的经典中,如果作品中不出现和中国有关的审美事件,那才是不可思议的。古老、神秘和非常现代化的中国变成俄罗斯作家吸引读者的神器。在中国形象塑造方面,当代俄罗斯作家也与其前辈略有不同。

19世纪冈察洛夫(Гончаров И.)的《巴拉达号三桅战舰》(Фрегат Паллада,1852—1855)更偏重纪实性,对苦难的中国(时值太平天国)做了较为客观的描述,但其中不乏偏见。稍后的托尔斯泰尽管很少在自己的作品中提及中国人,但他深受中国老庄哲学的影响。最懂中国的应该是托尔斯泰,他在生命的最后岁月里,把自己的精力更多地用来研究中国文化,他在中国文化中看到了某种普遍价值,更重要的

---

① Митрофанов С., Политики Уходят, Дьявол Остается. Возможен ли Заговор Мододелов. Общая газета, 15 октября 1997.
② 俄罗斯著名政治评论家、НТВ电视传媒的创始人之一,于2019年2月25日去世。

是，他找到了理解中国文化的方法，即自省式的、体悟式的方法。① 稍后的哲学家索洛维约夫虽然对中国持有敬畏的态度，但眼睛依然望着西方。② 另外一位俄罗斯作家斯捷潘诺夫（Степанов А. Н.）所著的《旅顺口》（Порт‐Артур，1941—1942）也是一部充斥大国沙文主义思想的作品，对中国形象的误读和有意误读比比皆是，然而，这样一部殖民情绪浓厚的小说却在 1946 年获得斯大林文学奖一等奖，并两次被译成汉语。③ 中国这个神秘的国度，在当代俄罗斯作家笔下又会以什么样的姿态展现出来呢？中国形象能拯救俄罗斯文学吗？被拯救的俄罗斯文学又能否拯救俄罗斯文化？俄罗斯人对中国形象的书写逐渐成为有影响作家的共识，其中，佩列文、索罗金等人表现得尤为突出。

一 佩列文的中国形象：换一个角度看世界

佩列文是俄罗斯 20 世纪 90 年代中期崛起的后现代主义小说家，进入 21 世纪，作家的创作方法、思想都发生了一些改变，但对中国元素的兴趣未减。早在 20 世纪 90 年代初，作家就以唐朝沈既济《枕中记》中的"黄粱梦"为资源创作了短篇小说《一个中国人的俄国南柯梦》（又译《苏联太守传》，CCCP Тайшоу Чжуань. Китайская НародНая Сказка，1991）。1996 年，著名文学期刊《旗》连载了作家的《夏伯阳与虚空》（Чапаев и Пустота），小说在俄罗斯引起广泛关注，被文坛称为"俄罗斯的禅宗小说"，并获得"1997 年漂泊者文学奖"；2001 年入围"都柏林国际文学奖短名单"；如今，作品已经被译成包括中文在内的二十多种文字。2004 年，作家继续以中国元素为核心，发表了长篇小说《阿狐狸》（又译《妖狐圣书》，Священная Книга Оборотня，2004）。以上三部作品均以鲜明的东方印记引起了文坛的热议。

---

① 参见吴泽霖《托尔斯泰和中国古典文化思想》，北京师范大学出版社 2000 年版，第 118—119 页。
② 关于索洛维约夫的中国想象请参见本书的第一章，此处不予赘述。
③ 郑永旺：《岁月有痕——许毅与他的小说〈黄渤海恋〉》，《文汇报》2017 年 4 月 24 日。

小说《一个中国人的俄国南柯梦》表面上讲的是人生的无常，中国人张七躺在自家的粮仓上做了一个美梦，梦见自己当上了苏联国家的二号领导人，过上奢靡的生活，周围有美女陪伴，感觉自己的人生已经到达了顶点，当然，他也体会到时局的动荡给国家带来的灾难和权力宝座被掀翻的痛苦，他甚至险些丧命，还好，醒来后发现，所谓的大别墅，不过是身下的虫窝。这部小说所要传达的是作家对虚无缥缈的现实生活的态度，以及对世界本身都是虚妄的认知，如小说所言，"众所周知，我们的世界其实存在于吕洞宾的茶杯里"①。当然，也可以将小说看成关于国家由兴盛到衰亡的寓言，这个国家的统治者"森·赫列巴"② 并不想改变国家糟糕的经济，只想让"科尔巴斯内"③ 站在幕前，使其发挥望梅止渴的效果。如果说《一个中国人的俄国南柯梦》里的中国形象是作家中国叙事的初步尝试，那么这个尝试在《夏伯阳与虚空》中得到了深化，是确定该小说为禅宗后现代文本的合法性依据。

日本学者沼野三安认为，《夏伯阳与虚空》能让佩列文声名鹊起，成为炙手可热的畅销书作家的原因之一就是，作家在小说里成功地运用了中国元素，将大众文学的趣味和高雅文学的思想有机地结合起来。④ 如果说张七的南柯梦提醒世人现实的虚妄和世界的不真，到了《夏伯阳与虚空》中，彼得·虚空在1920年和1999年之间反复穿越终于让他对脚下这片潮湿的土地是否存在产生了深度怀疑，作家用"世界是幻象"（Мир – Мираж）这个命题表达主人公悲剧性的世界感受。小说的中国元素主要涉及中国的禅宗。小说中的中国形象是借助"禅宗的空观""全面彻底解放佛教阵线主席图尔库七世""内蒙古""佛的小指"等来表现的。

---

① ［俄］维·佩列文：《一个中国人的俄国南柯梦——一个中国的民间故事》，王进波译，《俄罗斯文艺》2003年第2期。
② 赫列巴是俄语 хлеб 的音译，意思是面包。
③ 科尔巴斯内是俄语 колбасный 的音译，意思是香肠。
④ 参见郑永旺《游戏·禅宗·后现代——佩列文后现代主义诗学研究》，人民文学出版社2006年版，第4页。

佛教禅宗以佛经般若部的《金刚经》为圭臬，是中国人对佛教的独特贡献。当然，作家对中国禅宗存在诸多误读或者有意误读，具体来说，禅宗之"空"并不是"虚空"或者"什么都不存在"。根据国内学者的研究，彼得·虚空的名字完成了"假有"和"缘起"的两项隐喻功能，但对现实存在的绝对否定也表明作家对禅宗是存在误读的，"内蒙古"是"法"的归宿，而"内蒙古"又存在于一个叫作"不存在"的地方，这是典型的"恶趣空"，是文字游戏。① 佩列文没有遗忘俄罗斯文学的本体论和认识论企图，甚至强化了这种文学传统，即在文学文本中融入自己的世界观。在这部小说里，作家运用了庄周梦蝶的典故、蜡烛喻中的机锋、黏土机关枪化有为无的神奇、作为永恒之爱的乌拉尔河等典故和玄幻故事，以呼应作者反复强调的"世界是幻象"的命题。而夏伯阳不再是大众意识中那个鲁莽而善战的布琼尼骑兵师中的猛将，而是温文尔雅、满口玄机、谈经论道的军人知识分子兼神秘主义者的反英雄，在1990年，他只是彼得·虚空在精神病院里看到的一幅画而已。这部作品的重要贡献在于，佩列文塑造了俄罗斯文学史上第一个"存在的难民"。有学者将虚空这种"存在的难民"所处的空间称为"中间状态"（Uecokerc Mckg），并指出这是作家人物的独有标志。

> 佩列文文学世界里的各种生物以中间状态存在着，他们存在于生活和文学、肉体和精神、苏联和非苏联、真实和虚幻及正常与荒谬的中间地带。②

《夏伯阳与虚空》中的禅宗思想与中国禅宗的神圣文本《坛经》中的思想相差甚大，是作家让虚空沦为存在的难民工具，作者正是以"世界—游戏"的设置来挑战日常生活中人们对真实的判断，从而使得作品

---

① 郑永旺：《〈夏伯阳与虚空〉的佛教元素解读》，《俄罗斯文艺》2008年第2期。
② Николаев П. Русские Писатели 20 Века. М.: Научное Издательство «Большая Российская Энциклопедия» и Издательство «Рандевуам», 2000, с. 543.

具有神秘性的同时又体现了形而上色彩浓重的风格。

《阿狐狸》是 2004 年发表的一部和中国关系密切的作品，作品的开头和《夏伯阳与虚空》具有家族类似性。《夏伯阳与虚空》被作家称为产生于"空"中的作品，20 世纪 20 年代，这部书的手稿由图尔库七世在内蒙古的一座寺院里发现。《阿狐狸》也运用了类似的假托手法，警察的一份案件调查报告披露了这部小说能够面世的缘起和因由。

> 你们面前这个名为"阿狐狸"的小说手稿很显然是 21 世纪前半叶一个不知名的作者完成的拙劣的文学作品。很多专家认为，手稿本身没有多少吸引力，倒是手稿现世的方式很奇特。据说，这个文件名为"阿狐狸"的东西就保存在莫斯科某公园被偶然发现的笔记本电脑的硬盘上。①

这种叙事策略对俄罗斯人来说可能比较有创意，但对于谙熟《红楼梦》的中国人而言，并不见得有多高明，作家甚至有可能借鉴了这部中国名著中关于《石头记》出世的一段传说。《石头记》是一僧、一道、一块石头合作完成的作品，基本路径是，空空道人改《石头记》为《情僧录》，东鲁孔梅溪改《情僧录》为《风月宝鉴》，最后曹雪芹"于悼红轩中披阅十载，增删五次，纂成目录，分出章回"，最终完成了《红楼梦》这部旷世奇书。佩列文的假托手法只是更加简单粗暴而已。

与《一个中国人的俄国南柯梦》和《夏伯阳与虚空》不同，如果说前两部小说主要证明佩列文的后现代主义对于"世界是幻象"认识的正确性，《阿狐狸》恰好相反，所要证明的是那些被认为虚妄的存在实际是可能的现实，即是前两部作品的反命题。小说的主人公是有两千多岁的狐狸，几经辗转来到今天的莫斯科。存活如此长久的生灵必定历尽世事沧桑，佩列文让中国妖狐出现在俄罗斯，是想借用她的双眼来看

---

① Пелевин В. Священная Книга Оборотня. М. : ФТМ, 2004, с. 5.

21世纪这个充满科技感的人间。阿狐狸自称关于她的事迹在东晋时期的史学家干宝的《搜神记》中已有记载。多年以来，她在莫斯科各种豪华宾馆中卖身为生，实际上是为了吸取男人身上的阳气来续命。小说里，阿狐狸对一个锡克教徒施法，但中途不慎睡着，被锡克教徒发现了她的真身，她被迫再次施展妖术，最后锡克教徒坠楼身亡，进屋的保安被她的美貌所迷惑，她才得以脱身。故事的创作诗学的确具有玄幻色彩，但依然可以发现佩列文的创作思路。首先，阿狐狸不是哈利·波特，她是上千年的狐仙，因此，她所施的不是魔术，而是妖法。佩列文的反命题是，在看似平常的、充满人间烟火气息的世界里，有看不见的灵异之物（Духи）。阿狐狸类似美国作家斯蒂芬妮·梅尔的《暮光之城》中的狼人、吸血鬼等非人之人，只在特定时刻显露真身。其次，阿狐狸拥有绝世的美貌，男人在她的面前尽显人性的弱点，他们愿意为美丽埋单，但不知道，在不经意间已经失去了身上的阳气，从这个意义上讲，阿狐狸是关于人欲望的隐喻。最后，作家并没有赞扬或贬低这个来自中国的狐仙，但展示了传说中狐仙如何勾引男人，如何施展法术，如何在性交易中巧妙地吸取男人的阳气并顺利脱身的一系列法术。

总之，佩列文善于从中国古代文献中寻找资源来建立他的东方书写话语，通过中国形象书写，他丰富了俄罗斯多神教中的魔鬼文化。19世纪的俄罗斯散文之父果戈理和20世纪"白银时代"的安德烈耶夫（Андреев Л.）毫无疑问是佩列文的前辈，他们对这种文化十分青睐，分别创作出《魏》和《撒旦日记》等。而另外一位作家索罗金则更关注当代中国的发展可能给俄罗斯乃至世界造成的影响。

二 索罗金反乌托邦式的中国想象

索罗金（Сорокин В. Г.）对中国的书写主要集中在长篇小说《蓝油脂》（Голубое Сало，1999）和故事集《糖制的克里姆林宫》（Сахарный Кремль，2008）里。

《蓝油脂》中的故事开始于2068年，以鲍里斯和他的中国同性情人

ST 先生通信的形式展开。鲍里斯在西伯利亚一个制造"蓝油脂"的公司里任秘书，蓝油脂是从克隆人陀思妥耶夫斯基、托尔斯泰、契诃夫、普拉东诺夫、纳博科夫等俄罗斯作家身上提取的神奇物质，这是世上最稀有的能够使人保持永恒活力的神秘而又神奇的东西，甚至可以充当火箭的燃料。在蓝油脂制成的那一天，强盗们闯入车间，抢走了蓝油脂，杀死了包括鲍里斯在内的所有人。从此，故事从 21 世纪的西伯利亚和莫斯科回到了 1945 年斯大林执掌权柄的莫斯科和希特勒在德国的国会大厦。小说堪称各种文体的大杂烩，由前面的书信体，变成了正常的第三人称视角的莫斯科文本。在斯大林为自己注入蓝油脂后，故事又回到了 2068 年。小说的发表成了 2000 年俄罗斯的重大文化事件，有人在莫斯科专门为此举办了一场行为艺术，把小说撕碎扔进马桶，以表达他们对索罗金贩卖脏话与色情的抗议。小说给人们带来的震动是巨大的，俄罗斯文学批评家舒尔皮亚科夫对这部作品给予很高的评价，指出"索罗金是现代版的陀思妥耶夫斯基，喜欢各种文学实验，区别在于陀思妥耶夫斯基只喜欢拿人的心灵为实验品……索罗金喜欢把文学本身当作实验对象，他会把普拉东诺夫运来的烧火柴点燃，然后静静等待哪个傻瓜的'M 级平衡指数'出现后自己钻进烈火熊熊的管道"[①]；他同时也发现了小说的反乌托邦属性，认为小说是"充满了语言游戏和对俄罗斯政治生活进行解构的反乌托邦小说"[②]。但是，与经典的反乌托邦小说如《我们》《美妙的新世界》《1984》不同，作家把时间的起始点定在 21 世纪的 2068 年，把 20 世纪的苏联和德国当作人物穿越的目的地，人们可以乘坐时间机器从未来回到过去，然后再回到未来，而不必考虑"祖母悖论"问题，这在强调科学伦理的反乌托邦小说中是不常见的，至少不符合经典反乌托邦体裁的规定性。小说之所以引起轰动还有另外一个原

---

① Шульпяков Г., Поцелуй Меня в Звезды. Поцелуй Меня в Звезды, https://www.srkn.ru/criticism/shulp.shtml, 2018-11-20.
② Шульпяков Г., Поцелуй Меня в Звезды. Поцелуй Меня в Звезды, https://www.srkn.ru/criticism/shulp.shtml, 2018-11-20.

因，那就是没有哪位俄罗斯作家会在作品中运用如此多的汉语语汇。至于这样做的目的是什么，作家虽然没有明说，但作品中人物的话语还是暗示了原因。

"东方，就是指广袤的西伯利亚。"樊貌说（Фань Мо 的译音）。①

这里和 5 世纪或者 20 世纪一样，没啥变化。东西伯利亚人所操的语言是夹杂汉语的俄语，但他们更喜欢沉默或者嘿嘿一笑。这里大部分居民都是雅库特人。②

2068 年的雅库特人已经被中国化，他们说着夹杂汉语词汇的俄语，小说的语言是断裂的，语言的能指是漂浮的，所指是模糊的。在鲍里斯写给情人的信中夹杂大量由俄语拼写的汉语，但是，汉字如果缺少了象形文字的外壳，就会变成发音诡异、没有词形变化的音节，这使得俄语表述的思想发生停顿和断裂。因此，与其说是为了表达某种崇高或优美，不如说是制造阅读的困难。另外，汉语词为什么能进入俄语语汇，作者借樊貌之口说出，就是"东方，就是指广袤的西伯利亚"，其潜文本是，在俄罗斯，至少是西伯利亚已经被中国同化，这在作家后来发表的《糖制的克里姆林宫》一书里已经得到进一步的反映，而且这些由俄语拼写的汉语词汇都具有相对负面的特征，具体分类如下。

第一，表达负面情绪和不良品质的，如卑鄙、悲惨、不负责任的、冲动、鄙视、可耻等。

第二，骂人话，如白痴、睾丸、你妈的、尿、小偷、秃顶、坏蛋等。

第三，完整的汉语句子，如我爱你、您好、你准备好了吗，等等。

语言观其实决定了作者在小说中的世界观。小说中，汉语词汇"白痴"出现了 5 次，"两面派"出现了 5 次，"你妈的"出现了 23 次，这

---

① 俄文拼写 Фань Мо 的音译。
② Сорокин В. Г., Голубое Сало. М.：Издательство Ад - Маргинем，2002，с. 8.

是几个出场频率较高的词汇。当然，作家也不失时机地引用《三国演义》《红楼梦》等作品中的典故，中国国家领导人的语录成为鲍里斯说服他人建立自己话语的论据。当故事回到1945年时，2068年的德国人、中国上海人、俄罗斯人、雅库特人被换成人们熟悉的希特勒、希姆莱、斯大林、贝利亚等。但当斯大林自己注入"蓝油脂"后，ST先生出现了，他就是背叛了鲍里斯的中国情人。

小说中的中国形象与汉字紧密联系，除了上文所说的为了制造语言游戏的效果外，还与作家对俄罗斯未来的焦虑有关。在一次接受采访时，作家明确表达了自己在《蓝油脂》《糖制的克里姆林宫》《特辖军的一天》等作品中运用大量汉字的目的。

> 运用中国形象，可以算是我考虑已久的实验。你们能否想象把俄罗斯与世界隔离开来？设想一下，我们按中国人的方式建立起俄罗斯的万里长城？那样的话，俄罗斯只能打造属于自己的未来，别无他路。如此，只能说明我们的意识形态有这样的诉求，这种意识和我们过去和久远过去的大众意识中的英雄传说有关。我要建立新人模式，那就是一个穿着旧俄时代长衫的男子驾驶着以氢气为燃料的奔驰。①

索罗金对中国的兴趣虽然始于《蓝油脂》，但在《糖制的克里姆林宫》得以强化，他一方面感受到中国强大所带来的威胁（《糖制的克里姆林宫》，主要讲述俄罗斯人在中俄两国间建设俄罗斯的万里长城的故事）；另一方面也用文学表达了俄罗斯与中国交往能带来的广阔经济前景，如他在采访中所承认的那样，"中国潜力巨大，大到不可思议……中国人很特别，我要说，中国式的霸权主义思想让人迷惑，我中毒了。中俄之间炼金术特质的联姻也让我着迷。我觉得，中俄的联合一定会导

---

① Соколов Б. В., Владимир Сорокин: Опричнина – Очень Русское Явление: Интервью//Грани. 2006, http://www.srkn.ru/interview/bsokolov.shtml, 2018–11–02.

致神奇伟大的事物诞生"①。书写中国只是绘制俄罗斯未来图景的手段，这与阿库宁喜欢在小说中运用日本形象一样。在索罗金众多的作品中，俄罗斯往往是与国际社会相对隔绝的国家。在《蓝油脂》里，一道看不见的长城已经出现，俄罗斯的雅库特人被中国人同化，鲍里斯说着夹杂汉语词汇的俄语；在《糖制的克里姆林宫》②里，修建俄罗斯的万里长城已经迫在眉睫，玛尔芙莎所在的学校尽管课程已经消减许多，但汉语是任何人都必修的、和自己前途关系密切的语言，而且，中国的科技已经遍布世界，汉语词汇渗透到俄罗斯生活的各个方面，如"国界""宝剑"等。面对强大的中国，俄罗斯人意识到应该建立自己的防御体系，只是在科技发达的未来，俄罗斯的万里长城与其说是物理属性甚强的防御工事，不如说是一种俄罗斯日益衰微的象征。在这种情况下，制砖业成了国家最紧迫的产业。玛尔芙莎所在学校的新闻报栏有以下几行字。

> 第 62 教区中学的全体学生决定在光明灿烂的基督复活节继续去波尔舍夫斯基砖厂参加义务劳动，帮助该厂按期完成"俄罗斯万里长城"用砖的生产计划。③

索罗金的中国形象以"俄罗斯万里长城"叙事加以强化和深入，在《特辖军的一天》（День Опричника，2008）里，俄罗斯人建设的"万里长城"既有物理属性，也有精神属性，"俄罗斯的万里长城"（Великая Русская Отена）是俄罗斯意识形态的组成部分，并且其动因和中国密切相关。小说里，俄罗斯不但要防范日益强大的中国，还要让西方势力无法渗透，这就是索罗金所说的"俄罗斯只能打造属于自己的

---

① Соколов Б. В., Владимир Сорокин: Опричнина – Очень Русское Явление: Интервью//Грани. 2006, http://www.srkn.ru/interview/bsokolov.shtml, 2018-11-02.

② 故事集的名称源自其中的第一部短篇小说《玛尔芙莎的快乐》，在一天快结束时，父亲在桌上摆好当时特别奢侈的用糖做的克里姆林宫建筑群，然后用小锤子砸开。玛尔芙莎把波罗维茨基教堂分给父亲，把尼古拉大教堂分给母亲……这个动作和破碎的克里姆林宫具有象征意义。见Сорокин В. Г., Сахарный Кремль. М.: АСТ·АСТРЕЛЬ, 2008, с. 45.

③ Сорокин В. Г., Сахарный Кремль. С. М.: АСТ. АСТРЕЛБ, 2008, с. 17.

未来"。特辖军和巴季亚的一段对话能够帮助我们理解长城的功能并对中俄两国发展态势做出预判。

> 巴季亚咬下一块火鸡腿肉,用力咀嚼,他把另一只鸡腿举到桌子上方,说道:
> "以您之见,这东西是从哪里来的?"
> "巴季亚,从哪儿来的?"舍列特问。
> "从那儿来的,这才是正确答案。"巴季亚继续说,"不仅是鸡腿,我们吃的面包,都是中国产的。"
> "我们骑的是中国的骝马!"波特卡说。
> "我们乘坐中国的'波音'。"波洛霍夫希科夫插话。
> "咱们国家的元首使用中国手枪射击。"猎人点头同意。
> "我们在中国产的床上造人!"波特卡大声说道。
> "我们坐在中国马桶上便便。"我补充说。①

索罗金的中国不仅仅能够生产廉价的日常生活用品,同时也是世界上最精致最高端麻醉品的生产者。总之,在索罗金的艺术世界里,俄罗斯处于中美两个大国的夹缝之间,俄罗斯需要在西方和东方之间做出选择。在做出选择之前,俄罗斯只能修筑万里长城,而且时间紧迫,就像《糖制的克里姆林宫》中国家元首所说的那样,"距俄罗斯万里长城完工还差 62876543 块砖"②。

第五节 俄罗斯文学的忧患意识

虽然西方文化冲击了俄罗斯本土的文化,但俄罗斯的文化软实力并没有受到太多影响,一方面这得益于国家的文化政策对文学艺术的支

---

① Сорокин В. Г., День Опричника. М.: Захаров, 2009, с. 183 – 184.
② Сорокин В. Г., Сахарный Кремль. С. М.: ACT. АСТРЕЛБ, 2008, с. 18.

持；另一方面俄罗斯拥有深厚的艺术传统和热爱文学的基因。所以，无论是解体之后还是 21 世纪的今天，俄罗斯文学始终充当国家精神的代言者，几乎所有的高雅文学作品（当然也包括部分大众文学）都追求对大众意识的影响，这不仅仅是车尔尼雪夫斯基"美是生活"和"文学是生活的教科书"的当代回声与定位，也是俄罗斯人希望以文学为武器振兴民族文化的精神诉求。从 20 世纪 90 年代至今，俄罗斯出版的一系列文学作品较为集中地反映出知识分子对国家命运的忧思，其中，比较值得关注的有科兹洛夫（Козлов Ю.）的反乌托邦小说《夜猎》（Ночная Охота，1996），作家依据当下的现实来推演可能的未来，主人公安东从普通的中学生变成这个超级大国的文化部部长，他之所以在饿殍遍地的反乌托邦世界活下来，是因为他熟谙活命的游戏规则，那就是放弃生命才能得到生的机会。作品中的世界图景与作者所处的俄罗斯现实社会具有相似性。俄罗斯建立之初，经过私有化等一系列操作后，财富落到少数人手里，社会底层如果要突破阶级壁垒，唯一的手段就是拿生命当赌注，可以说，"整个 20 世纪，特别是 20 世纪的最后几年，是反乌托邦思想的镜像时期"①。有学者在《夜猎》中发现了科兹洛夫"夹带了俄罗斯传统批判现实主义的私货"②，具体来说，这私货就是对现实的失望和对未来的绝望。另外，波利亚科夫（Поляков Ю.）、瓦尔拉莫夫（Варламов А.）、贝科夫（Быков Д.）等 20 世纪五六十年代出生的作家开启了俄罗斯文学的"黑铁时代"，人们恢复了对高雅文学的信心，他们的作品被翻译成多种文字，19 世纪俄罗斯文学的本体论和认识论诉求在新俄罗斯文学中得到继承。特别是普京和梅德韦杰夫轮流执政时期，俄罗斯颁布了一系列文化政策，以重塑文化大国的形象。普希金提倡的"用竖琴唤醒人们心中善良的情感"尽管在充满商业气

---

① Юрьева Л. М.，Русская Антиутопия в Контексте Мировой Литературы. М.：ИМЛИ РАН，2005，с. 9.
② 郑永旺：《自然不存，人之安在？——论生态伦理观照下〈夜猎〉中的反乌托邦图景》，《东北亚外语研究》2016 年第 4 期。

息的俄罗斯未必能够完全实现，但是在俄罗斯，作家是最能理解大众心理的人。以书籍、杂志、艺术电影、广播电视为媒介的文学文本几乎是大众现代生活知识的唯一可靠来源，文学通过互联网和公众人物的言论①间接或直接地（他们的作品或者电影中的人物）影响人们对公共事件的态度，甚至能影响不同的社会团体和政治活动家。当然，其中有正面的影响，如作家兼脱口秀演员扎多尔诺夫（Задорнов M.）在舞台上以脱口秀方式表演的讽刺苏联政治人物和俄罗斯总统普京的作品深受观众欢迎，在2017年作家去世后，普京在公开场合对他的死表示哀悼，称他的讽刺具有政客们八股文所不具有的教育功能；当然，文学也有负面影响，比如观念派小说家索罗金（Сорокин B.）因热衷于在小说中描写性交、吃粪等场面引发莫斯科读者走上街头抗议，称其为"便便作家"。除了借助中国形象来说俄罗斯的现实外，作家还把目光聚焦在历史事件上，希望通过俄罗斯的往昔来重塑俄罗斯民族的灵魂，历史成了作家塑造新俄罗斯思想的有力武器，于是，名人传记和历史小说变成了俄罗斯最负盛名的"大书奖"的常客。从最近几年的获奖作品来看，面对目前的经济困境，俄罗斯民众更喜欢通过历史叙事重拾文化自信。2013—2018年的"大书奖"几乎成了历史小说的独角戏。2013年，叶甫盖尼·沃多拉斯金（Водолазкин E.）的《月桂》（Лавр）获得一等奖，故事的主体部分发生于15世纪的俄罗斯，在其中一部分章节里，作家借助转述主人公的梦境这种叙事手段来描写发生在当代的故事，作家并没有一味地赞颂俄罗斯民族如何伟大光荣，相反，作家力图塑造一个充满仁爱思想的阿尔谢尼。这部作品是当代俄罗斯文学的使徒行传，其叙事特征是神话性和杂糅性。对比一生南征北战建立马其顿帝国的亚历山大三世和默默奉献了一生的阿尔谢尼后，作者得出一个结论，前者的丰功伟绩随着一代帝王的离去而烟消云散，只有放弃自己、用生命来赎

---

① 俄罗斯著名作家如托尔斯泰娅、乌利茨卡娅、维克多·叶罗菲耶夫等人都是电视节目的常客。

罪的人才能获得永生。作家试图以文学形象来批驳世人对俄罗斯民族的误读，俄罗斯固然是"战斗的民族"，但也是宿命思想浓厚的民族，小说为理解俄罗斯民族性格的二律背反提供了一个新的可能。2015年的大书奖获奖作品是古泽尔·雅辛娜（Яхина Г.）的《祖列伊哈睁开了眼睛》（Зулейха Открывает глаза），这部作品是苏联20世纪30年代没收地主富农财产运动的记忆和回溯，作家借鞑靼人的眼睛来凝视整个苏联的现实，告诉读者鞑靼人在艰难时刻是如何活下来的。这既是一部关于鞑靼人命运的史诗，也是对苏联历史的反思。2016年的大书奖获奖作品《冬天的道路》（Зимняя Дорога）依然是历史小说，作者是列昂尼德·约瑟夫维奇（Юзефович Л.），与《祖列伊哈睁开了眼睛》等历史小说相比，作者称这是纪实性的散文，但情节却是以神话为主线串联起来的。小说讲述的是20世纪20年代苏俄国内战争期间白军将军和红军指挥员去雅库特的"魔法森林"寻找"永生钥匙"的经历，故事以主人公之死亡来宣告结束。在小说的结尾，红军指挥员斯特罗德和白军将军佩佩利亚耶夫在没有时间约束的另外一个空间相遇。历史小说以神话为包装，情节在亦真亦幻的现实中展开，与其说主人公完成了一次寻宝之旅，还不如说是作家就意识形态问题与当下的人们展开了一次隔空对话。当然，青年近卫军出版社从苏联时代一直延续下来的品牌图书"名人传系列"（Замечательные Люди）虽然不是小说，但通过对历史人物（尤其是作家）的传记书写，作家还是能够将自己的思想和审美诉求表达出来。

当代俄罗斯文学以各种方式将政治和艺术中的现实结合起来，这也容易理解，因为无论是20世纪90年代后期的后现代文化语境，还是当下俄罗斯群雄环伺的地理空间，都迫使知识分子对俄罗斯的未来进行深度思考。以社会心理影响的视角看文学或其他艺术形式就不难发现，真正长久地作用于大众意识的不是快餐式的文化消费，而是能够深入人心的文学艺术。文学是文化的记忆和载体，反映了大众意识对某些重大问题的认识，从19世纪的自然派（Натуральная Школа）文学到"白银时代"的象征主义、阿克梅主义和未来主义诗歌，文学所折射出的不仅仅是叙事方式的转变，而且对俄罗斯来说，文学本身就是民族文化最有效的表达方式。从 20 世纪 30 年代的社会主义现实主义文学到当下的后现代主义文学和新现实主义文学，作家们不停地用自己的笔描绘出他们心中理想的图景，或者依据现实逻辑推导出可怕的未来反乌托邦社会。如果用学院派的观点来观照文学，国家的动荡和社会的灾难对普通民众来说是一场深重的灾难，但它却为作家们提供了丰厚的创作资源，俄罗斯恰好就是这样的国家。这就是说，"如果人们希望书写文化成为人们生活中的必需品，那么就要存在相应的不确定的历史条件、动荡感、局势的不可预知性，而上述情况都是一个民族同异域民族进行私人的或者长期的符号转换时出现的"①，比如在伊斯坎德尔（Искандер ф.）的小说《俄罗斯思想者和美国人的对话》（Думающий о России и Американец，1997）中，美国人和俄罗斯思想者之间的对话实际上是两种不同价值观的碰撞，按俄罗斯思想者的逻辑，俄罗斯人个个都是思想者，但同时也是盗贼；接下来他在回答美国人提出的"现在的俄罗斯人更看重什么"这个问题时说，"对俄罗斯的思想者来说是良心，对俄罗斯的盗贼来说是人格"，这就意味着"人格是穿着良心长衫的最后一人，当良心反悔时，最后穿良心长衫的人就变成了第一个人"，这种逻辑自恰让美国这个"最急功近利的民族"顿时无语。这其实也是别尔嘉耶夫关于俄罗斯民族性诗意的阐释，别尔嘉耶夫发现，"我们，俄罗斯人是启示学者或虚无主义者。这是因为，我们向着末日，并且不大理解历史进程的阶段性，敌视纯粹的形式"②，这就是两者之间可以进行"私人的或者长期的符号转换"的原因，因为这是俄罗斯民族性格使然，即"我们俄罗斯人太沉迷于对空间的掠夺，所以丧失了时间"。③

---

① Лотман Ю., Избранные Статьи в 3 Момах. Т. 1. Статьи по Семиотике и Типологии Культуры. Таллинн.：Александра，1992，с. 108.

② ［俄］别尔嘉耶夫：《俄罗斯思想》，雷永生、邱守娟译，生活·读书·新知三联书店 2004 年版，第 130 页。

③ ［俄］法·伊斯坎德尔：《俄罗斯思想者和美国人的对话》，郑永旺、伍宇星译，《俄罗斯文艺》1999 年第 1 期。

美国人不能否认俄罗斯今天的现实越来越多地显示出对文学的敌意，这是因为科学技术使得人们有更多的文化娱乐可能，快餐时代的俄罗斯文学依然能够反映民族文化的诗意品格，但也不能否认，消费社会对文学的确造成了某种程度的伤害，一些作品只能通过炒作和借"大书奖""布克奖""凯旋奖"等重要平台为大众所知，这和苏联刚刚解体后的情景略有不同，那时，文坛上众多著名作家为争夺话语权而打得不可开交，以作家邦达列夫（Бондарев Ю.）为代表的红色爱国派与以马卡宁等为代表的自由派作家展开过多次激烈的论战，以今天的目光来看，他们争论的焦点是俄罗斯民族朝何处去等宏大叙事。即使到了现在，这些问题似乎也没有得到完美解决。

俄罗斯作家过去是，现在是，将来依然可能是精神文化的主体，也是对当下俄罗斯在直觉上和理性上最有发言权的阶层，他们不是政治家，而是像索尔仁尼琴这样的"俄罗斯的良心"。列宁认为列夫·托尔斯泰是"俄国革命的一面镜子"，这句话仍然有其现实意义。因此，了解当下的俄罗斯，就要读懂当下的俄罗斯文学。

文学界所讨论的问题不仅仅是创作，俄罗斯文学的特点就是其独特的哲学思维，很多文学家一直承担着哲学家的使命，并主导着文化的发展趋势和方向。通过对多种信息源的内容（报纸、电视访谈、创作交流会、圆桌会议等）的研究，我们可以发现以下几个重要问题。第一，艺术创作环境中存在的矛盾属于何种性质；第二，俄罗斯文化危机是否依然没有消除；第三，当代俄罗斯文学能否寻找到或者创造出新的英雄；第四，文学的目标人群是否在不断减少；第五，文学能否折射俄罗斯对异族文化的态度（如俄罗斯文学中的犹太人主题、东方形象等）。第一个问题可谓由来已久，在19世纪，斯拉夫派和西欧派相互缠斗，演变成20—21世纪自由派和爱国派之间的纷争。19世纪俄罗斯诗人涅克拉索夫（Некрасов Н. А.）在担任《祖国纪事》主编时深入考察了俄罗斯文学的总体风貌，指出"俄罗斯存在两种毫无共同之处的文学：一种是同愚昧无知进行斗争的文学；另一种是对愚昧无知进行盘剥并靠其供

第五章　俄罗斯文学形势与发展趋势

养来生活的文学……文学变成了商业活动，甚至可以操纵市场行情，开始向文学的买方献媚。为了盈利，作家不惜把文学工业化，制造了大量违背誓约的荒唐故事、血肉横流的凶杀案件，这一切都是为了给新兴的资产阶级注入含草药味道的兴奋剂"①。时隔二百多年，涅克拉索夫的话仍然没有过时，其中的内容至少涉及三个对20—21世纪俄罗斯文学依然有效的社会文化前提。第一，文学创作的价值和作家个体责任感有关，在符合大众品位，满足国家精英阶层的诉求时，作家还要有使文学保持伦理教化作用这样的使命意识；第二，文学的内部发展受制于那个时代的意识形态法则（无论作家本人是否意识到），换言之，大部分作家的创作都与时代保持某种一致的步调；② 第三，尽管俄罗斯存在文学中心主义的传统，但这并不妨碍从19世纪末开始文学和市场的联姻。以上所说的前提条件和文学艺术中的社会文化方面多种张力实际上改变了俄罗斯文学的发展方向，直接把俄罗斯文学变成了涅克拉索夫所言的代表两种不同文化的"两种文学"，而"两种不同文化"就是从19世纪发展到今天的西欧派与斯拉夫派的变体自由派和爱国派。丘普里宁（Чупринин С.）在他发表在《俄罗斯》杂志上的文字《破镜难圆》（Расколотое Зеркало, 1998）中感叹，"一个民族传统内部竟然存在两种完全不同的文化，而且两者之间还能相互隔离这么长时间，这绝对不是一天晚上就能完成的事情"③，可以进一步深化这两种文学之后的诸多文化品种，那就是看似统一的俄罗斯文学一直都有西欧主义分子和斯拉夫主义者、保守派和根基派、官方的和非官方的背景，只是在当下，这些文化元素具有了更显著的"俄罗斯性"

---

① Некрасов Н. А., Нечто о Литературной Промышленности Нашего Века. Отечественные Записки. No. 5, 1873, с. 138.

② 当然，很多作家在与主流意识保持一致的同时，也能藏匿自己思想的私货，比如在肖洛霍夫的《静静的顿河》中，中国学者就发现了作家的多重话语，既有关于真理的话语，也有关于人性和乡土的话语，前者为显性的，后面两者尤其是关于人性的话语，被作家巧妙地借助前者和后者显现出来。参见何云波、刘亚丁《〈静静的顿河〉的多重话语》，《外国文学评论》2002年第4期。

③ Чупринин С., Расколотое Зеркало. День Литературы, 9, март 1998.

(Русскость),成了俄罗斯民族文化的组成部分。一些人开始称自己为"俄语作家"(Русскоязычные Писатели),在世界文化的语境中为自己定位,认为自己的创作代表了美国—欧洲式的西方价值观。另外一些作家强调自己是"真正意义上的俄罗斯作家",他们的作品根植于俄罗斯传统的土壤。① 邦达连科形象地将这两种文学称为"不同的两个文学星系,尽管它们用同一种语言来书写,属于同一个民族,但两者却渐行渐远"②。这种"渐行渐远"的过程并不是表象,而是有其组织上的和物质上的基础,这种基础在很大程度上与当下作家群体分配苏联作家协会遗产时不公平有关,具体的表现方式就是不同的作家在不同的媒体上发表作品,这些媒体(报纸、杂志、电视台、网站等)代表了不同的价值观,比如《文学日报》(День Литературы)和《我们的同时代人》(Наш Современник)是左派的机关报刊,而《旗》(Знамя)和《文学报》(ЛитератуРная газета)是右派的机关报刊,当然还有代表其他价值观的媒体,各方之间论战不断,直到今天,情况亦没有改变。这表明,俄罗斯是多元思想并存的国家。俄罗斯爱国派作家责备自己的同行滥用手下神圣的笔,他们所创造的人物代表的是虚伪的,而且具有阶层区划的价值观体系。总之,俄罗斯作家自由派和爱国派之争常常把天才也分成三六九等,最有话语权的作家不是生活在西方发达的资本主义国家,就是在以色列。③ 爱国派作家坚持认为,苏联作协遗产的分配很不公平,④ 而俄罗斯笔会(Пен-Клуб)⑤ 竟然不接受诸如拉斯普京

---

① 俄罗斯传统在时空维度上包括俄罗斯民族文化、俄罗斯国家的文化和苏联文化,相应地在俄语"文化"(культура)一词前所使用的形容词是 русская、российская、советская。
② 转引自 Чупринин С.,Расколотое Зеркало.
③ 已经去世的人中布宁(Бунин И.)、别尔嘉耶夫(Бердяев Н.)和什梅廖夫(Шмелев И. С.)等人在法国生活,多甫拉托夫(Довлатов С. Д.)、纳博科夫(Набоков В.)、索尔仁尼琴(Солженицы А. И.)和布罗茨基(Бродский И. А.)等生活在美国;在世的人中,爱普施坦(Эпштейн М)、利波维茨基(Липовецкий М.)等在美国生活。
④ 问题主要涉及几本重要的文学期刊,俄罗斯人称其为"厚杂志"(Толстые Журналы)专业文学刊物,如《星》《各民族友谊》《新世界》《旗》等。
⑤ 俄罗斯笔会相当于苏联时期的作家协会,根据《国际法》,一个国家只能有一个笔会。

（Распутин В.）、别洛夫（Белов В. И.）、库尼亚耶夫（Куняев С. Ю）、科任诺夫（Кожинов В. В.）等知名作家，这是自由派作家在民主羽翼掩护下对爱国派作家赤裸裸的"种族"歧视，而且得到官方的暗中支持。在20世纪90年代，官方的这种态度成为后现代解构狂潮的原因之一。如今，后现代之风渐渐微弱，文学正在回归原有的状态，贝科夫（Быков Д.）的《鲍里斯·帕斯捷尔纳克传》和瓦尔拉莫夫的《布尔加科夫传》在现实和虚构之间找到完美的平衡，不断再版，斯拉夫尼科娃（Славникова О. А.）等人的新现实主义文学逐渐向传统的批判现实主义文学靠拢，学术界称这股清流为"新自然派"（Неонатурализм），以区别于19世纪以果戈理为代表的"自然派"（Натуральная Школа）。但是，继承了苏联文化遗产的俄罗斯面临很多问题，大众意识中的文化现实会有多个版本，有基于日常生活层面代表大多数人强调欲望满足的"洞穴文化"（Пещерная Культура）；有充满怀旧情绪的社会主义文化；有到处都是霓虹闪烁的广告牌、交易所股票涨跌信息和选秀比赛的商业文化。总之，这场规模浩大的社会变迁引起的俄罗斯文学的震荡、俄罗斯民众精神世界的嬗变是其他民族经历几个世纪的历史变迁都未曾体验过的。

参考文献

中文：

［俄］阿克萨科夫·К. С.：《再论俄罗斯观点》，载 Вл. 索洛维约夫等《俄罗斯思想》，浙江人民出版社 2008 年版。

［俄］阿列克谢·弗拉基莫夫：《将军和他的部队》，谢波、张兰芬译，漓江出版社 2003 年版。

［俄］阿列克谢耶维奇：《二手时间》，吕宁思译，中信出版社 2016 年版。

［美］艾布拉姆斯：《欧美文学术语词典》，朱金鹏、朱荔译，北京大学出版社 1990 年版。

［俄］奥斯瓦尔德·斯宾格勒：《西方的没落》第二卷，吴琼译，上海三联书店 2006 年版。

［俄］贝科夫：《帕斯捷尔纳克传》，王嘎译，人民文学出版社 2016 年版。

［俄］别尔嘉耶夫：《俄罗斯的命运》，汪剑钊译，云南人民出版社 1999 年版。

［俄］别尔嘉耶夫：《俄罗斯思想》，雷永生、邱守娟译，生活·读书·新知三联书店 2004 年版。

［俄］别林斯基：《文学的幻想》，满涛译，安徽文艺出版社 1996 年版。

［俄］布尔加科夫：《东正教——教会学说概要》，徐凤林译，商务印书馆 2005 年版。

陈爱香：《历史记忆：思想溃退后的精神引力》，《俄罗斯文艺》2010 年第 2 期。

陈舒劼：《历史重构、阴谋想象与欢愉下的不安——作为当代文化认同表征的马伯庸的三国叙事》，《石家庄学院学报》2018 年第 4 期。

［英］大卫·哈维：《正义、自然和差异地理学》，胡大平译，上海人民出版社 2015 年版。

［法］丹纳：《艺术哲学》，傅雷译，人民文学出版社 1983 年版。

丁磊：《国家形象及其对国家间行为的影响》，知识产权出版社 2009 年版。

董晓：《理想主义：激励与灼伤——苏联文学七十年》，上海人民出版社 2009 年版。

杜雪琴：《弗·马卡宁〈亚山〉的后现代主义诗学研究》，硕士学位论文，黑龙江大学，2016 年。

［德］恩斯特·卡希尔：《人论》，甘阳译，上海译文出版社 2013 年版。

［俄］法·伊斯坎德尔：《俄罗斯思想者和美国人的对话》，郑永旺、伍宇星译，《俄罗斯文艺》1999 年第 1 期。

方柏华、高抗：《跨世纪中国形象的塑造》，《中共浙江省委党校学报》1997 年第 1 期。

方长平：《中美软实力比较及其对中国的启示》，《世界经济与政治》2007 年第 7 期。

冯宪光：《"文化软实力"释义》，《山西大学学报》（哲学社会科学版）2014 年第 5 期。

［俄］弗拉基莫夫：《将军和他的部队》，谢波、张兰芬译，漓江出版社 2003 年版。

［俄］弗兰克：《俄国知识人与精神偶像》，徐凤林译，学林出版社 1999 年版。

高宣扬：《后现代论》，中国人民大学出版社 2005 年版。

［俄］格奥尔吉耶娃 Т.С.：《俄罗斯文化史——历史与现代》，焦东建、董茉莉译，商务印书馆 2006 年版。

郭秉文、张世鎏主编：《英汉双解韦氏大学字典》，商务印书馆1923年版。

［俄］果戈理：《与友人书简选》，任光宣译，安徽文艺出版社1999年版。

［俄］果戈理：《死魂灵》，郑海凌译，浙江文艺出版社2003年版。

［印］哈斯·曼德，穆罕默德·阿斯夫编著：《善治：以民众为中心的治理》，国际行动援助中国办公室编译，知识产权出版社2007年版。

何云波、刘亚丁：《〈静静的顿河〉的多重话语》，《外国文学评论》2002年第4期。

《获誉"俄国文化公使"——普京为她签署总统令》，http：//news.sina.com.cn/o/2018-11-12/doc-ihnstwwq9856361.shtml。

侯艾君：《车臣始末》，世界知识出版社2005年版。

侯玮红：《21世纪的文学是形象和思维的体系——马卡宁访谈录》，《外国文学动态》2003年第6期。

［俄］霍米亚科夫 A.C.：《论新与旧》，载索洛维约夫等《俄罗斯思想》，贾泽林、李树柏译，浙江人民出版社2000年版。

姜磊：《新俄罗斯文学中知识分子思想谱系研究》，博士学位论文，黑龙江大学，2015年。

蒋英州、叶娟丽：《对约瑟夫·奈"软实力"概念的解读》，《政治学研究》2009年第5期。

金亚娜：《〈充盈的虚天〉前言》，载金亚娜等《充盈的虚无》，人民文学出版社2003年版。

金亚娜：《期盼索菲亚——俄罗斯文学中的"永恒女性"崇拜哲学与文化探源》，人民文学出版社2009年版。

峻冰、杨伊：《主导文化与大众文化的缝合：新主旋律大片的艺术形态策略——以〈战狼2〉〈红海行动〉等为例》，《文化艺术研究》2018年第3期。

［德］康德：《判断力批判》上卷，宗白华译，商务印书馆1985年版。

［德］康德：《纯粹理性批判》，邓晓芒译，人民出版社2004年版。

［美］科恩主编：《文学理论的未来》，程锡麟等译，中国社会科学出版社1993年版。

［俄］科兹洛夫：《夜猎》，郑永旺、傅星寰译，昆仑出版社1999年版。

［俄］科兹洛夫：《预言家之井》，黄玫、苗澍译，中国青年出版社2003年版。

［俄］克柳切夫斯基：《俄国史》第一卷，张草纫、浦允楠译，商务印书馆2015年版。

［俄］库切尔斯卡娅：《莫佳阿姨》，郑永旺、宋红译，黑龙江少年儿童出版社2016年版。

［俄］拉夫连季编：《往年纪事：古罗斯第一部编年史》，朱寰等译，商务印书馆2011年版。

［俄］拉斯普京：《幻象——拉斯普京新作选》，任光宣、刘文飞译，人民文学出版社2004年版。

［俄］拉斯普京：《伊万的女儿，伊万的母亲》，石南征译，人民文学出版社2005年版，

［俄］拉斯普京等：《玛利亚，你不要哭——新俄罗斯短篇小说精选》，吴泽霖选编，昆仑出版社1999年版。

乐峰主编：《俄国宗教史》上卷，社会科学文献出版社2008年版。

李冬梅：《触摸现实的伤痛——尤里·波利亚科夫及其创作》，《世界文学》2016年第1期。

李淮春主编：《马克思主义哲学全书》，中国人民大学出版社1996年版。

李珺平：《马克思之前的"意识形态论"寻踪》，《社会科学论坛》2006年第10期。

李淑华：《勃列日涅夫时期书刊审查制度探究》，《俄罗斯学刊》2011年第5期。

李小桃：《俄罗斯知识分子问题研究》，黑龙江人民出版社2009年版。

李正国：《国家形象构建》，中国传媒大学出版社2005年版。

［俄］利昂·塞米利安：《现代小说美学》，宋协立译，陕西人民出版社1987年版。

［俄］利哈乔夫：《解读俄罗斯》，吴晓都等译，北京大学出版社2003年版。

［俄］利哈乔夫：《俄罗斯思考》上卷，杨晖、王大伟总译审，军事译文出版社2002年版。

廖炳惠编著：《关键词200：文学与批评研究的通用词汇编》，江苏教育出版社2006年版。

［俄］列夫·托尔斯泰：《列夫·托尔斯泰文集》第十二卷，陈馥译，人民文学出版社1989年版。

刘宁：《俄罗斯文学批评史》，上海译文出版社1999年版。

［美］鲁思·本尼迪克特：《菊与刀》，吕万和等译，商务印书馆1990年版。

陆南泉：《勃列日涅夫时期的停滞和倒退》，《同舟共济》2011年第5期。

路程：《列斐伏尔的空间理论研究》，博士学位论文，复旦大学，2014年。

罗念生、水建馥编：《古希腊汉语词典》，商务印书馆2004年版。

罗竹风主编：《汉语大词典》第六卷，汉语大词典出版社1990年版。

［德］马丁·海德格尔：《林中路》，孙周兴译，上海译文出版社2004年版。

［俄］马尔科娃：《文化学》，王亚民等译，敦煌文艺出版社2003年版。

［俄］马卡宁：《地下人，或当代英雄》，田大畏译，外国文学出版社2002年版。

孟华主编：《比较文学形象学》，北京大学出版社2001年版。

［俄］米哈伊尔·波波夫：《莫斯科佬》，贝文力译，华东师范大学出版社2016年版。

［俄］米哈伊尔·叶利扎罗夫：《图书管理员》，刘文飞译，人民文学出版社2010年版。

［荷］米克·巴尔：《叙述学：叙事理论导论》，谭军强译，中国社会科学出版社1995年版。

［法］米歇尔·福柯：《权力的眼睛》，严峰译，上海人民出版社1997年版。

［德］尼采：《查拉图斯特拉如是说》，黄明嘉译，漓江出版社2000年版。

［俄］涅克拉索夫：《伊戈尔远征记》，魏荒弩译，人民文学出版社2000年版。

［俄］涅斯托尔：《古史纪年》，王松亭译，李锡胤、左少兴校，商务印书馆2010年版。

［俄］普京：《普京文集（2012—2014）》，《普京文集（2012—2014）》编委会编译，世界知识出版社、华东师范大学出版社2014年版。

［苏］普罗普：《故事形态学》，贾放译，中华书局2006年版。

［俄］奇若娃：《女性时代》，薛冉冉译，译林出版社2013年版。

［俄］契诃夫：《萨哈林旅行记》，刁少华、姜长斌译，黑龙江人民出版社1980年版。

钱中文主编：《巴赫金全集》，白春仁等译，河北教育出版社1998年版。

［俄］丘特切夫：《俄国与德国》，载索洛维约夫等《俄罗斯思想》，贾泽林、李树柏译，浙江人民出版社2000年版。

邱晓林：《作为一种阐释学的意识形态文学批评》，《四川大学学报》（哲学社会科学版）2008年第6期。

荣洁：《俄罗斯侨民文学》，《中国俄语教学》2004年第1期。

［俄］萨拉斯金娜：《索尔仁尼琴传》，任光宣译，人民文学出版社2013年版。

［俄］沙罗夫：《此前与此刻》，陈松岩译，北京大学出版社2016年版。

［俄］沙罗夫：《像孩子一样》，赵桂莲译，北京大学出版社2015年版。

［德］叔本华：《作为意志和表象的世界》，石冲白译，商务印书馆1982年版。

［俄］斯塔罗斯京：《第三子》，皮野译，译林出版社 2016 年版。

宋秀梅：《密切关注现实人生的后现代主义作家——维克多·佩列文》，载金亚娜《俄语语言文学研究·文学卷》第一辑，人民文学出版社 2002 年版。

宋羽竹：《生态女性主义视野下的〈伊万的女儿，伊万的母亲〉》，《东北亚外语研究》2016 年第 4 期。

孙磊：《畸形政治的隐喻性书写——评斯拉夫尼科娃长篇小说〈不死的人〉》，《外国文学》2012 年第 3 期。

孙英春、王祎：《软实力理论反思与中国的"文化安全观"》，《国际安全研究》2014 年第 2 期。

孙影：《19 世纪俄罗斯文学中的"女性出轨"》，《俄罗斯文艺》2017 年第 2 期。

［俄］索尔仁尼琴：《杏子酱：索尔仁尼琴中短篇小说集》，李新梅译，译林出版社 2015 年版。

［俄］索罗金：《暴风雪》，任明丽译，人民文学出版社 2012 年版。

［俄］索洛维约夫等：《俄罗斯思想》，贾泽林、李树柏译，浙江人民出版社 2000 年版。

［俄］塔吉亚娜·托尔斯泰娅：《野猫精》，陈训明译，上海译文出版社 2005 年版。

［俄］屠格涅夫：《屠格涅夫全集》第十卷，朱宪生等译，刘硕良主编，河北教育出版社 2000 年版。

［俄］屠格涅夫：《回忆录》，蒋路译，人民文学出版社 1983 年版。

［俄］屠格涅夫：《屠格涅夫文集》第三卷，丽尼译，人民文学出版社 2001 年版。

［俄］陀思妥耶夫斯基：《陀思妥耶夫斯基全集》第二十一卷，白春仁等译，河北教育出版社 2009 年版。

［俄］瓦尔拉莫夫：《沉没的方舟》，苗澍译，中国青年出版社 2003 年版。

［俄］瓦尔拉莫夫：《生——瓦尔拉莫夫小说集》，余一中译，外国文学

出版社 2002 年版。

［俄］瓦季姆·梅茹耶夫：《文化之思——文化哲学概观》，郑永旺等译，黑龙江大学出版社 2019 年版。

王弼：《老子道德经注》，中华书局 2011 年版。

王朝闻主编：《美学概论》，人民出版社 1982 年版。

王沪宁：《文化扩张与文化主权：对主权观念的挑战》，《复旦学报》（社会科学版）1994 年第 3 期。

王沪宁：《作为国家实力的文化软权力》，《复旦学报》（社会科学版）1993 年第 3 期。

王树福：《新生代作家米·叶里扎罗夫》，《文艺报》2009 年第 4 期。

王一川：《国家硬形象、软形象及其交融态——兼谈中国电影的影像政治修辞》，《当代电影》2009 年第 2 期。

王一川：《中国形象诗学——1985—1995 年文学新潮阐释》，上海三联书店 1998 年版。

王宗琥：《"新的高尔基诞生了"——俄罗斯文坛新锐普里列平及其新作〈萨尼卡〉》，《外国文学动态》2008 年第 2 期。

［美］韦勒克、沃伦：《文学理论》，刘象愚等译，生活·读书·新知三联书店 1984 年版。

［俄］维克多·佩列文：《一个中国人的俄国南柯梦——一个中国的民间故事》，王进波译，《俄罗斯文艺》2003 年第 2 期。

［俄］维克多·佩列文：《"百事"一代》，刘文飞译，人民文学出版社 2001 年版。

［俄］沃洛斯：《回到潘日鲁德》，张建华、王宗琥译，人民文学出版社 2015 年版。

吴萍：《从英雄主义到人道主义——苏联反法西斯战争文学的嬗变》，《俄罗斯文艺》2015 年第 1 期。

吴泽霖：《托尔斯泰和中国古典文化思想》，北京师范大学出版社 2000 年版。

伍蠡甫、胡经之主编：《西方文艺理论名著选编》，北京大学出版社 1985 年版。

［匈］西拉第·阿科什：《作为商品的俄罗斯，或俄国商业电影的新样板——〈重提西伯利亚理发师〉》，李时译，《世界电影》2003 年第 3 期。

习近平：《建设社会主义文化强国　着力提高国家文化软实力》，《人民日报》2014 年 1 月 1 日第 1 版。

夏光：《论环境保护的国家意志》，《环境保护》2007 年第 6 期。

徐葵：《勃列日涅夫年代：苏联走向衰亡的关键性转折时期》，《东欧中亚研究》1998 年第 1 期。

许华：《俄罗斯的软实力与国家复兴》，《俄罗斯东欧中亚研究》2015 年第 1 期。

许丽莎：《塔吉亚娜·托尔斯泰娅长篇小说〈野猫精〉诗学特征探析》，硕士学位论文，上海外国语大学，2010 年。

薛冉冉：《一个平凡人的神话——马卡宁新作〈阿桑〉赏析》，《外国文学动态》2009 年第 6 期。

［俄］雅辛娜：《祖列依哈睁开了眼睛》，张杰、谢云才译，人民文学出版社 2017 年版。

杨青：《G20 国家形象·俄罗斯》，知识产权出版社 2015 年版。

［俄］叶尔马科夫：《野兽的标记》，刘宪平、王加兴译，人民文学出版社 2014 年版。

［俄］叶罗菲耶夫：《从莫斯科到佩图什基》，张冰译，漓江出版社 2014 年版。

［俄］叶罗菲耶夫：《俄罗斯美女》，刘文飞译，译林出版社 2005 年版。

叶毓：《"无形式"：康德对柏克崇高论的发展》，《天水师范学院学报》2004 年第 4 期。

［俄］伊戈尔·沃尔金：《俄罗斯文学能否重新主导民族思想》，刘文飞译，《中国社会科学报》2015 年 4 月 15 第 B01 版。

［英］伊格尔顿：《马克思主义与文学批评》，文宝译，人民文学出版社 1980 年版。

［俄］尤里·波利亚科夫：《羊奶煮羊羔》，谷兴亚译，上海译文出版社 2006 年版。

［美］约瑟夫·奈：《美国定能领导世界吗？》，何小东等译，军事译文出版社 1992 年版。

［美］约瑟夫·奈：《软力量——世界政坛成功之道》，吴晓辉、钱程译，东方出版社 2005 年版。

［美］约瑟夫·奈：《美国霸权的困惑：为什么美国不能独断专行》，郑治国等译，世界知识出版社 2002 年版。

［美］约瑟夫·奈：《中国软实力的兴起及其对美国的影响》，王缉思译，《世界经济与政治》2009 年第 6 期。

《张国祚对话约瑟夫·奈：中西方关于"软实力"的不同视野》，《文化决策参考》2012 年第 3 期。

张国祚：《谈谈"软实力"在中国的发展》，《思想政治工作研究》2014 年第 6 期。

张国祚主编：《中国文化软实力研究报告·2010》，社会科学文献出版社 2011 年版。

张建华、张朝意主编：《外国文学纪事（1980—2000）·俄罗斯卷》，商务印书馆 2017 年版。

张建华：《"行走"、族群、历史叙事——评安德烈·沃洛斯的长篇小说〈重返潘日鲁德〉》，《外国文学动态》2015 年第 1 期。

张建华：《俄罗斯文学的思想功能——张建华在北京市东城区图书馆的讲演》，《文汇报》2015 年 4 月 3 日。

张建华：《新时期俄罗斯小说研究（1985—2015）》，高等教育出版社 2016 年版。

张捷：《当今俄罗斯文坛扫描》，人民文学出版社 2007 年版。

张晓强：《2006 年俄语布克奖得主斯拉夫尼科娃访谈录》，《外国文学动态》2007 年第 1 期。

赵丹:《虚构世界中的真实——俄语布克奖新书〈图书管理员〉初论》,《外国文学》2009 年第 6 期。

郑永旺:《岁月有痕——许毅与他的小说〈黄渤海恋〉》,《文汇报》2017 年 4 月 24 日。

郑永旺:《〈夏伯阳与虚空〉的佛教元素解读》,《俄罗斯文艺》2008 年第 2 期。

郑永旺:《从"美拯救世界"看陀思妥耶夫斯基的苦难美学》,《哲学动态》2013 年第 9 期。

郑永旺:《从民族的集体无意识看俄罗斯思想的文学之维》,《俄罗斯文艺》2009 年第 1 期。

郑永旺:《反乌托邦小说的根、人和魂——兼论俄罗斯反乌托邦小说》,《俄罗斯文艺》2010 年第 1 期。

郑永旺:《孤独的读者和忙碌的作家——俄罗斯 97 年文坛印象》,《俄罗斯文艺》1998 年第 3 期。

郑永旺:《论俄罗斯文学的语言维度》,《求是学刊》2009 年第 3 期。

郑永旺:《文化哲学的俄罗斯思想之维》,《学术交流》2018 年第 12 期。

郑永旺:《文明的对撞:俄罗斯文学中的高加索主题》,《俄罗斯文艺》2014 年第 4 期。

郑永旺:《游戏·禅宗·后现代——佩列文后现代主义诗学研究》,人民文学出版社 2006 年版。

郑永旺:《自然不存,人之安在?——论生态伦理观照下〈夜猎〉中的反乌托邦图景》,《东北亚外语研究》2016 年第 4 期。

郑永旺:《论俄罗斯文学的思想维度与文化使命》,东北亚外语研究 2015 年第 1 期。

郑永旺等:《俄罗斯后现代主义文学研究——理论分析与文本解读》,人民文学出版社 2017 年版。

郑永旺等:《俄罗斯后现代主义文学研究》,人民文学出版社 2016 年版。

智量：《论19世纪俄罗斯文学》，复旦大学出版社2009年版。

中国社会科学院语言研究所词典编辑室主编：《现代汉语词典》第5版，商务印书馆2005年版。

《中国大百科全书》总编委会编：《中国大百科全书》第26卷，中国大百科全书出版社2009年版。

周启超：《"后现实主义"——今日俄罗斯文学的一道风景》，《求是学刊》2016年第1期。

外文：

"Каждый мой новый роман дополняет предыдущие. Беседа Марка Липовецкого с Владимиром Шаровым", Неприкосновенный запас, No. 3, 2008. https：//ru. wikipedia. org/wiki/% D0% 9E% D0% BD_ % E2% 80% 94_ % D0% B4% D1% 80% D0% B0% D0% BA% D0% BE% D0% BD.

«Вы»и«Ты». История и правила использования, https：//www. liveinternet. ru/users/ninapr/post211743531/.

Hornby A. S., Gatenby F. V., Wakefielol H. *Oxford Lation Dictionary*, Oxford at the Clarendon Press, 1968.

Joseph S. Nye., *What China and Russia Don't Get About Soft Power*, https：//foreignpolicy. com/2013/04/29/what－china－and－russia－dont－get－about－soft－power/.

Агеева В. Д., Роль инструментов «мягкой силы» во внешней политике российской федерации в контексте глобальзации, Дисс. канд. политич. наук, Санкт－Петербург, 2016.

Андреева О., "Хочу в СССР", Русский Репортер, No. 27, 2007.

Анекдоты про Горбачева, https：//www. anekdotovmir. ru/anekdoty－pro/anekdoty－pro－putina/anekdoty－pro－gorbacheva/smeshnye－anekdoty－pro－gorbacheva/.

Астафьев В. П. , Весёлый солдат, http：//booksonline. com. ua/view. php? book = 165570&page = 62.

Бабченко А. , "Маленькая победоносная война", Новый мир, №. 1, 2009.

Букша К. С. , "Завод 'Свобода'", Новый мир, №. 8, 2013.

Валерий Распутин, Литература спасет Россию, http：//platonov - ap. ru/materials/bio/rasputin - literatura - spaset - rossiyu.

Вейдле В. В. , Умирание искусства. Размышление о судьбе литературного и художественного творчества. В сборнике«Самосознание европейской культуры XX века: Мыслители и писатели Запада о местпе культуры в современном обществе». М. : Полиздат, 1991 с. 290 – 291.

Владимир Шаров, "Я не чувствую себя ни учителем, ни пророком", Дружба Народов, №. 8, 2004.

Владимир Шаров, Михаил Бойко. , "Герой на длинном поводке", http：//www. bigbook. ru/articles/detail. php? ID = 4610.

Встреча с сотрудниками МИД России, http：//special. kremlin. ru/transcripts/17490.

Выступление и ответы на вопросы Министра иностранных дел России С. В. Лаврова в ходе лекции для высшего офицерского состава Академии Генштаба, Москва, http：//www. mid. ru/meropriyatiya_ s_ uchastiem_ ministra/ - /asset_ publisher/xK1BhB2bUjd3/content/id/2702537.

Гаррос А. , "Код союза", Эксперт, №. 25, 2007.

Грицаенко Д. , "Эхо с Матеры", Знамя, №. 3, 2016.

Гуревич А. , "Неустанная борьба. Вариации на тему Бориса Паст ернака", Независимая газета, 6 сентября 1994.

Данилевский И. Добру и злу внимая равнодушно? (Нравственные императивы древнерусского летописца), http：//aliom. orthodoxy. ru/

arch/006/006 – danilev. htm.

Достоевский Ф. М. , Полн. соб. соч в 30 томах, том 25. Ленинград: Наука, 1983.

Ерофеев В. В. , "Поминки по советской литературе", Литературная газета, 1990, №. 27.

Карамзин Н. , Полная история государства российского в одном томе. М. : АСТ, 2016, с. 69.

Косачев К. И. , "' Мягкая сила' России: теория и реальность (Вступительное слово)", Вестник Международных Организаций, №. 2, 2014.

Лихачев Д. , "Повесть временных лет", Великое наследие. Классические произведения литературы Древней Руси в 3 томах. Т. 2. М. : Художественная литература, 1987, с. 342.

Лихачёв Д. С. , "Русская культура в современном мире", Новый мир, №. 1, 1991, http: //www. tradicii. info/ru/lihachev – ru/131 – russkaja – kultura – sovremennom – mire – lihachev. html? start = 3.

Лотман Ю. , Избранные статьи в 3 томах. Т. 1. Статьи по семиотике и типологии культуры. Таллинн. : Александра, 1992.

Лотман Ю. М. , Избранные статьи. В 3 томах. Т. 1. Таллинн: Александра, 1992.

Маканин В. , "Асан", Знамя, №. 9, 2008.

Мария Переяслова, Елена Погорелая. , С точки зрения времени..., http: //makanin. com/s – tochki – zreniya – vremeni/.

Марк Липовецкий, Александр Эткинд. , "Возвращение тритона: Советская катастрофа и постсоветский роман", Новое литературное обозрение, №. 94, 2008.

Межуев В. М. , Идея культуры. Очерки по философии культуры. М. : Прогресс – Традиция, 2006.

Митрофанов С., "Политики уходят, дьявол остается. Возможен ли заговор мододелов", Общая газета, 15 октября 1997, №. 40.

Мягкая сила, Накануне Всемирной конференции соотечественников глава МИДа Сергей Лавров дал эксклюзивное интервью "РГ", Российская газета, https：//rg. ru/2008/10/30/lavrov. html.

Некрасов Н. А., "Нечто о литературной промышленности нашего века", Отечественные записки, 1873, №. 5.

Немзер А. С., "Замечательное десятилетие – О русской прозе 90 – х годов", Новый Мир, №1, 2000.

Николаев П., Русские писатели 20 века. М.：Научное издательство «Большая российская энциклопедия»и Издательство«Рандеву – ам», 2000.

Ожегов С. И., Словарь русского языка. М.：Русский язык, 1982.

Ожегов С. И. и Шведова Н. Ю., Толковый словарь русского языка：80000 слов и фразеологических выражений. М.：Изд. А ТЕМП, 2010.

Он – Дракон. История Создания Фильма, http：//www. ovideo. ru/detail/163477.

Паршин П. Б., "Приключения мягкой силы в мире коммуникативных технологий (прекраснодушные заметки)" Борисова Е. Г. состав. Soft power, мягкая сила, мягкая власть. Междисциплинарный анализ. М.：Изд. «Флинта», 2015.

Пелевин В., Омон Ра. М.：Изд · «Эксмо», 2015, http：//knijky. ru/books/omon – ra.

Пелевин В., Священная книга оборотня. М.：ФТМ, 2004.

Первое послание Ивана Грозного Курбскому, http：//lib. pushkinskij-dom. ru/Default. aspx? tabid = 9106.

Переписка Ивана Грозного с Андреем Курбским. Первое послание Курбского Ивану Грозному. Л.：Издательство«Наука», 1979.

Полюбите Нас Черненькими, https：//www. gazeta. ru/culture/2015/11/02/a_ 7867625. shtml#.

Поспелов П. , Русская литература в IIтомах, том II. М：Учпедгиз, 1952.

Прилепин З. ,"Против течения", Литературная Россия, №. 13, 2008, https：//old. litrossia. ru/2008/13/02662. html.

Приселков М. Д. , Киевское государство второй половины X в. по византийским источникам. Л. ：Ученые записки ЛГУ, 1941, с. 216.

Путин В. , Открытие Года литературы. 28 января, 2015, http：//www. kremlin. ru/events/president/news/47537.

Путин В. В. , Россия в меняющемся мире. Выступление Президента РФ на совещании послов и постоянных представителей РФ за рубежом, http：//www. kremlin. ru/transcripts/15902.

Решетинков К. , " Советский Союз – нечто непрерывное, от него невозможно уйти", Новый Мир, №. 135, июль 2007.

Роман о Чеченской войне – главный претендент на премию Большая книга, https：//www. pravda. ru/culture/literature/rusliterature/07 – 11 – 2008/291081 – bigbook – 0/.

Сафронова Е. , "Владимир Маканин. 'Асан' ", Дети Ра, 2009, No 11.

Сенчин Р. , " Морская соль ", в Ирина Горюнова Сост. Крым, я люблю тебя, Москва：Эксмо, 2015.

Соколов Б. В. , Владимир Сорокин：Опричнина – очень русское явление：интервью//Грани. 2006, http：//www. srkn. ru/interview/bsokolov. shtml.

Сорокин В. Г. , Голубое сало. М. ：Издательство Ад – Маргинем, 2002.

Сорокин В. Г. , День опричника. М. ：Захаров, 2009.

Сорокин В. Г. , Сахарный Кремль. М. ：АСТ · АСТРЕЛЬ, 2008.

Телеканал СТС покажет Как Я Стать Русским, http：//www. vsluh. ru/news/society/294937.

Толстой Л. Н., "Толстой Л. Н. – Ледерле М. М., 25 октября 1891 г", в Письмо Толстого, http：//tolstoy – lit. ru/tolstoy/pisma/1891 – 1893/letter – 42. htm.

Тополь Э. Китайский проезд, https：//www. litmir. me/br/? b = 71615&p = 1.

Торжественный приём по случаю Дня Победы, Москва, Кремль, 9 мая, 2015, http：//www. kremlin. ru/catalog/keywords/117/events/49440.

У России есть только два союзника: ее армия и флот, https：// dic. academic. ru/dic. nsf/dic_ wingwords/2782/У.

Улитина. М. О., "Имиджевый потенциал России в условиях глобализации и возможности его использования", Вестник МГЛУ, Выпуск 2, 2014.

Чупринин С., "Расколотое зеркало", День литературы, март 1998, No. 3 (9).

Шаклеин В. В., "Проблемы безопасности и администрация Буша: старые подходы и новая эпоха", Независимая газета, 6. 10. 2001.

Шульпяков Г., "Поцелуй меня в звезды. Поцелуй меня в звезды", https：//www. srkn. ru/criticism/shulp. shtml. Юрьева Л. М., Русская антиутопия в контексте мировой литературы. М.： ИМЛИ РАН, 2005.